한국 노동자 운동, 투쟁의 기록

박종철출판사는 신의와 신념을 지키기 위해 죽은 우리의 벗을 기억하고자 1990년에 설립되었으며, 그와 함께 꿈꾸었던 세상을 만드는 데 보탬이 되고자 합니다. 박종철출판사는 상업적 고려와 정치적 이해 관계에서 벗어나 우리 사회의 진보와 변화에 기여할 수 있는 책을 출판하고자 합니다.

전태일에서 민주노총까지

한국 노동자 운동, 투쟁의 기록

안승천 지음

박종철출판사

차 례

어용의 굴레를 깨는 노동 조합 운동

1장

어둠을 밝힌 한 점의 불꽃, 전태일
1970년

1970년대의 노동자: 산업 역군, 근로자, 공돌이 또는 공순이

모든 사물은 시각에 따라 여러 가지 이름으로 불린다. 사람들 역시 그들이 맺고 있는 관계와 그에 대한 관점에 따라 여러 가지 이름으로 불리는데, 가장 대표적인 예 중 하나가 노동자다.

'노동자' 란 자본가에게 고용되어 일할 때 불리는 이름이며, 아주 많은 사람이 갖고 있는 너무나 흔한 이름이다. 그런데 노동자를 '노동자' 라 부르지 못하던 시절이 있었다. '산업 역군' 으로 치켜세워지던 1970년대 노동자들의 사회적 이름은 근력을 다 소진할 때까지 힘써 일하라는 '근로자' 였다. 사장은 이들을 '종업원' 이라 불렀다. 주위에서 멸시의 눈초리를 보내며 부를 때 그들의 이름은 '공돌이' 와 '공순이' 였다.

아직도 우리 이름에 담긴 뜻을 정확하게 알고 있는 사람은 많지 않지만, 우리는 투쟁으로 노동자라는 본래의 이름을 찾았다. 노동자란 생산 수단을 가지고 있지는 못하지만 노예와는 달리 인격적으로는 자유로운 사람이다. 인격적으로 자유로우니 이 공장 저 공장 마음대로 옮겨 다닐 수는 있으나, 생존을 유지하기 위해서는 천상 어느 자본가 밑에든 들어가 자신의 노동력을 팔아 살아갈 수밖에 없는 사람들이다. 자유롭다고는 하나 자본가에게 이윤을 남기지 못할 때는 가차 없이 길거리로 쫓겨나서 굶어 죽을 자유밖에 없는 사람들이다.

1961년 5·16 군사 꾸데따로 정권을 잡은 박정희 일당은 경제 성장을 우선으로 하는 '조국 근대화'를 기치로 내걸고, 차관을 도입하여 공업 부문, 특히 경공업 부문을 우선 육성하고 다른 산업으로 성장 효과를 파급시키는 정책을 편다. 이런 공업화 중심의 경제 정책은 농민층을 급속히 몰락시킨다. 농사로는 생계가 유지되지 않는 빈농들은 정든 고향을 떠나 도시로 몰려든다. 특히 1968년의 대가뭄으로 농민들의 도시로의 이주가 가속화된다. 이들은 도시 변두리 판자촌('달동네')에서 단칸방에 세 들어 살거나 움막을 짓고 살면서 대규모의 실업자군을 형성한다. 아버지는 막노동('노가다')에 지친 몸을 이끌고 술 냄새를 풍기며 들어오고, 그나마도 일하는 날보다 쉬는 날이 더 많다. 어머니는 머리에 김밥이나 튀밥이 든 대야를 이고 행상을 다닌다. 부모는 자녀들을 교육시킬 여유가 없기 때문에, 아이들은 국민 학교만 졸업하면 돈을 벌기 위해 보세 공장, 신발 공장, 인쇄소 등에 취직한다. 신문 배달, 구두닦이, 껌팔이로 나서는 아이들도 생긴다.

1970년대의 노동자들은 노동자의 자식이 아니라 농촌의 아들딸이다. 논에서 김도 매고, 쟁기로 밭도 갈고, 냇가에서 가재 잡고, 여름에는 수박 서리를 하고, 겨울 밤에는 화롯가에 빙 둘러앉아 친구들과 밤 구워먹으며 도란도란 밤 새우던 아이들, 큰 일 치를 때면 모두가 달려나와 도와주는 동네 어른들의 넉넉한 인심을 보고 자란 시골 아이들이었다. 도시로 나와 노동자가 되었으나 심성은 아직 시골에 있는 처녀 총각들이었다. 자본가의 이데올로기에 물들었다기보다 공동체적 시골 감성 때문에 '적대적으로 대립하는 세력 간의 격렬한 투쟁'에 아직 낯선 노동자들이었다. 성공에의 꿈을 안고서 잠시 머물고 있는 직장에서 떠나게 될 그날을 손꼽아 기다리는 사람들에게 '투쟁'은 자신의 일이 아니었다.

1970년대의 노동자들이 자라난 또 하나의 고향은 빈민촌이다. 그들은 막노동이나 행상으로 근근히 생활을 꾸려 가는, 배운 것 없고 가진 것 없는 부모 아래서 자라면서도 자기들끼리 잘도 노는 도시 변두리의 아이들, 항상 싸움과 소란스러움 속에서 자라 거칠고 두려움을 모르는 아이들이었다. 친구 중에는 국졸과 중졸이 가장 많고, 대학을 가면 개천에서 용 난 것이고, 인문계 고등 학교에 간 친구는 왠지 자신과 격이 달라 보이고, 상업계 고등학교를 간 친구도 자기보다 우월해 보이고, 공업계 고등학교라도 간 친구가 부럽고, 잘 되면 검정 고시로 학창 시절을 대신하고, 직업 훈련소를 나와 기능사 자격증을 따서 안정된 직장을 가지는 것만으로도 우대받는 그런 청년들이었다. 피폐한 인간상을 늘 보아온 탓에 싸움과 파괴를 자연스런 감성으로 가지게 되었고, 몇 놈 없애서 세상이 바뀔 수 있다면 자기가 그 일을 하겠다는 과격한 주장을 서슴지 않는 동네 '형님'들이었다. 길들여진 질서에 답답해 하고, 마음에 들지 않으면 뒤를 생각하지 않고 혼자라도 반항하는 사람들이었다. 그래서 멋 내고 사는 사람들이 이곳을 '우범 지역'이라 불렀지만, 그래도 남이 어려움에 처하면 달려가 돌봐 주는 따뜻한 마음씨가 살아 있는 곳이다.

이 환경에서 자란 농촌의 딸, 빈민촌의 아들이 1970년대 노동자의 다수를 이룬다. 이들은 아버지나 어머니가 노동자라서, 어릴 때부터 노동자의 생활과 정서를 접해 온 지금의 노동자들과는 사고 방식과 행동 양식이 다르다. 회사는 가부장적인 권위와 강압적인 노무 관리로 어린 노동자들을 맘껏 부려 먹고, 농민층에서 대거 유입된 나이 어리고 학력 낮은 노동자들은 최저 생계비에도 못 미치는 저임금을 받는다. 회사에 무엇을 요구한다는 것은 있을 수 없는 일이고, 회사의 규칙이 곧 법이다. 권리를 주장해야 할 노동자가 근로기준법이 있는지조차 모르니 사업주가 노동관계법률을 제대로 지킬 리도 없다. 회사는 노동자들을 기숙사에 넣어 놓고 외출도 통제하고, 현장에서는 인격을 무시하는 온갖 욕설을 퍼부으며 구타하는 일도 예사로 일어난다. 임금을 떼이고 거리를 헤매는 일도 다반사다. 그런데도 노동자들은 '배우지 못한 것이 죄'라고 자신을 한탄하며 열악한 조건을 감수한다. 하루 14시간 이상을 미싱 대가리에 고개 처박고 일하면서도 잘 먹고 잘 살기 위해서는 그렇게 해야 한다는 사장의 말을 그대로 믿는다. 그렇게 견디다 못해, 돈 많이 벌어 아버지 병 치료하고 어머니 이제 좀 쉬게 해 드리고 동생들 공부시키겠다며, 사창가로 흘러 들어간 우리의 누이들이 적지 않다.

그래도 친구 만나면 기분 좋게 소주 한 잔 사고, 부모님 생신 때는 옷 한 벌로 기쁘게 해 드리고, 아늑한 신혼 살림을 위해 전세나마 장만하려고 열심히 일한다. 이렇게 작은 기쁨들에 만족하며 사는 소시민적 삶도 남부럽지 않은 행복일 듯싶다. 기술과 안정된 직장이 있으면 대우받는 시절이니, 자격증 따고 회사의 인정을 받기 위해 열심히 일한다. 월급이야 오래 다니다 보면 오르기 마련이니, 저임금은 사회 초년생이면 당연히 겪어야 하는 과정 정도로 생각한다. 한 시간이라도 더 일하여 늘 쪼들리는 집안 살림에 보태고자 장시간 노동도 마다하지 않는다. 이윤을 조금이라도 더 짜내려는 자본가들의 착취 수단인 장시간 노동이 가족을 부양하고 있는 효성스런 노동자에게는 조금이라도 더 벌게 해 주는 고마운 일일 뿐이다. 작업자의 안전과 건강을 전혀 배려하지 않은 열악한 작업 환경은 이 회사를 하루 빨리 떠나고 싶은 마음이 들게 할 뿐, 자신이 나서서 싸워 고칠 문제로 다가오지는 않는다. 이놈의 직장을 평생 직장이라고 생각하지 않기 때문이다. 결혼이라는, 지긋지긋한 노동으로부터의 탈출구가 있는 여성 노동자들의 경우에는 더욱 그렇다.

이 땅의 수백만 노동자가 그런 생활을 하는데도 노동자들은 '내가 못나서', '우리 사장이 나쁜 놈이라서'라며 문제를 개인의 것으로 돌린다. 이 배우지 못한 노동자들은 대학생들을 동경하면서도 그들을 질시의 눈으로 본다. 대학 출신에게는 한 수 접고 들어가면서도 '니가 잘났으면 얼마나 잘났어?'라고 배타시하면서 자신의 열등감을 감춘다. 노동자들은 '가진 것 없고 배운 것 없는' 자신들이 못나서 사회적으로 괄시받는다고 생각하여, 개인의 노력으로 밑바닥 인생을 탈출하려 할 뿐이다.

저임금의 노동자들은 월급 봉투를 받을 때 잠깐 기분이 좋았다가 명세서를 펼쳐 보고는 분통이 터지고 기운이 빠진다. 한 달 중에 제일 기분 잡치는 날이 월급날이다. 월급 받은 지 1주일이면 주머니는 빈털터리가 되고, 여행이라도 한 번 가려면 몇 달 동안 절약하며 애써 모아야 한다. 월급이 많은 회사로 옮겨도 보지만 생활비 쪼개 쓰기는 마찬가지이고 새 직장 사람들과 정 붙이기까지 마음도 편치 못하다. 돈 모아서 자그만 가게라도 차리려던 계획도, 깨소금이 쏟아질 것 같은 신혼 생활도, 오르는 전세금과 물가 때문에 어렵사리 부어 오던 적금을 해약하면서 저 멀리 날아가 버린다. 몇 년을 포기하지 못하던 개인적인 해결 노력은 체념과 배신감으로 바뀌고, 노동자들의 가슴에는 분노가 쌓인다.

절이 싫으면 중이 떠나면 된다지만, 노동자들이 다른 데 간다 한들 별로 나아질 게 없다. 여기 아니면 어디 갈 데 없나 하는 배짱이 생기기도 한다. 예전엔 대꾸 한마디 못하고 시키면 시키는 대로 했는데, 변명 거리가 있을라 치면 거리낌 없이 조퇴도 월차도 내게 된다. 다람쥐 쳇바퀴 도는 생활에 아무런 희망도 보이지 않고 이런 밑바닥 인생이 끊임없이 계속될 것 같은 답답함에, 회사 동료들과 어울려 술 마시는 날이 늘어나고 취하는 회수도 늘어난다. 간혹 취한 김에 '나도 기회만 잡으면 멋지게 성공할 수 있어'라고 호기를 부리며 자존심을 지킨다. 만나면 여자에 대한 유치한 농담, 삼류 잡지에서 읽은 가십, 탁구나 당구나 고스톱을 치면서 어울렸던 일, 모처럼 유원지에 놀러 갔다 온 이야기들이 대부분이지만, 회사에 대한 불만도 신세 타령조로 흘러나온다. 뼈 빠지게 일해 주고 받은 쥐꼬리만한 월급 봉투를 들고 술집마다 돌아다니며 외상 값 갚고 주인이 선심 쓰는 술에 얼큰해져 서로의 어깨를 걸고 나이트클럽으로 향할 때, 그들은 하나가 된다.

노동자라는 동질성이 말이나 행동으로 표출되는 곳은 회사 밖 술집뿐이다. 사회에서 자본의 힘이 안 뻗치는 곳이 어디 있으랴마는 회사라는 자본가의 울타리에만 들어서면 노동자들은 쉽게 분열한다. 회사가 승진, 호봉, 성과금 등을 미끼로 인사 고과 점수를 매기며 노동자들의 분열을 조장할 때, 노동자들은 담당 반장이나 계장의 평가와 자신의 시급이 얼마인지에 더 관심을 쏟는다. 같은 또래나 입사 동기와 비교해서 자기가 더 나으면 은근히 으스대고, 그렇지 못하면 자기의 실력을 몰라 준다고 푸념이나 늘어놓으면서, 정작 자신들을 반목하게 하는 자본가에 대해서는 분노하지 못한다.

전태일의 삶과 투쟁

사람들은 환경이 열악하면 새로운 곳을 찾아 떠난다. 그럴 자신이나 능력이 없으면 환경에 자신을 적응시켜 간다. 드물기는 하지만, 그 자리에서 열악한 환경을 바꾸기 위해 노력하는 사람도 있다. 우리는 전태일을 알고 있다.

그런데 전태일의 분신으로 노동 문제가 사회화되기 전에도, 공돌이와 공순이로 천대받는 노동자의 처지를 개선하기 위해 노력하는 사람들은 있었다. 전태일은 그런 사람들 중의 하나일 뿐이다. 역사에는 전태일만이 기록되어 있을지라도, 아무도 기억해 주지 않는 수많은 전태일에 의해 세상이

1960년대 말과 1970년대의 노동자들은 노동자의 자식이 아니라 농촌의 아들딸이다. 사진 속의 어린 전태일(뒷줄 왼쪽에서 세번째)은 16살인 1964년에 평화 시장에서 작업장 보조원으로 노동자의 삶을 시작한다.

바뀌어 왔다는 사실을 우리는 기억해야 한다. 전태일을 통해 그 사람들이 남긴 발자취를 따라가 보자.

전태일은 1964년 봄, 16세 때 평화 시장의 한 작업장의 시다(보조원)로 일하면서 노동자로서의 첫발을 내딛는다. 전태일은 기술을 빨리 배워 셋방 한 칸이라도 얻을 수 있을 만한 돈을 장만하여 식모살이하실 어머니와 길바닥에 버렸던 막내 순이를 데려오기 위해 열심히 일한다. 전태일은 햇빛이 통하지 않는 다락방 같은 작업장에 갇혀 하루 14시간의 노동에다 잔업과 철야를 밥 먹듯 한다. 평화 시장의 시다들은 1개에 1원 하는 풀빵 몇 개로 점심을 때우곤 한다. 이를 마음 아파하던 전태일은 주인에게도 큰 영향력을 행사할 수 있는 재단사가 되어서 노임을 결정하는 협의를 할 때 직공들 편에 서리라고 결심한다. 전태일은 열아홉에 연애 감정을 느끼다가, 집안 처지를 돌아보면서 자신에게는 연애가 사치라고 생각한다. 전태일은 점심을 굶고 있는 시다들에게 버스비를 털어서 풀빵을 사 주고 집까지 두세 시간 걸어가기를 예사로 하고, 재단사가 되어서는 여공들을 일찍 퇴근시키고 혼자 남아서 시다들의 일까지 대신하기도 한다. 그러나 문제는 조금도 나아지지 않고 그대로이다.

전태일은 아버지와 얘기하던 도중에 우연히 근로기준법의 존재와 그 내용을 알게 된다. 전태일은 "근로자의 생활을 보장, 향상"시키기 위한 법률이 마련되어 있다는 사실 하나만으로도 암흑의 동굴 속에서 한 줄기 광명을 발견한 듯 희망과 환희를 느낀다. 이제껏 이렇게 좋은 규정들이 있는 줄도 모르고 그저 직장에서는 주인이 맘대로 하는 것인 줄만 알고 '찍소리'

전태일은 인간이 인간으로 살아갈 수 없는 참혹한 세상에 대해 분노한다. 이 분노 때문에 삶에 대한 온갖 미련을 떨쳐 버리고 죽음을 각오한 투쟁을 결단할 수 있었다. 사진은 전태일(맨 오른쪽)과 바보회의 회원들.

한 번 못하고 속아 살아온 자신이 정말 너무나도 '바보' 같았다. 어머니를 졸라 근로기준법 해설서를 샀는데, 한문으로 쓰인 법률 용어들이 수두룩해 전태일은 답답하기 짝이 없다. 그래서 "대학생 친구가 하나 있었으면 원이 없겠다"는 말을 입버릇처럼 한다.

전태일은 젊은 재단사들을 모아 '바보회'를 만든다. 바보회는 평화 시장 일대의 3만 근로자들의 근로 조건이 근로기준법대로 준수되도록 투쟁하는 것을 당분간의 목표로 설정하고, 평화 시장 근로자들의 노동 실태를 조사한다. 설문지를 돌리다가 곳곳에서 업주들에게 발각된다. 업주들의 탄압으로 회원들만 피해를 보게 되자, 출발한 지 얼마 안 된 바보회는 타격을 입는다. 전태일은 회수된 설문지를 모아서 결과를 분석하고, 이를 근거로 근로기준법상의 감독권 행사를 요구하기 위하여 시청 근로 감독관실을 찾아간다. 근로 감독관은 관심 표시도 없이 '알았으니 서류 두고 가라'는 말로 이 열의에 불타는 청년을 대한다. 전태일은 기업주들의 죄상이 폭로되고 노동자들의 참상이 알려지기만 하면 정부 기관인 노동청의 근로 감독관들이 당연히 노동자 편을 들어 기업주들을 혼낼 줄 알았다. 하지만 약간의 틈도 보이지 않는 견고한 현실로부터 조롱과 냉소를 받고 괴로워하면서 깊은 실의와 낙담에 빠진다.

전태일은 바보회가 창립되고 얼마 되지 않아 두번째 해고를 당한다. 전태일은 여기저기서 틈틈이 일하여 돈을 벌고 빚을 얻어 바보회를 꾸려 나가는데, 1970년 봄경에는 빚이 10만원이나 된다. 지친 전태일은 평화 시장을 떠나 막노동판에서 일하면서 고뇌와 좌절과 자학에 빠져 든다. 이 혹독한 시련의 시기는 전태일의 '사상'이 벼려지는 시기가 된다. 전태일은 오랜 시간을 망설이고 괴로워하다가, 돈 많은 독지가의 투자를 받아서 평화 시장 안에 근로기준법을 준수하는 모범 업체를 하나 만들어 근로자들에게 사람 대접해 주고도 얼마든지 사업할 수 있다는 것을 보여 주겠다는 꿈을 품고 마음의 고향인 평화 시장으로 돌아온다.

전태일은 여론에 호소하기 위하여 동양방송국, '시민의 소리' 프로그램 담당자를 찾아 갔다가 거절당한다. 그러나 시청 사회과를 거쳐 노동청을 들르다가 만난 노동청 출입 기자로부터 호의적인 반응을 얻고 용기를 얻는다. 전태일은 바보회를 삼동회로 바꾸고, 이를 '근로 조건 개선을 위해 공동으로 행동하는 조직'으로 강화한다. 삼동회는 지난해의 경험을 살려 설문지의 배포와 회수를 성공적으로 마치고, 이를 근거로 하여 「평화 시장 피복 제품상 종업원 근로 개선 진정서」를 노동청장에게 제출한다. 다음날 시내 각 석간 신문에 평화 시장 노동자의 참상에 관한 보도가 실린다. 삼동회 회원들은 기쁨에 겨워 한 신문사로 달려가 신문 3백 부를 사서 팔았는데, 신문은 삽시간에 다 팔린다.

다음날인 10월 8일에 전태일 등 세 사람이 삼동회를 대표하여, "작업 시간은 오전 8시부터 오후 7시까지, 일요일은 정기적으로 휴일로 한다, 건강 진단은 1년에 두 번, 다락방 철폐, 환풍기 설치, 조명 시설 개선, 여성 생리 휴가 보장, 노조 결성 지원" 등의 요구 조건을 적은 건의서를 가지고 평화 시장주식회사 사무실을 찾아간다. 예전에는 떨려서 문 앞에서 들어가지 못하고 돌아선 적도 몇 번 있었는데, 이제는 신문 보도로 용기를 얻어 기업주들의 대표 기관에 찾아가서 당당하게 자신들의 요구를 주장한다. 노동자들, 특히 삼동회의 재단사들이 이렇듯 사기가 충천하였던 것과는 반대로, 기업주들과 노동청은 안절부절이다. 이들은 적당히 회유하면서 삼동회를 깨려고 할 뿐, 문제를 해결할 자세를 보이지 않는다. 결국 진정과 호소만으로는 아무것도 이룰 수 없게 되자 삼동회는 시위를 계획한다. 그런데 10월 24일의 시위는, 11월 7일까지 해결해 주겠다는 정보계 형사의 회유로 무산된다. 삼동회는 약속이 지켜지지 않자 11월 13일에 다시 시위를 벌일 것을 계획한다. 전태일은 "이번만은 어떤 희생을 치르더라도 결단코 물러서지 말고 싸우자"고 힘주어 말한다. 조금이라도 반발하는 자는 가차 없이 짓밟아 버리는 이 사회에서 주위의 동료들이 '우리에게 무슨 힘이 있냐'며 투쟁에 나서길 꺼릴 때, 전태일은 목숨을 건 결연한 투쟁만이 유일한 활로라고 생각한다.

1970년 11월 13일 오후 1시 40분 경, 서울 평화 시장 앞 거리에 경찰과 경비원들이 삼엄하게 진을 치고 있고, 시위를 위해 모여 있는 5백여 명의 노동자들이 웅성거리고 있다. 이제 한창의 나이인 스물두 살의 젊은 노동자 전태일이 근로기준법이 담긴 법전을 가슴에 안고 석유를 뒤집어 쓴 자신의 몸에 불을 붙이고 달려간다. 이렇게 하여, "근로자의 생활을 보장·향상시키기 위하여" 만들어졌으나 제대로 지켜진 적이 없었던 그 법에 대한 화형식이 치러진다. 화염에 휩싸인 전태일이 타들어 가는 목소리로 외친다. "근로기준법을 준수하라! 우리는 기계가 아니다! 일요일은 쉬게 하라!"

전태일이 인간이 인간으로서 살아갈 수 없는 이 참혹한 세상을 고발하고 노동자도 인간임을 선언하며 하나밖에 없는 자신의 목숨을 불사르자, 한국 전쟁 이후 노동자라는 말만 꺼내도 빨갱이로 몰리지 않을까 하는 두려움에 숨죽여야 했던 노동자 운동의 무덤 속에서 마침내 한 점의 불꽃이 피어 오른다.

전태일의 분신은 강렬한 충격이 되어 '현대판 노비들'의 굴종과 양심적 지식인들의 침묵을 흔들어 일깨웠다. 대학생들의 농성과 시위가, 종교인들의 각성과 지지가, 노동자들의 죽음을 불사하는 격렬한 투쟁이 잇따라 일어난다. 전태일의 동료들은 목숨을 건 투쟁으로써 최초의 '민주 노조'인 청계피복노동조합(청계피복노조)을 건설한다.

전태일이 분신한 1970년은 민주 노조 운동의 원년이 된다. 그리고 그 후로도 많은 노동자·학생·농민·빈민들이, 운동이 침체하여 위기에 처할

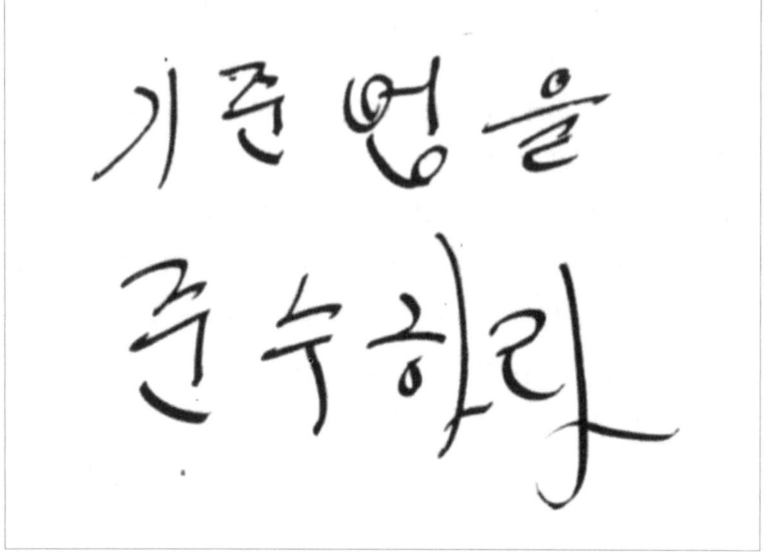

1970년대 노동자 운동을 둘러싼 조건은 최악이었다. 박정희 정권은 경제 발전을 앞세워 노동자들의 권리를 엄격히 제한했다. '법을 지키라'는 당연한 요구도 목숨을 걸어야만 했다.

때마다, 작은 돌파구나마 뚫어 보고자 하는 마음으로 자신의 생명을 불살라서 힘에 겨워 지친 동지들을 일으켜 세운다. 전태일에서 시작된 결연한 투쟁은 전투적 기풍을 형성하며 민주 노조 운동의 전통이 된다. 민주 노조 운동은 전태일 열사의 정신을 계승하기 위해 1988년 이후 매년 11월 13일 전후에 '전국 노동자 대회'를 연다. 한국의 민주 노조 운동의 전통은 전태일을 빼고는 설명하기 어렵다. 운동의 전통은 가장 앞서 싸웠던 투사들에 의해서 세워지는 것이다.

전태일은 불쌍한 사람을 보면 마음이 언짢아지는 심성을 가졌고 모두가 용해되어 있는 상태의 참된 공동체를 꿈꾸었다. 그러나 전태일의 눈에 비친 사회 현실은 노동자들이 단지 생존을 위해 노동하고, 가장 청순하고 때 묻지 않은 어린 소녀들이 때묻고 더러운 부자의 거름이 되는 비참한 것이었다. 전태일은 인간이 인간으로서 살아갈 수 없는 이 참혹한 세상에 대하여 분노했고, 이 분노 때문에 삶에 대한 온갖 미련을 떨쳐 버리고 죽음을 각오한 투쟁을 결단할 수 있었다.

"쉽다면 누군들 안 하겠나? 어려울 때 어려운 일 하는 것이 진짜 사람일세"라며, 전태일이 승리의 환희보다도 오늘의 헌신을 선택할 수 있었던 것은 인간에 대한 믿음이 아주 컸기 때문이다. 전태일은 일기에 다음과 같은 시를 남겼다. "나를 버리고, 나를 죽이고 가마. 너희들의 곁을 떠나지 않기 위하여 나약한 나를 다 바치마. 그대들이 아는, 그대들의 전체의 일부인 나, 힘에 겨워 힘에 겨워 굴리다 다 못 굴린, 그리고 또 굴려야 할 덩이를 나의 나인 그대들에게 맡긴 채, 잠시 다니러 간다네. 잠시 쉬러 간다네. 내가 앞장설 테니 뒤따라오게." 전태일은 "나의 일부인 너"가 자신의 뒤를 따를 것임을 조금도 의심하지 않았다. 전태일은 서로를 아끼고 배려하는 참다운 공동체에 대한 열망, 자신의 모든 것을 아낌없이 바치는 무한한 헌신, 남은 사람들이 자신이 못 다한 일을 이루리라는 인간에 대한 완전한 믿음을 우리에게 소중한 자산으로 물려주었다.

전태일의 '머리'에서 우리가 배울 것은 없을지 모른다. 전태일의 문제 해결 의식은, 근로기준법을 준수하는 모범 업체의 설립 이상으로 나아가지 못했다. 그의 의식은 오늘의 시점에서 보면 개량주의에도 못 미치는 수준이다. 그러나 대학생 친구 하나 가져 보지 못한, 그래서 운동 이론을 접해 본 적이 없는 사람에게 의식이 낮음을 탓할 수는 없다. 우리가 본받아야 할 것은 사태를 해석하는 그의 이론이 아니라 사태를 마주 대하는 그의 실천적 태도와 인간적인 공동체를 갈망하는 그의 사람 됨됨이이다.

2장

목숨을 건 민주 노조 건설과 사수
1976~1979년

전태일의 후예들

근로기준법을 담은 법전과 함께 분신한 한 노동자의 죽음으로 경제 개발 과정에서 일방적인 희생을 강요당해 온 노동자의 실상이 세상에 널리 알려진다. 신문과 잡지가 연일 이 문제를 떠들어 대고, 대학생들은 농성과 시위로 행동에 나서고, 기독교인들은 금식 기도회와 추도 예배로 자신들의 나태와 안일과 위선을 애도한다.

이제 노동자들은 죽음을 불사하는 방식으로 자신들의 요구를 주장한다. 전태일의 분신은 어떻게 노동 조합을 건설할지를 모르고 있던 노동자들에게 하나의 모범으로 다가오면서 이들의 불만과 투쟁 의지에 불을 붙이는 도화선이 된다. 때마침 무르익고 있던 대통령 선거 분위기도 노동자들의 투쟁에 활기를 불어넣는다. 참혹한 현실에 분노할 줄 아는 노동자들은 뒷받침할 조직이 없는데도 희생을 두려워하지 않고 투쟁에 나선다. 전태일의 후예들은 전태일을 따라 결사적인 자세로 싸운다.

전태일의 동료 12명과 전태일의 어머니 이소선 여사가 1970년 11월 21일, 평화 시장 건물 옥상에서 농성을 시작한다. 이들은 경찰이 진압하려 하자 분신하겠다고 위협하여 경찰들을 물리치고, 전태일이 분신한 지 9일만인 그 다음날에 1970년대 최초의 민주 노조인 청계피복노조를 탄생시킨다. 한국과 미국이 합작하여 투자한 업체인 조선호텔에서는 노동 조합을 재건하려던 주동자 5명이 해고당한 데 반발하여, 그중 한 명이 11월 25일에 호텔 구내에서 휘발유병을 들고 분신을 기도한다. 외국인기업노동조합(외기노조) 의정부 지부 조합원 21명이 11월 27일에 활동 방해에 항의하며 전원이 분신 자살까지 각오하면서 투쟁한다. 아세아자동차 노동자 200여 명이 12월 말 노동 조합 간부의 부당 전출과 해고에 항의하며 단식 농성을 벌이다가, 분회장 지원영 등 2명이 전기 고압선을 몸에 감고 한 손에는 청산가리를 들고 한 손에는 전기 스위치를 연결할 태세를 취하고서 노동 조합 인정을 요구한다. 음식점 한국회관의 종업원 김차호가 1971년 2월 2일에 프로판 가스통을 틀어 놓고 2시간 정도 경찰과 대치하며 농성을 벌이다가 분신 자살을 기도한다. 한일섬유의 김진수가 노동 조합을 탈퇴하라는 협박을 듣지 않다가 회사의 사주를 받은 깡패에게 3월에 드라이버로 머리를 찍혀 사망한다. 1970년대의 노동 조합은 목숨 걸고 만든 것이었고, '사수'라는 말 그대로 죽음으로 지켜낸 것이다.

연평균 10.5%의 높은 경제 성장률을 기록하던 한국의 경제가 1971년 하반기부터 급속히 침체하면서 기업의 도산이 급증한다. 자본가들의 손해는 노동자에게 전가되어 체불 임금이 증대하고 노동자의 고통이 가중된다. 1971년도의 노사 분규는 전년도에 비해 10배나 늘어난 1656건이 발생한다. 한진상사 소속 파월기술자미지불임금청산투쟁위원회 회원 400여 명은 체불 임금 소송 심리가 2년 가까이 지지부진하게 이어지자 9월 5일에 임금 지불을 요구하면서 본사에 들어가 기물을 파괴하고 불을 지르며 격렬하게 항의한다. 이들은 출동한 경찰과 치열한 공방전을 벌이다가 5시간 만에 해산되고 55명이 구속된다.

한편, 가진 자들을 위한 개발은 사회의 밑바닥에서 연명해 가는 도시 빈민들을 거리로 내몬다. 8월 10일, 광주 대단지의 3만 이주민이 무자비한 철거 정책에 분노하여 거리로 몰려나와, '차라리 죽여라' 고 절규하며 시위를 벌인다.

전태일의 분신으로 청계피복노조가 결성되자, 노동 조합이 노동자의 처지를 개선할 현실적 대안으로 떠오른다. 노동자들은 노동 조합에 관심을 기울이기 시작하고 그 동안 쌓여왔던 회사에 대한 불만을 여기저기서 터뜨린다.

이때의 노동 조합 건설은 대개가 도시산업선교회 등에서 교육받은 노동자들에 의해 주도된다. 이들은 자신들의 처우 개선이 아니라, 노동자들의 비인간적인 삶을 개선하기 위한 사명감에서 노조를 건설한다. 기독교적 소명 의식이 있었기에 1970년대 민주 노조 간부들은 낮은 의식 수준에도 불구하고 조합원을 배신하는 길을 걷지 않는다. 이들의 끈질긴 노력과 노동자들의 불만이 하나의 힘으로 결합하면서 곳곳에서, 권력과 자본으로부터 독립된 노동 조합, '민주 노조' 가 건설된다. 민주 노조는 사용자와 대등하게 마주서서 자신들의 요구를 당당하게 주장하며, 사용자의 말 한마디에도 오금 저리던 노동자들에게 희망이 된다. 노동자들은 자신들이 못나서가 아니라 법조차 제대로 지키지 않는 기업주가 나쁜 사람이란 걸 알게 되면서 노조 활동에 적극적으로 참여하게 된다.

그러나 민주 노조의 앞길은 험난하다. 활동에 참가한 노동자들이 구사대나 회사에 고용된 깡패들에게 매를 맞는 것은 흔하게 있는 일이고, 여성 노동자는 성폭행의 위협에 떨어야 하고, 심지어는 살의를 띤 폭력에 죽음까지 각오해야 한다. 사소한 일을 빌미로 해고하고 회사측만의 진술로 구속해도 어쩔 도리가 없다. 이런 상황에서는 합법적인 활동조차 폭력에 굴하지 않는 용기와 자신의 희생을 각오하는 헌신적인 의지를 필요로 한다.

'악으로 깡으로' 민주 노조를 건설하고 지킨다는 자세로 싸운다. 1970년대의 노조 활동가들은 이론이나 실무에서는 지금의 활동가에 비해 무척이나 미숙했지만, 폭력에도 굴하지 않고 운동에 자신을 완전히 헌신했던 그들의 정신과 자세는 귀감이다. 폭력과 탄압, 해고와 구속에도 굴하지 않고 노조를 지키고 투쟁으로 요구 조건들을 쟁취하는 성과가 나타나면서, 노조 활동의 성공 가능성을 의심하거나 회사측의 탄압이 두려워서 기피하던 노동자들도 노조로 결집하기 시작한다.

'민주 노조'의 등장은 한국노동조합총연맹(한국노총)의 통제를 벗어난 새로운 노조 운동이 시작되었음을 의미한다. 이 민주 노조들은 정부와 자본, 그리고 한국노총까지 가세한 파괴 공작에도 굴하지 않고 자주성을 지키면서 1970년대의 노조 운동을 이끈다. 1970년대의 민주 노조 운동은 1960년대에 광범하게 형성된 섬유, 화학, 전자 등 경공업에 종사하는 여성 노동자들에 의해 주도된다. 이들은 장시간 노동, 저임금, 열악한 작업 환경에 시달릴 뿐만 아니라, 회사의 관리자들과 중화학 공업의 남성 노동자들로부터도 괄시를 받는 처지였기 때문에 그만큼 분노가 응어리져 있었다.

투쟁으로 건설되는 민주 노조

1972년 5월, 동일방직노조 정기 대의원 대회에서 주길자가 '어용' 지부장을 물리치고 당선된다. 이 선거는 주길자가 한국 최초로 여성으로서 지부장에 당선되고 노조 민주화가 선거를 통해 순조롭게 이루어졌다는 점에서 의의를 지니는 사례다. 이는 인천도시산업선교회가 1966년부터 진행한 소그룹 활동의 결실이었다.

한국모방(1974년부터 원풍모방)에서는 기독교 단체의 도움으로 교육을 받은 노조원들이 1972년 4월에 퇴직금받기투쟁위원회를 결성한다. 7월에는 영등포도시산업선교회에서 한국모방노조정상화투쟁위원회가 결성된다. 본격적으로 노조 민주화 작업에 나선 이들은 8월 17일의 대의원 대회에서 지동진을 지부장으로 선출한다. 이튿날부터 회사와 경찰은 해고, 연행, 부서 이동, 지부장 구타 등의 방법으로 탄압을 가해 온다. 이에 노조는 특근을 거부하고 600여 명이 명동성당에서 농성을 벌여 중앙정보부의 중재로 요구 조건을 관철시킨다. 그러나 경찰은 농성에 대한 책임을 물어 교양 선전 부장 방용석과 총무부장 정상범을 업무 방해, 국가보위에관한특별조치법 위반, 집회와시위에관한법률 위반 등의 혐의으로 구속한다. 이를 비판하는 사회 여론이 빗발치고 검찰은 어쩔 수 없이 구속자를 석방한다. 한국모방노조의 투쟁은 회사가 10월 27일에 노조와 단체 협약을 갱신하면서 노동자의 승리로 끝난다.

서울 영등포의 삼립식품 노동자 1천여 명은 1973년 9월 18일에 공장 맞은 편 야산에 모여 8시간 노동, 임금 50% 인상, 주 1일 휴무 실시 등을 요구하며 작업을 거부하고 농성을 벌인다. 노동자들은 정동호 지부장의 노조를 규탄하는 전단을 제작하여 배포하고, 노무 관리 기구로 전락한 노조 집행부의 통제를 벗어나 사흘 간 파업을 계속한다.

인천의 부평 4공단에 위치한 의류 제조업체이고 사장이 일본인인 삼원 섬유는 13~16시간의 장시간 노동을 시키면서도 퇴직금과 해고 수당을 주지 않았다. 이에 유해우를 중심으로 한 노동자들이 1973년 10월부터 근로 조건의 개선을 위한 운동을 벌인다. 회사가 이를 탄압하자 노동자 120명이 파업으로 요구 조건을 관철시킨다. 회사는 요구 조건을 수락한다는 각서를 썼으면서도, 이틀 후 노동자들에게 이 사건은 종업원의 잘못이며 차후 회사의 명령에 절대 복종하며 이를 어겼을 시는 어떠한 처벌도 감수하겠다는 각서를 쓸 것을 강요한다. 노동자들은 12월 3일, 다시 파업에 돌입하고 이 과정에서 노동 조합이 필요하다는 사실을 절감하여, 12월 12일에 노동자 360명 가운데 120명이 모여 조합을 결성한다. 부평 4공단에서 최초인 삼원섬유노조의 결성에 고무받은 반도상사 등 14개의 사업장에서 노조가 연이어 결성된다.

반도상사 노동자들이 1973년 12월에 인천도시산업선교회가 주관하는 교육에 참가한다. 이들은 1974년 2월에 근로 조건 개선을 요구하는 파업을 주도한다. 이들은 단식 농성을 벌여 14시간 만에 요구 조건의 상당 부분을 관철시킨다. 노동자들은 승리의 열기를 모아 3월 5일에 노조 결성 대회를 추진한다. 회사는 한국노총과 짜고 회사가 매수한 남자 경비원을 지부장으로 선출하려는 음모를 꾸미지만, 회사에 매수되었던 한 여성 노동자가 대회장에서 이 음모를 폭로하면서 노동자들은 다시 단식농성에 들어간다. 수십 명의 경찰이 이튿날 새벽에 난입하여 노동자들을 무차별 구타하고 연행하지만, 노동자들은 4월 15일에 섬유노조 반도상사지부를 결성하는 데 성공한다.

와이에이치(YH)노조가 1975년 5월 24일에 결성된다. 회사는 지부장과 부지부장을 5월 22일자로 소급하여 해고하고, 사무장을 강원도의 하청 공장으로 전출시키고, 노조원이 2천 명이 넘는데도 불구하고 지부가 아니라 분회로 등록할 것을 종용한다. 이러한 부당 노동 행위에 대해 섬유노조는 공장 근처에 독립 가옥을 전세 내어 해고자들을 거주하게 하고, 교육을 실시하면서 총력을 기울여 대응한다. 결국 회사가 6월 20일에 해고자 복직과 노조 활동 협조 등에 합의하게 되고, YH노조는 섬유노조의 지부로서 정상적인 운영을 시작하게 된다.

청계피복노조는 설립 이후에 삼동친목회를 강화하고 여성 조합원의 모임인 아카시아회를 조직하는 등 현장 활동에 주력하고, 반장 제도를 창설하여 노조원에 대한 영향력을 높이고, 1972년 4월에는 여성 근로자들의 권익 문제를 스스로 해결할 수 있는 여건을 마련하기 위해 새마을평화교실을 만들어 운영하는 등 모범적인 활동을 꾸준히 전개한다. 이러한 활동을 기반으로 청계피복노조는 1975년 12월에 주휴제 철저 이행과 저녁 8시 작업 종료 등을 요구하며 '시간 단축 투쟁'에 들어간다. 50여 명이 무기한 단식 투쟁에 돌입하는 등 노조원들이 적극적으로 참여하여 투쟁을 승리로 이끈다. 이 투쟁으로 청계피복노조는 노조원들의 확고한 신뢰를 받게 되고 민주 노조 운동의 선봉으로 인정받는다.

그런데 이런 투쟁들에 대한 보도는 정부에 의해 철저히 통제된다. 노동자들의 투쟁 관련 소식만이 아니라 정부에 반대하는 의견이나 소식도 검열에 의하여 삭제되고 있었다. 이에『동아 일보』기자 2백여 명이 1974년 10월 24일에 "언론 자유 실천"을 선언하고 '외부 간섭 배격, 기관원 출입 거부, 언론인 불법 연행 거부'를 결의한다. 35개 언론사 기자들이 이 선언에 동참한다.『동아 일보』의 세 면이 백지인 상태로 나온 것도 이때의 일이다. 결국『동아 일보』,『조선 일보』,『한국 일보』, 동아방송 등에서 기자 146명이 '언론 자유 실천 운동'으로 해고된다.

권력과 함께 노동자들의 권리를 억누르는 노동 조합: 한국노총

박정희는 1971년 4월의 대통령 선거에서 부정을 저지르고도 가까스로 당선된다. 권력을 상실할 뻔한 심각한 위기를 겪은 박정희 정권은 1971년 12월에 국가 비상 사태를 선포하고 '국가보위에관한특별조치법'을 제정하여 통제를 강화한다. 1972년 10월에는 비상계엄령을 통해 국회를 해산하고 유신 헌법을 확정하여 대통령 1인에게 권력을 집중한다. 대통령 간선제, 연임 제한 폐지, 긴급 조치권 등을 골자로 하는 유신 헌법은 한마디로 대통령에게 초법적인 권한을 주어 영구 집권을 가능하게 하는 법이다.

박정희 정권은 더 나아가 국민 윤리와 교련을 필수 과목으로 선정하고 '한국적 민주주의'와 '충효 사상'을 보급하면서 반공주의와 민족주의를 국민적 이데올로기로 세뇌시키고, 주민등록 제도를 신설하고 예비군을 창설하면서 전 국민에 대한 통제를 강화한다. 게다가 정부는 1973년에 노동법을 또 개악하여 조합원 총회를 거쳐야 단체 행동이 가능하게 하는 등 노동권을 극도로 제약하고, "1980년이 되면 수출이 100억 달러를 돌파하고 GNP가 1000달러가 넘어 마이카 시대가 오니 그때까지 참고 기다리자"며 장미빛 꿈을 펼쳐 보이면서 국민들에게 허리띠를 졸라맬 것을 강요한다.

이러한 모든 조치들에도 불구하고 불안감을 떨칠 수 없었던 박정희는 자신의 정적과 반정부 세력들을 제거한다. 박정희는 지난 대통령 선거를 통해 확인된 최대 정적인 김대중을 1973년 8월 8일 오후 1시에 일본 토쿄의 한 호텔에서 납치하여 바다에 수장시키려 한다. 그런데 미국 정부의 요청으로 동원된 헬기가 나타나 김대중은 겨우 목숨을 건질 수 있었지만 한국으로 이송되어 가택에 연금된다.

박정희 정권은 1974년 1월 8일에 긴급 조치 1·2호를 발동하여 유신 헌법에 대한 논의를 일체 금지시키고 이를 위반할 시는 영장 없이 체포하여 비상 군법 회의에서 처단하도록 했다. 이 긴급 조치 위반으로 1월 15일에 장준하와 백기완이 구속되고, 1월 21일에는 도시산업선교회의 김경락 목사를 비롯해 종교인 11명이 구속된다. 4월에는 전국민주청년학생총연맹과 인민혁명당재건위원회 사건을 조작하여 253명을 긴급 조치 위반으로 구속하고 180명을 기소한다. 비상 고등 군법 회의는 9월에 이들에게 내란 선동 등의 죄로 8명에게 사형, 9명에게 무기 징역, 20명에게 12년 이상의 중형을 선고한다. 특히 인민혁명당재건위원회 관련자 8명은 항소심에서 사형을 선고한 지 스물네 시간도 지나지 않아서 사형에 처해졌다. 박정희 정권은 살인도 서슴지 않았는데, "우리나라의 모든 사람이 대통령이 되어도 박정희는 대통령이 될 수 없다"던 반정부 운동의 거목 장준하를 1975년 8월 27일에 실족사를 가장해 살해한다.

한편, 그 동안 관료들이 자리를 차지하던 한국노총은 전태일의 분신을 계기로 투쟁이 터져 나오자 그 열기에 편승하여 투쟁에 나선다. 해운조선공사와 목포조선공업 등 5개 사업장으로 구성된 조선공 분회는 1970년 12월의 간부 회의에서 임금 제도 변경(중간 공제 배격) 요구를 결의하고 금속노조 본조의 쟁의 발생 승인을 거쳐 무기한 파업을 선언하면서 1971년 2월 1일부터 2월 13일까지 파업을 벌여 승리한다. 1971년에는 생사업체 42개 노조가 공동으로 임금 협상을 벌인다. 섬유노조와 한국생사수출조합이 권한을 위임받아 벌인 협상도 노동 조합의 승리로 끝난다. 두 달 후에는, 15개 면방 사업장이 역시 섬유노조의 주도로 일괄 임금 협상을 시작한다. 면방 사업장의 임금 협상은 생사업체와 달리 쉽게 타결되지 않아 섬유노조는 각 사업장별로 쟁의 발생을 신고하고 냉각 기간이 종료된 후 각 지부별로 쟁의 행위 찬반 투표를 실시하는데, 이때 노동청에서 행정 조정이 들어와 파업에 들어가지는 않았지만, 노동청의 조정으로 요구안의 상당 부분이 관철된다. 한국노총은 단위 사업장의 울타리를 넘어서 조직되는 산별 노조의 위력을 보여 주고 있었다.

그러나 한국노총은 박정희의 철권 통치 아래서 정부 정책에 적극 협력하며 어용성을 적나라하게 드러낸다. 중앙정보부에 의해 조종되고 있던 한국노총은 '10월 유신'이 선포되자 즉각 지지 성명을 발표한다. 한국노총은 1973년에 "국가 이익 우선주의에 입각하여 계급 투쟁적인 극렬한 운동 방향을 배제하고 임금 인상 일변도의 활동 노선을 지양하고 생산성 향상 운동을 통한 분배 원천의 증대라는 노사 공동 이익의 영역을 찾아 서로 협력"하기로 운동 방침을 정한다. 한국노총 위원장 배상호는 1974년 1

월 19일의 '한국노총 산별 위원장 및 시도 협의회 연석 회의 개회사'에서 "도시산업선교회 같은 불순 분자의 조직 침투 행위에 대해서 전체 조직력을 총동원하여 지난날 전평을 타도한 그 기개로써 단호히 분쇄할 것을 다짐"한다.

노사 협조주의를 선언한 한국노총은 노동자의 단결된 투쟁을 포기하고 정부와 기업에 건의하거나 진정하는 방식으로 1970년대를 일관한다. 뿐만 아니라 유령 노조 설립, 민주 노조에 대한 사고 지부 처리, 노조 파괴 등으로써 자본가에게 적극 협력한다. 그리고 그 대가로 자본가에게 상당한 보상을 받는데, 섬유노련 위원장 김영태는 몇 천만 원짜리 재벌 발행 수표를 분실하고도 신고를 못하다가 도둑이 체포되어 그 행태가 세상에 알려진다.

한국노총 간부들은 자리를 지키기 위해 지부장 선거에서 부정을 저지르는 등의 비민주적 행위를 자행하고, 이권이 큰 좋은 자리를 차지하려고 자리 다툼을 벌인다. 그러나 이들은 한국노총의 재원을 확보하고 직위 상승에 필요한 자기 패거리를 늘리기 위해 신규 노조 결성을 지원하기도 한다. 이러한 사정과 민주 노조 운동의 확대로 1970년대 초반 60만이었던 조직원 수는 후반에는 115만으로 급증한다.

정치 문제로 비화하는 민주 노조 사수 투쟁

신규 노조들이 건설되면서 민주 노조 운동이 활기를 띠자, 자본가와 정부는 비판 세력 중에서 그나마 조직적인 힘을 유지하고 있던 민주 노조에 대해 집중적인 탄압을 가한다. 여기에 자신들의 지위가 위태로워지는 것을 막으려는 한국노총까지 가세하면서, 1970년대 후반에는 민주 노조를 수호하는 문제가 중요한 것으로 대두한다.

이때 민주 노조는 대부분 민주 노조 간의 연대보다는 종교계의 지원, 사회 여론의 지지, 정치적 해결이라는 외부의 도움에 기대어 문제를 해결하려고 한다. 독재 정권이 강요한 희생 때문에 노동자들이 궁핍해졌다는 분위기가 있어서, 노동자들의 투쟁이 사회 쟁점으로 부각되면 사회 여론이 노동자들에게 유리하게 작용하는 때였다.

동일방직은 1976년 7월 23일, 기숙사 문에 못질을 하고 현장 문을 잠근 채 대의원 대회를 연다. 경찰은 이 대회의 순조로운 진행을 위해 노조 간부 10여 명을 연행한다. 결국 회사측 대의원만 참석한 이 대회에서 회사측 고두영이 지부장으로 선출된다. 이 소식을 듣고 분개한 노동자들은 밤 10시 퇴근반부터 지부장 석방, 노조 활동 보장, 대의원 대회 무효 등을 주장하며 단식 농성을 벌인다. 회사는 물과 전기를 끊고 화장실 문까지 잠근다. 7월 26일 저녁 6시 반, 기동 경찰이 농성자들을 포위하고 연행하기 시작한다. 여성 노동자들은 노총가를 부르며 저항하고, 어떤 여성 노동자는 몸에 손을 대지 못하게 속옷까지 벗어 던지고 항의하고, 어떤 노동자는 연행을 저지하려고 차 바퀴 밑에 드러눕는다. 경찰은 곤봉을 휘둘러 농성을 진압하고 72명을 연행한다. 이 과정에서 50명이 충격으로 졸도하고 70명이 부상당하고 14명이 병원에 입원한다. 다음날 노동자들은 출근을 거부하고 섬유노조 본조에서 항의 농성을 벌여 간부들을 석방시키고, 사회 여론화를 위해 명동의 가톨릭 문화 회관에서 '사건 해부식'을 열기로 한다. 그러자 노동청에서 합의를 주선하고 나서서 3대째 민주적인 여성 지부장이 탄생한다.

한국노총 섬유노조 원풍모방지부장 방용석이 1976년 11월 18일에 회사 앞에서 납치되어 치안본부 대공 분실로 끌려간다. 회사가 기숙사 자치회를 해체시키고 사감들을 군경 원호 대상자들로 교체하려고 하는데 반대하여 싸우는 과정에서 한 발언이 국가원수모독죄에 해당한다는 것이었다. 노조는 긴급하게 상집 회의를 열고 섬유노련에 대책 마련을 요구했지만, 섬유노련은 노사 문제가 아니라며 발뺌한다. 작업 교대를 마친 뒤 철야 농성이 시작되었고, 그 대오는 삽시간에 600여 명이 되고, 지부장이 행방 불명된 지 5일째 되는 날은 농성 참여 노동자가 1500여 명으로 늘어난다. 기독교 신자 500여 명은 지부장을 위한 기도회를 잇달아 연다. 방용석은 3박 4일 동안 지하실 취조실에서 잠 한숨 자지 못하고 맞으며 조사를 받았지만, 이러한 투쟁으로 석방되어 7일 만에 지부장 복귀 연설을 할 수 있게 된다. 원풍모방노조는 1978년 추석에도 회사가 입사한 지 3개월이 안 되는 신입 사원들에게 추석 쇠고 나서 상여금을 지급하겠다고 하자, 전면 파업을 조직한다. 그 결과 신입 사원들은 상여금을 쥐고 귀향길에 올랐고 노조는 노조원들의 절대적인 신뢰를 얻는다. 이런 신뢰를 바탕으로 노조원들은 임금 인상이 끝나면 전원이 그해 인상액의 일주일분을 적립하고 상여금이 나오면 특별 조합비를 내 파업 기금을 모은다. 원풍모방노조는 이렇게 모은 파업 기금이 1982년에는 1억5천여 만원이 넘을 정도로 막강한 조직력을 자랑한다.

1977년 7월 2일, 협신피혁공업사에 근무하는 민종진이 회사의 지시에 따라 폐수가 흘러내리는 배수관을 청소하다가 유황 메탄 가스에 질식하여 숨진다. 청계피복, 동일방직, 반도상사, 방림방적, 남영나이론, 인선사 등 서울과 인천에 있는 사업장들의 노동자 300명이 기업의 살인 행위에 분개하여 민종진의 장례식에 참가한다. 이들은 영구차를 뒤따르면서 "노동자도 사람이다! 근로기준법 준수하라! 국가보위법을 철폐하라! 노동 3권을 돌려 달라!"는 구호를 외치며 시위를 벌인다. 경찰이 시위 대열을 해산시키자 이 중 40여 명은 노동청을 찾아가 문제가 되고 있는 노조들의 현안을 해결해 줄 것을 요구하며 농성에 들어간다. 다시 기동 경찰과의 충돌이 벌어지고 42명의 노동자가 연행된다. 다음날 300여 명의 노동자들이 항의 투쟁을 벌여 연행된 사람들이 모두 석방된다.

경찰은 1977년 7월에 법정 모독을 이유로 전태일의 어머니 이소선을 구속하고 평화 시장의 노동 교실을 점거하면서 건물 주인을 협박하여 교실을 아예 폐쇄하려 한다. 평화 시장 노동자 2천여 명은 9월 9일 오후 1시 반에 노동 교실 앞으로 몰려가 정문을 막고 있는 경찰을 쫓아내고 노동자 40명이 교실 안으로 뛰어 들어가 입구의 셔터를 내리고 바리케이드를 친다. 기동 경찰대가 3시에 진압을 시작한다. 민종덕과 전순옥(이소선의 장녀) 등 40명은 "어머니를 석방하라! 노동 교실 돌려달라!"고 외치며 창문에서 뛰어내리거나 유리로 팔목의 동맥을 끊고 배를 가르는 등 극렬하게 저항하면서 교실 안에 휘발유를 뿌려 불을 지르고 경찰을 향해 "들어오면 다 같이 타 죽자!"고 울부짖는다. 경찰은 노동자들의 태세에 놀라 요구 조건을 들어 주겠다고 약속하고 농성을 해산시킨다. 그러나 약속과 달리 53명의 노동자 전원을 연행하여 이 중 9명을 즉결에 넘기고 이승영 등 5명은 방화및특수공무집행방해 혐의로 구속한다. 신승철은 피를 많이 쏟았으면서도 일체의 치료를 거부하고 병원에서 단식 투쟁에 들어가지만, 경찰은 다음날 중부서로 연행하여 구속한다. 3층에서 투신한 민종덕은 척추가 부러져서 몸을 제대로 움직이지 못하게 된다. 폐수 가스에 질식사 한 민종진의 동생인 민종덕은 1985년에 건설되는 서울노동운동연합(서노련)의 초대 의장으로 선출된다.

1978년 1월, 대구 아리아악기노조 분회장 등 5명이 부사장 집으로 과도를 들고 들어가 가족들을 인질로 잡고 평소 노동자들에게 폭행을 일삼는 회사 간부들의 즉각 교체와 임금 인상을 요구하며 다음날 새벽까지 농성을 벌인다. 이들은 자신들의 요구를 알리기 위해 사회에 충격을 주는 극단적인 방법을 택했다. 유신 정권이 노동자의 기본적인 단결권조차 인정하

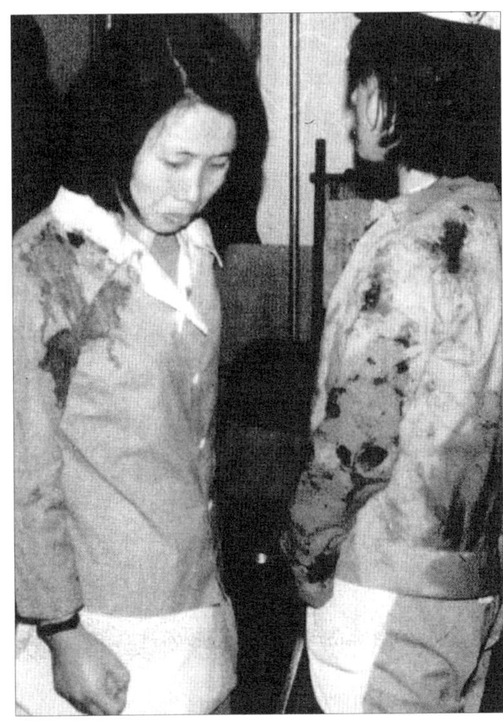

회사의 사주를 받은 남성들이 끼얹은 똥물을 뒤집어 쓴 동일방직 여성 노동자. 1978년 2월의 동일방직노조 대의원 선거는 이 '똥물 사건'으로 무산된다.

지 않고 기업주들도 여기에 편승해 노골적인 도발과 부당 노동 행위를 일삼아 정상적인 방법으로는 아무것도 이룰 수 없었기 때문이다.

한국노총도 자본가와 정부에 발맞추어 민주 노조 탄압에 앞장선다. 전국섬유노조 대의원대회는 1978년 1월에 사고 지부는 본조에서 위촉한 수습 위원에게 지부장의 권한과 업무 일체를 즉시 인계하도록 규약을 개정하여 본조가 지부를 직접 통제할 수 있게 만든다. 그리고 근로환경개선대책위를 구성하고 그 산하에 조직행동대를 편성했는데, 이 행동대는 민주 노조를 파괴하는 데 동원된다.

대의원 선거를 위한 동일방직노조 총회가 1978년 2월 21일에 열린다. 회사의 사주를 받은 남자 노동자 6명은 선거를 막기 위해 방화수 통에 똥을 담아 가지고 고무 장갑을 낀 손으로 선거하러 오는 여성들의 얼굴과 옷에 닥치는 대로 똥을 바르고 젖가슴에 쑤셔 넣고 심지어는 여자 기숙사에까지 쫓아와 똥이 든 양동이를 머리에 뒤집어씌우기까지 한다. 한 시간 뒤에 온 섬유노조의 조직행동대는 사태를 수습하기는커녕 노조 사무실을 강점하고 총회를 방해한다. 이 사건을 계기로 섬유노조는 동일방직노조를 '사고 지부'로 규정하고 집행부를 해산시킨다.

김영태는 3월 6일의 중앙 위원회에서 "산업선교회는 빨갱이 단체이며 동일방직 현집행부는 그 새끼이니, 전(全)섬유노조는 단합하여 이들을 분쇄하자"며 의장단 전원을 제명한다. 그러자 김수환 추기경이 정부 당국과 노총에 강력히 항의하는 등 사회 각계의 비난 여론이 빗발친다. 당국은 종교계와 협상하지만, 회사는 농성을 풀고 현장에 복귀한 124명의 노동자를 해고한다. 이때부터 동일방직 노동자들은 1980년 5월까지 줄기차게 현장 복귀 투쟁을 벌이게 된다. 섬유노조 본조는 이 해고자들의 명단, 즉 '블랙리스트'를 전국 사업장에 배포하여 이들의 취업을 막는다. 이처럼 박정희 정권 아래서 발생한 노동 쟁의는 노조 간부에 대한 해고와 노조원들에 대한 조합 탈퇴 강요에서 비롯된 것이 많다.

동일방직 '똥물 사건' 등의 노동계 현안은 언론에 전혀 보도되지 않는다. 이에 민주 노조 활동을 통해 신뢰를 쌓아 온 동일방직, 삼원섬유, 원풍모방, 방림방적 등의 여성 노동자 6명이 여의도 광장의 부활절 예배에서 노동계 현안을 여론화시키기로 계획한다. 이들은 1978년 3월, 40만 명이 모인 예배 도중에 단상으로 뛰어올라 가서 확성기를 뺏은 후 "노동 3권 보장하라! 동일방직 사건 해결하라! 가톨릭노동청년회와 도시산업선교회는 빨갱이가 아니다!"라고 외친다. 경찰이 곧바로 이들을 끌어내렸지만 이로 인해 라디오 중계 방송이 잠시 중단된다. 6명 모두 집회및시위에관한법률 위반으로 구속되어 실형을 선고받는다.

1966년에 회사를 창설하여 종업원 4천 명의 국내 최대 가발업체로 성장한 YH무역은 가발 산업의 사양화, 경영 부실, 기업주의 재산 해외 도피 등으로 인해 어려움을 겪다가 1979년 3월에 폐업을 공고한다. 노동자들이 4월 13일부터 회사 정상화를 요구하며 농성에 들어갔으나 문제는 해결되지 않고 장기화된다. YH의 노동자들은 공권력 투입이 임박하자 8월 9일 새벽에 회사를 빠져 나와 농성 장소를 신민당사로 옮긴다. 노조의 설립과 운영은 종교 단체나 지식인 활동가의 도움으로 가능하지만 자본가의 권리인 자본 회수 문제로 싸우려면 야당의 정치적인 도움이 필요하기 때문이다. 그러나 긴급 조치를 통해 폭압적인 방식으로 정권을 유지하는 데 급급했던 박정희 정권은 제1야당의 당사라는 사실에도 아랑곳하지 않고 8월 11일 새벽 2시에 2천 명의 경찰과 폭력배를 신민당사에 투입시킨다. 이들은

YH무역의 노동자들은 회사 정상화를 요구하며 농성에 들어갔으나 공권력 투입이 임박하자 1979년 8월 9일 새벽에 신민당사로 옮겨 간다.

당사에 난입하여 180명의 여성 노동자들, 국회 의원, 나아가 야당 총재에게까지 무차별적으로 곤봉을 휘두르며 진압한다. 이 과정에서 노조 간부 김경숙이 사망한다.

1978년 12월 12일의 국회의원 선거에서 야당(신민당)의 득표율이 여당(공화당)보다 1.1% 앞서는 사상 초유의 일이 발생할 만큼 민심이 돌아서고 있었고, 1979년에는 '제2차 석유 파동'으로 기업 도산이 속출하는 등 경제가 급속히 침체하던 상황에서 발생한 김경숙 사망 사건은 사회 전체를 격변의 소용돌이로 몰아넣는다. 군 출신 장성들에게 특혜를 주려는 용달협회에 대해 용달차 운전 기사들이 여의도에서 항의 시위를 벌이고, 해태제과의 노동자들이 8시간 노동제를 요구하며 투쟁을 전개한다. 신민당은 이런 상황을 공세적인 정치 투쟁의 호기로 보고 대정부 전면 투쟁을 선언한다. 대학교가 개강한 9월부터는 학생들이 연일 군부 독재 퇴진을 외치며 거리로 나선다. 박정희 정권이 10월 4일에 변칙으로 김영삼의 의원직을 박탈하자 신민당 의원들은 이에 항의하여 전원 의원직을 사퇴한다. 시위는 계속 확대되어 부산과 마산에서는 10월 16일에 시민들까지 합세한 대규모 시위가 벌어져 경찰력이 무력화되는 사태로까지 발전한다. 박정희 정권이 10월 18일에는 부산에 계엄령을, 10월 20일에는 마산에 위수령을 발동하며 군대를 투입했으나, 10월 24일에는 대구에서도 수천 명이 시위를 벌이는 등 사태는 더욱 확산된다. 몰락의 위기를 맞은 지배 세력은 강경파와 온건파로 분열된다. 10월 26일, 박정희의 머리에 겨누어진 김재규 중앙정보부장의 권총에서 울려 퍼진 총성이 유신정권의 비참한 종말을 알린다.

박정희 정권의 몰락과 불황으로 인해 폭발하는 노동 쟁의

제2차 석유 파동으로 촉발된 1979년의 불황은 10 · 26사태 이후 더욱 심각해져, 1980년의 경제 성장률은 −5.7%를 기록하고, 휴업과 폐업이 급증하면서 83만 명이 실직하고, 물가는 44%나 상승한다.

박정희가 죽자 지배 권력은 일시에 혼란에 빠지고 그 혼란의 틈새는 노동자들의 누적된 불만이 터져 나오는 분화구가 된다. 노동자들은 전국 곳곳에서 체불 임금 지급, 임금 인상, 노동 조건 개선, 노조 결성, 어용 노조 민주화 등을 요구하면서 억눌려 왔던 욕구를 분출한다. 1980년의 노동 쟁의는 5월에 군사 꾸데따가 있기 이전인 '서울의 봄' 시기에만 1979년의 10배인 2168건이 발생할 정도로 크게 증가한다. 불황의 영향으로 4월 말까지 발생한 809건의 노동 쟁의 가운데 임금 체불과 관련된 것이 560건을 기록한다.

민주 노조 운동의 선봉인 청계피복노조가 제일 먼저 투쟁에 나선다. 청계피복노조는 자본가들의 완강한 태도로 단체 교섭이 난항을 겪자 1980년 4월 8일부터 평균 임금 35% 인상, 상여금 150% 지급, 퇴직금 제도의 전면 실시, 노동 3권의 완전 부활, 해고자들의 복권과 복직 등을 요구하며 농성에 들어간다.

이 투쟁은 1980년에 일어난 첫 노동자 투쟁으로 노사 모두의 관심을 집중시킨다. 태풍의 눈이었던 학생 운동이 가세한다. 노동자와 학생들은 4월 12일에 이어 4월 14일에도 전태일의 영정과 모의관, "내 죽음을 헛되이 말라" 등이 적힌 9개의 만장을 앞세우고 가두 시위를 강행하여 경찰과 치열한 투석전을 벌인다. 그러자 사용자 대표들이 4월 15일 임금을 29% 인상하겠다고 밝히고, 노동청은 10인 이상 고용 업체에 퇴직금 제도를 실시한다고 발표한다. 청계피복노조는 계엄령 하에서도 8일 동안이나 공세적인 투쟁을 전개하여 요구 조건을 쟁취하는 성과를 올리며 전국의 노동자들을 고무한다.

전국광산노동조합연맹이 42%의 임금 인상을 위해 싸울 것을 결의하고 있는 상황에서, 국내 최대의 민영 탄광이었던 사북의 동원탄좌의 노조가 회사와 비밀리에 임금 20% 인상에 합의한다. 이에 동원탄좌의 노동자들은 1980년 4월 21일에 이재기 지부장 사퇴와 임금 40% 인상을 요구하며 농성에 들어간다. 경찰이 출동하자 노동자들은 거칠게 저항하고, 험악한 분위기에 위협을 느낀 정선경찰서 정보과장이 지프를 타고 도망치다가 노동자 3명에게 부상을 입힌다. 500여 명의 노동자들이 사북 시내로 몰려가서 경찰서와 회사 간부들 및 노조 간부들의 집을 부수고 곳곳에서 경찰과 형사를 찾아내 린치를 가한다. 4월 22일, 농성 대오는 가족까지 참여하여 3000여 명으로 불어난다. 이들은 시내 곳곳에 바리케이드를 치고 이재기 지부장의 부인을 인질로 잡아 린치를 가한다. 경찰이 소총으로 무장하고 읍으로 들어오자 노동자들은 일단 동원탄좌로 후퇴하였다가, 지리에 밝은 점을 이용하여 여기저기서 경찰에 반격을 가한다. 경찰은 풍비박산되어 철수하고 노동자들이 사북읍을 완전히 장악한다. 노동자들은 자치 방범대를 뽑아 치안을 유지한다. 사태가 심각하게 돌아가자 언론은 "술 취한 광부들" "지서 습격, 경찰관 1명 사망" "공포의 탄광촌" 등의 보도로 광부들을 폭도로 몰고, 경찰은 헬기로 삐라를 뿌리면서 해산하지 않으면 강력하게 대처하겠다고 위협한다. 광부들은 분열하기 시작하고 투쟁의 주도권은 타협적인 노조 대의원에게로 넘어간다. 협상이 시작되어 이재기 집행부 퇴진과 피해자 보상 등에 합의가 이루어진다. 당국은 사태 수습 후 합의를 어기고 31명의 광부를 구속한다.

정부는 '사북항쟁' 이후로 노동 쟁의에 대해 강경한 자세를 취한다. 이제 전투적인 노동자들만이 투쟁에 나서게 된다. 임금 문제보다 어용 노조

사북읍을 완전히 장악한 광산 노동자와 가족들. 조합원들의 뜻과 달리 임금 협상을 마무리 진 노동 조합 지부장의 사퇴와 경찰의 난동을 규탄하고 있다.

퇴진과 민주 노조 건설이 중심 이슈가 되고, 투쟁 형태는 탈법적이고 전투적으로 바뀐다. 동국제강, 인천제철, 일신제강 등의 노동자들의 투쟁이 그런 사례들이다. 특히 동국제강 노동자들은 경찰의 저지를 뚫고 가두로 진출할 만큼 치열하게 투쟁하여 자신들의 요구 사항을 쟁취한다.

한일도루코의 김문수 지부장은 민주화 열기를 타고 상당수의 지부들을 결집하여 금속노조민주화추진위원회를 결성하고, 5월 9일에 금속노조의 민주화를 요구하며 금속노련 사무실을 점거해 농성을 벌인다. 남이 싸움판을 벌여 놓은 뒤에야 행세하는 한국노총은 5월 13일에 '노동 기본권 쟁취 궐기 대회'를 개최한다. 그런데 원풍모방노조를 비롯한 민주 노조 소속의 노동자들이 노총 간부들의 의도를 뒤엎고 궐기 대회를 농성으로 발전시킨다. 이들은 가두 시위에 합류하라는 학생 시위대의 제안을 군부에 탄압의 구실을 주어서는 안 된다며 거부한다. 그러나 이 모든 것은 5월 17일에 꾸데따가 일어나 무위로 돌아간다.

　민주 노조 운동은 조직된 대중의 투쟁력을 보여 주지만 국가 권력을 민주화하는 운동과 상당히 뒤떨어져 있음은 분명했다. '민주화 운동'은 10·26사태로 투쟁 대상을 상실하고 혼란에 빠진다. 전국적인 연계가 없었던 학생 운동은 반독재 투쟁을 선도하면서 형성된 국민들의 신망을 공식적인 지도력으로 발전시키지 못한다. 어떤 책임 있는 결정을 내릴 만큼 조직화되어 있지 않던 재야에서는 아무런 대안도 가지지 못하고 사태를 관망한다. '서울의 봄'을 노래하면서 평화적인 정권 교체를 꿈꾸는 야당은 시위를 자제하여 꾸데따의 빌미를 주지 말아야 한다고 호소하면서 정치 주도권을 자기들 손아귀로 되돌리려고 애쓴다. 노동자 운동 그룹들은 대중 운동에 미칠 수 있는 영향력이 미약해서 급격하게 표출되는 노동자들의 투쟁과 급변하는 정세를 따라갈 뿐이다. 이러한 이유들로 인해 시위에 참가했던 노동자와 민중들의 투쟁 열기는 국가 권력의 문제로 나아가지 못한다. 민주 노조 외에는 자신들을 대변할 조직이 없었던 노동자와 민중들은 독자적 정치 세력화의 길을 찾을 생각도 못하고 자신들의 정치적 열망과 대표권을 야당에게 의탁한다.

3장

민주 노조 운동에 영향을 준 두 가지 흐름
1970~1979년

현실에 안주하는 중화학 공업 부문의 대기업 노동자

　박정희 정부는 소비재와 경공업 중심의 수출 산업 구조가 한계에 부딪치자 자본 축적 위기를 극복하기 위해 1973년에 중화학 공업을 집중적으로 육성한다. 중화학 공업화가 급진전되어 기능공과 기술직에 대한 수요가 급속하게 늘어나자, 정부는 일정한 자격증을 가진 사람이 방위 산업체에서 5년 이상을 근무하면 병역을 면제해 주고 기능장이 되면 박사와 같은 대우를 해 주겠다고 하는 등 기능공을 우대하는 정책을 편다.

　중화학 공업 노동자들은 국가의 중추 산업에 근무한다는 자부심을 가지고 평생이 보장되는 대기업이라는 안정된 직장에 안주한다. 한국 경제는 중화학 공업에 막대한 외국 자본이 도입되고 건설업이 중동 지역으로 진출하여 '오일 달러'를 벌어들여 호황을 누린다. 매일 새로운 공장이 들어서고 있던 터라 1970년대 초반의 광대한 이농 실업자군도 거의 사라지고 새로운 인력이 필요한 만큼 임금도 상대적으로 높아진다. 이런 이유들로 인해 중화학 공업 부문의 대기업 노동자들은 노조의 필요성을 그다지 인식하지 못한다. 불만이 있어도, 돈을 모아 장사하거나 야간 대학을 나와 관리직으로 올라가거나 조건이 더 좋은 회사로 옮기는 등 개인적으로 문제를 해결한다. 이처럼 자신의 지위에 어느 정도 만족하는 사람이 많고 불만을 개인적으로 해결할 가능성이 많이 있는 상황에서는 불만이 투쟁으로 조직되기 어렵다. 게다가 '내 눈에 흙이 들어가기 전에는 노조는 절대 안 된다' 는 대자본가들의 완고한 태도와 대기업 노동자의 조직화를 우려하는 국가 기관의 통제 정책 때문에 대기업에서의 민주 노조 결성은 대단히 어렵다. 자본가들은 고급 인력 확보와 안정된 인력 관리를 위해 노동자들의 임금 인상 요구를 들어 주며 노동자들의 불만을 잠재운다.

이러한 이유들로 인해 중화학 공업 부문의 대기업에서는 민주 노조가 1970년대 내내 조직되지 못한다. 그러나 완전히 침묵하고 있었던 것은 아니다.

1967년과 1969년의 두 차례의 노조 결성 시도가 해고, 전출, 승진 발령 등의 탄압이나 회유로 무위로 돌아갔었던 신진자동차(현 대우자동차) 부평 공장에서 1971년 4월에 노조가 결성된다. 그러자 회사는 어용 노조를 결성하고 분회장과 노조원 208명을 무더기로 해고하면서 노조를 와해시키려 한다. 결국 회사가 51명의 계열사 전출, 기본급의 300%에 해당하는 해고 수당 지급, 노조가 요구하는 8명의 복직 등을 약속하면서 투쟁이 일단락되나, 열성적인 노조원들이 무더기로 해고되어 노조의 기반이 크게 훼손된다. 신진자동차의 민주 노조 건설이 세 번이나 실패한 것은 중공업 대기업에서의 민주 노조 건설이 그만큼 쉽지 않다는 것을 보여 준다.

중화학 공업 대기업 노동자들은 상대적으로 높은 임금을 받고 있지만 그만큼 높은 노동 강도로 일을 하고, 중소 사업장에서의 노동자 통제가 가부장적이었음에 비해 대기업에서의 통제는 군대에서처럼 강압적이다. 특히 조선소의 경우에는 작업 환경이 아주 열악하여 현대조선소에서만 1973년 한해 동안 34명이나 사망했을 정도로 대형 사고가 자주 발생한다. 그래서 불만을 가진 사람이 많지만 조선소의 이직률이 1년에 30%를 넘어 3년이면 전체가 물갈이되는 것과 같은 상황이니, 불만 세력이 축적되지 않는다. 그러나 그 불만이 투쟁으로 표출될 때는 아주 격렬한 양상을 띤다. 조선소 노동자들의 이런 특징이 이윤 추구에 냉혹한 자본가의 표본인 정주영의 '현대 왕국'에서 발생한다:

울산 현대조선소 노동자들은 회사측이 도급제를 실시하려는 데 반발하여 1974년 9월 19일 오전 8시부터 신분 보장과 처우 개선 등의 요구 조건을 내걸고 농성을 시작한다. 그러나 2시간 만에 경찰에 의해 농성이 해산된다. 노동자들이 다시 회사와 교섭에 나섰으나, 교섭은 회사에 의해 거부당하고 정주영 회장과의 담판도 무위로 돌아간다. 노동자들은 다시 농성에 들어가고 밤이 되자 야간 작업에 나온 3500명의 노동자들이 합류하면서 세가 불어난다. 감정이 격앙된 노동자들은 격렬한 투쟁으로 1200명의 경찰 저지 대열을 돌파하고, 경비실에 불을 지르고, 돌과 몽둥이를 들고 본관 건물로 몰려가 유리창 200장을 깨고, 사무실 집기를 부수고, 총무 이사 김중교의 승용차, 공장 지프차 2대, 영업용 택시 1대를 불태운다. 격렬한 시위는 6시간 동안이나 계속된다. 이 과정에서 경찰관 600명과 노동자 수십 명이 중경상을 입는다. 시위는 9월 20일 새벽 1시경에야 진압되고 노동자 663명이 연행되어 그 중 18명이 구속된다. 1970년대 노동자 투쟁 중에서 가장 규모가 크고 격렬했던 현대조선소 투쟁은 중공업 대공장 노동자들의 폭발력을 보여 주었지만, 큰 희생만 치른 채 성과를 남기지 못한다. 이는 투쟁을 이끌 조직이 없었던 결과다. 조직이 있어야 투쟁할 때 목표를 향해 힘을 집중하고, 마무리할 때 조직적으로 후퇴하면서 성과를 남길 수 있기 때문이다.

기독교 단체의 노동 조합 활동 지원

전태일의 분신은 종교계가 노동자 운동에 적극적으로 참여하는 계기가 된다. 종교계의 참여는 공장에 들어가 노동 문제를 직접 체험하고 이를 기반으로 선교 활동을 하고 있던 도시산업선교회와 가톨릭노동청년회(JOC)를 중심으로 이루어진다. 이들의 활동은 현장 체험과 함께 실태 조사, 소그룹 활동, 노동자 교육, 노조 설립과 활동 지원 등 매우 광범위하고 체계적으로 진행된다. 이 두 단체는 노동자 밀집 지역인 서울 영등포와 인천을 중심으로 이루어졌는데, 한국모방에서는 두 단체 사이의 분업이 이루어지기도 했다.

노동 조합의 총연맹이 노골적으로 어용적 작태를 보이고 노동자들에게 도움을 줄 수 있는 집단이 없던 그때에 기독교 단체는 민주 노조 운동에서 주도적인 영향력을 발휘한다. 대부분의 노조 활동가들이 이들이 주관하는 소그룹 활동과 교육을 통해 배출되고, 대부분의 민주 노조가 이들의 지원에 의해 결성된다. 이들은 심포지엄이나 성명서 발표 등을 통해 노동자의 처지를 사회에 알리고 자본가나 관련 정부 기관에 압력을 넣어 개별 사업장의 문제를 해결해 준다. 인천도시산업선교회 조화순 목사는 동일방직에서 직접 노조의 실무 간사로 일하기도 한다. 이처럼 기독교 단체는 1970년대의 민주 노조 운동에 매우 큰 영향을 미치는데, 성과 위주로 일일이 개입함으로써 노조 활동가들이 내부 역량을 기르기보다는 외부에 의존하게 만드는 경향을 초래하기도 한다.

완전한 무권리 상태에 놓여 있던 노동자들에게는 노동 3권을 알게 되는 것만으로도 의식의 혁명이었기에 종교 기관에서 노동법을 교육받은 노동자들은 희망에 차서 노조를 결성하기 위해 열성적으로 활동한다. 그런 노동자들은 반도상사, 동일방직, 한국모방, 태광산업, 동화기업, 동서양행,

한국마벨, 동남전기 등에서 민주 노조 설립을 주도하고, 삼립식품의 임금 인상 투쟁과 해태제과의 8시간 노동 쟁취 투쟁 등을 주도한다.

정부와 자본가는 "도산[도시산업선교회]이 개입하면 회사가 도산한다"거나 "산업 선교 활동은 공산당 활동과 같으며 그런 활동을 하는 목사들은 빨갱이다"라고 악선전하며 이들의 개입을 차단하려 한다. 이로 인해 도시산업선교회는 1970년대의 의식적인 노동자 운동의 대명사가 되고 1970년대 말에는 조화순 목사와 영등포도시산업선교회 인명진 목사가 구속되는 등의 탄압을 받는다.

학생 운동가의 야학 활동과 현장 투신

1970년대의 경공업 부문의 노동자들은 학력이 낮아서 배움에 대한 열망이 강하다. 이들에게는 중학교나 고등학교 졸업 자격 검정 고시에 합격하는 것이 소망 중의 하나다.

이를 안타깝게 여긴 지식인과 대학생들이 교회의 공간을 빌리는 등으로 교실을 꾸미고 노동자들을 모집해 밤에 검정 고시 과목을 가르친다. 대학생 선생은 노동자에 대한 낭만적인 연대감에서 가르치고, 노동자들은 검정 고시 합격을 목표로 공부한다. 따라서 '검정 고시 야학'은 노동자 운동과 직접 관계가 있는 것은 아니다. 자신감 있는 태도와 수려한 말솜씨로 자신들을 휘어잡는 대학생 야학 교사는 노동자들의 선망의 대상이다. 게다가 빈곤한 가정에서 정을 못 받고 자란 탓에 자신들을 다정하게 대해 주는 이성의 야학 선생님에게 연정을 느끼기도 한다.

1970년대 후반에는 대학교의 '이념 서클'이 급성장하면서 사회 과학 이론으로 의식화된 운동가들이 많이 배출된다. 이들이 야학에 참여하면서 시혜 차원의 검정 고시 야학이 사회 운동을 목적으로 하는 '노동 야학'으로 바뀌어 간다. 노동 야학은 영어와 수학보다는 국어, 일반 사회, 역사를 중심으로 교과목을 편성하고 사회 과학의 기초를 가르친다. 사회 의식이 깃들은 노래를 가르치기도 하고, 어떻게 사는 것이 정말 인간답게 사는 것일까, 인생이란 무엇일까 등을 주제로 토론하기도 한다. 일부 노동 야학에서는 졸업 후에 후속 모임을 만들어 더 높은 의식화 교육을 실시한다. 이렇게 하여 노동 야학은 의식화된 노동자들을 배출한다. 학생 운동가들은 야학에서 노동자들을 만나며 현장감을 익히고 노동자 운동에 투신할 준비를 한다.

노동 야학은 노동자들의 초기 의식화를 담당하고 노조 교육을 보완해 주는 역할을 해 민주 노조의 발전에 도움을 준다. 노조와의 협의 하에 야학을 운영했던 YH노조의 경우를 보자.

YH노조는 노조원을 대상으로 모집 인원 60명인 녹지중학교를 설립하여 1984년까지 운영한다. 신민당사 농성 투쟁 중 사망한 김경숙은 이 학교 출신이다. 녹지중학교 졸업생을 대상으로 비공개로 운영되는 동일교회야학에서는 노동, 사회, 정치, 경제를 교육한다. 주 1회 소그룹으로 운영되는 '영클럽'은 월 1회 교양 강좌, 연 4회 역사 공부, 연 6회 타 노조와의 연합 모임을 가진다. 노조는 월 1회 대의원 모임을 열고 분반 토론으로 논의를 활성화하고, 합창단과 탈춤반을 운영하여 노조원들이 노조에 쉽게 친근감을 가지게 하고, 상조회를 설립하여 우애를 돈독하게 한다. 이런 활동들에서 대학생 출신의 활동가가 상당한 역할을 담당하고 노동자들은 이들과 연계하여 헌신적으로 모범적인 활동을 펼친다. 이런 활동의 성과는 1979년의 일사불란한 신민당사 농성 투쟁으로 나타난다.

학생 운동가가 노동자 운동에 결합하는 또 하나의 방식은 직접 공장에 취업하는 것이다. 전태일의 분신은 학생 운동권에 강한 충격을 준다. 장래에 이 사회의 지도층이 될 인텔리라는 자부심을 가지고 있던 대학생들은 사회 한편에 이런 어두운 면이 있었다는 사실을 전혀 모르고 있었던 자신에 대해 충격을 받는다. 그 충격 때문에 자학하며 술독에 빠지는 사람도 있었지만, 자신의 기득권을 포기할 수 있었던 사람은 책상머리에서의 학문에 회의를 느끼고 어두운 현실에 직접 뛰어드는 길을 택한다. 그리하여 선반이나 용접 등을 배워 공장에 취업하는 학생 출신 운동가가 생겨난다. 1989년에 서울지하철노조 위원장에 당선되는 서울대학교 문리대 출신 정윤광이 그런 사람들 중의 한 사람이다. 그리고 1970년대 후반에 오면 이념 서클이 발전하면서 조직적으로 현장으로 이전하는 흐름이 생긴다.

그러나 현장 활동에 대해 지도해 줄 경험 있는 선배도 없고, 노동자들이 잔업, 철야, 특근으로 시간도 마음의 여유도 없는 터라 등산회 같은 친목 단체 하나 꾸리기도 힘들다. 잘해야 노조 간부들과 친분 관계를 맺는 정도고, '현장 활동' 3년에 노동법 공부하는 모임 하나 만들면 성공이다. 공 들여서 노동자와 친해져도 자신의 신분이 드러날까 봐 몸을 사리다 보니 신뢰를 얻기가 어렵다. 이는 보안 유지를 절대시하는 당시 운동권의 활동 방식이 공개성을 요구하는 대중 활동 방식에 적응하지 못한 탓이다. 그러나 모든 것이 어려운 상황이지만 세월이 쌓이면서 성과들이 조금씩 생기기 시작한다.

반정부 운동 세력은 '민주 노조'에 대한 영향력을 확보하는 데 힘을 기울인다. 민주 노조는 몇 개 되지 않았지만 노동자 대중 조직 중에서 가장 선진적인 부분이고 어느 정도 대중적 기반을 가지고 있기 때문이다. 운동가는 노동자들을 만나 주로 대화를 통해 변증법, 정치 경제학, 노동자의 역사적 지위와 역할 등을 가르치고 노조 활동에 대해 토론한다. 이 노동자들은 자신들의 문제를 해결하기 위해서는 노동자의 단결이 필요하고 투쟁이 문제를 해결하는 기본적인 방식임을 배우면서 '노동자가 주인 되는 세상'

이 온다는 희망을 갖는다. 이런 만남을 통해 어려운 상황에서도 낙담하지 않는 열정적인 투사와 의식화된 노동자들이 생겨난다.

1970년대의 현장 투신은 종교계의 노조 활동 지원이나 대학생들의 야학 활동에 비해 가시적인 성과를 내지 못한다. 그러나 한 시기의 대중적 성과만으로 운동을 평가하는 것은 편협하다. 현장 투신은 대학을 졸업하면 안정된 미래가 보장되는 자신의 기득권을 과감히 포기하고 노동자 운동의 발전이라는 한 시대의 과제를 스스로 떠맡은, 당시의 암울했던 상황에서는 아주 소수만이 실천했던 인생을 건 결단이었다.

헌신의 세대, 나 하나 밀알 되어

한 시기의 특징은 역사의 흐름에 비추어 볼 때 의미가 분명히 드러난다. 일제 시대의 조선노동총동맹과 해방 정국에서의 조선노동조합전국평의회(전평)는 계급적이고 진보적인 활동을 펼쳤다. 그러나 미군정의 탄압과 한국 전쟁으로 좌익 세력이 궤멸되어 계급적-진보적 노동자 운동의 전통이 끊어졌다. 1960년대~1970년대 대한노총-한국노총은 '빨갱이' 사냥을 최우선으로 하는 극단적인 반공 정권 아래서 충실하게 어용의 길을 걸었다. 이러한 역사적 상황에서 1970년대 노동자들은 단위 사업장에서부터 '민주 노조'를 건설해 가야 하는 힘겨운 길을 걸을 수밖에 없었다.

1970년대는 노동자 운동을 둘러싼 조건이 최악이었다. 박정희 정권은 경제 발전을 내세워 노동 3권을 엄격히 제한했고, 한국노총은 민주 노조 파괴에 앞장서고 있었다. '운동권'은 극단적인 반공 정권 아래서 비밀스럽게 활동할 수밖에 없었고, 노동자 운동에서 계급적-진보적 전통이 단절된 탓에 스스로 권위를 형성하여 노동자 운동에 대한 영향력을 확보하기까지

까지 상당한 시간이 걸렸다. 그래서 운동권이 노동자 운동에 미치는 영향력은 아주 미미했던 데 비해, 기독교 단체는 핍박받는 노동자들을 구원하겠다는 소명 의식으로 노조 활동을 적극적으로 지원하여 큰 도움을 주었다. 중화학 공업 노동자들은 정부의 우대 정책에 현혹되어 현실에 안주하고 있었다. 그래서 오히려 학력이 낮은 여성 노동자들이 대부분이고 임금도 낮은 경공업 부문 노동자들이 인격까지 멸시당하는 처지에 분노하여 투쟁에 앞서서 나섰다. 이런 이유들 때문에 1970년대의 노동자 운동은 경공업 여성 노동자를 중심으로 민주 노조를 건설하고 수호하는 투쟁이 중심이 되었고, 투쟁은 극단적인 형태로 치닫는 경우가 많았다.

그런데 열악한 환경과 처지가 극단적인 투쟁이 벌어지는 원인의 하나임은 분명하지만, 전통을 만드는 것은 무엇보다 인간이다. 1970년대의 노동자 운동은 전태일의 분신 투쟁으로 시작되었고 그런 만큼 1970년대의 노동자 운동에는 전태일의 헌신성과 치열함, 인간에 대한 믿음이 짙게 배어 있다. 1970년대의 노조 활동가들은 인간을 신뢰하며 시대 상황의 어려움을 자기 것으로 받아들였고, 참담한 현실을 바꾸기 위해 헌신적으로 활동하였다. 이런 전통은 전태일에서 시작되었고 1990년대 초반의 전국노동조합협의회(전노협)까지 이어진다. 한편, '운동권'은 현장에 투신하는 활동가의 수가 늘어나고 현장 경력이 쌓이면서 노조에 대한 영향력을 점차 형성해 갔으며, 무엇보다 '노동자가 주인 되는 세상'을 꿈꾸는 노동자 투사들을 만들어 냄으로써 1980년대를 준비하는 성과를 남겼다.

2부
계급 운동으로 발전하는 전투적 노동자 운동

4장

패배를 통한 도약
1980~1983년

1980년 5월의 광주 민중 항쟁

1970년대의 민주 노조 운동이 전태일의 분신 투쟁에서 지대한 영향을 받았다면, 1980년대의 모든 사회 운동은 광주 민중 항쟁의 자식들이다. 한 시대를 규정짓는 사건인 광주 민중 항쟁의 전개과정을 살펴보면서 그 사건의 한복판에 있었던 사람들의 분노와 절규를 들어 보자.

1979년 9월: 새 학기가 시작되면서 학생들이 군부 독재 타도를 외치며 가두 투쟁을 전개한다.

10월 16일: 부산과 마산에서 시민까지 합세한 격렬한 시위가 벌어진다. '부마 항쟁'.

10월 26일: 박정희 대통령이 중앙정보부장 김재규가 쏜 총에 머리를 맞고 사망한다.

12월 12일: 전두환 일당은 국군보안사령부, 대통령 직속 부대인 특전단, 휴전선 서부를 지키고 있던 제9사단 등의 병력을 동원하여 정승화 육군참모총장 겸 계엄사령관과 장태완 수도경비사령관을 체포하고 육군 본부와 국방부를 무력으로 장악하는 군사 반란을 일으킨다.

1980년 1월: 경찰은 학생 출신 노동 운동가 50여 명을 '과학적사회주의 연맹'(과사련) 사건으로 구속한다. 주로 1960년대~1970년대의 서울대 이념 서클 출신인 과사련 회원들은, 1960년대 중반 이후 노동 현장으로의 투신을 주도한 사람들이다.

4월 14일: 전두환은 국군보안사령관에 재임한 채 중앙정보부장 서리로 취임하여 실권을 자신의 손안으로 집중한다.

5월 2일: 서울대는 비상 학생 총회를 열고 전두환과 신현확 국무 총리 화형식을 거행한다. 개교 이래 최대 인원인 1만여 명이 참가한 이 집회를 계기로 학생 운동은 본격적으로 정치 투쟁에 나선다. 전국의 대학들은 "계엄 해제, 유신 잔당 퇴진, 정부 주도 개헌 중단"을 구호로 내걸고 교문을 경계로 경찰과 대치하면서 시위를 벌인다.

5월 13일: 연세대를 비롯한 6개 대학 3천 명의 학생이 위의 요구 조건을 내걸고 가두로 진출한다. 밤 10시부터 고려대에서 열린 전국 27개 대학 학생회장단 회의는 격론 끝에 "우리의 평화적 시위는 끝났으며, 교문을 박차고 나가 싸울 것이다"라고 결의한다.

5월 15일: 서울역에 모인 시위대는 10만 명을 넘어선다. 시위 군중들이 "청와대로!"를 외치지만, 학생 운동 지도부는 더 이상의 사태 진전에 책임을 질 수 없다는 판단('더 세게 나가면 군부 개입의 빌미를 줘서 크게 당할지 모른다'는 우려)과 '이 정도 보여 줬으면 함부로 못하겠지' 하는 희망 섞인 낙관 등으로 인해 시위대를 학교로 철수하고 사태를 관망하면서 당분간 시위를 중지하기로 결정한다. '서울역 회군.'

5월 17일: 군 병력이 중앙청 전체를 장악한 가운데 밤 9시 30분에 열린 비상 국무 회의는 비상 계엄의 전국 확대 실시를 의결한다. 경찰은 밤 10시 김대중과 문익환 등 주요 반정부 인사들과 이화여자대학교에서 회의 중인 학생 대표들을 체포한다.

5월 18일: 새벽에 계엄군이 광주에 투입된다. 휴교에도 불구하고 오전 9시에 학교에 들어가려던 전남대생 2백 명이 학교에 진주해 있던 계엄군에게 저지당하자 "계엄 해제"와 "김대중 석방"을 요구하며 시위를 벌인다. 진압 과정에서 전남대생 한 명이 죽는다. 격분한 학생들이 시내 중심가인 도청 앞 금남로로 진출하면서 시위대에 시민들이 합세한다. 공수부대는 헬기 3대로 공중을 선회하며 작전을 지휘하면서, 남녀노소를 가리지 않고 곤봉을 휘두르며 무자비하게 진압한다. "경상도 군대가 전라도 사람을 전부 죽이러 왔다"는 소문이 퍼져 나가고 격렬한 시위가 시내 전역으로 확산된다. 11공수여단이 오후 5시에 추가로 투입되어 전남대와 조선대, 2개 대학교와 광주교대 등 7개 전문 대학에 진주한다. 계엄 당국은 밤 9시 이후의 시민들의 통행을 금지시킨다.

5월 19일: 11공수여단 3개 대대 병력 1천여 명이 아침부터 장갑차와 트럭을 타고 금남로에서 무력 시위를 벌인다. 오전 10시쯤부터 금남로로 다시 군중이 모여들기 시작하여 산발적인 시위가 반복된다. 오후 2시를 지나면서는 대규모 충돌이 다시 시작된다. 수만 명의 시위대는 금남로, 광주 고속 버스 터미널 앞, CBS 앞 등에서 바리케이드를 치고 계엄군에 맞서 싸운다. 오후 5시, 11공수여단 63대대가 광주고교 부근에서 시위대를 향해 최초로 발포한다. 광주 거리는, 곤봉에 맞아 머리가 터지고 총검에 찔려 난자당하고 총알에 두개골이 박살난 시민들의 피가 흐른다. 노동자와 영세 상인을 중심으로 한 민중이 투쟁의 중심으로 나서고 고등학생들이 가담하기 시작한다.

5월 20일: 상가는 절반이 넘게 문을 닫고, 두려움과 공포와 분노가 뒤섞인 침묵으로 거리에는 팽팽한 긴장감이 돈다. 오후 3시 40분쯤부터 시민과 학생이 금남로로 다시 모여들고 거리는 최루 가스로 가득 찬다. 오후 6시쯤 택시 운전사들이 무등 경기장에 모여 성토 대회를 열고 버스 10대, 트력 4대, 택시 2백여 대를 앞세우고 헤드라이트를 켠 채 도청을 향해 사방에서 돌진해 들어간다. 오후 8시부터는 텔레비전 방송이 중단된다. 시위대가 소방차 세 대를 탈취하고 시청 청사를 점령한다. 9시 40분쯤에는 문화방송 건물에서 큰 화염이 솟아오른다. 밤 10시경 시위대는 시내 버스 1대에 불을 지르고 다른 1대로 뒤에서 밀어붙이며 경찰 저지선 돌파를 시도한다. 밤 11시에 광주역 일대에서 3공수여단이 발포하여 사상자가 다수 발생한다.

 5월 21일: 새벽 1시 15분을 지나 광주세무서에서 불기둥이 솟아오른다. 도심 큰길 도처에는 도청을 접수하려는 시위대와 군경 사이에서 충돌이 계속된다. 새벽 2시부터 광주에서 시외로 통하는 전화가 끊긴다. 시위대는 밤새 아시아자동차 공장에서 장갑차와 군 지프 10여 대를 몰고 나온다. 시위대는 동이 트자 500미터의 거리를 두고 도청으로 향하려고 대치한다. 오전 10시 30분, 군은 도청에 있는 주요 서류를 헬기를 이용하여 다른 곳으로 옮기기 시작한다. 장갑차로 바리케이드를 치고 있던 계엄군은 시위가 격렬해지자 오후 1시 45분쯤 시위대를 향해 발포한다. 시위대는 광산, 영광, 함평, 나주, 화순, 영암 등으로 진출해 화순광업소와 나주경찰서 등지에서 다이너마이트와 카빈총 등의 무기를 가져와 본격적으로 무장하고 도청으로 다시 진격한다. 무장 시위가 목포 등의 인근 도시로 확산된다. 5시 30분께 경찰과 군은 도청을 포기하고 철수한다. 8시쯤 시민군은 도청을 접수하고 시내 일원을 완전히 장악한다. 도청 지하실에서는 불에 타거나 총검에 찢겨 얼굴조차 알아볼 수 없는 사체들이 수백 구나 방치되어 있다. 철수한 계엄군은 광주로 들어오는 모든 도로를 차단하고 외곽 포위망을 구축하여 봉기가 다른 지역으로 확산되는 것을 막는다. 광주는 고립된다.

 5월 22일: 군이 철수한 광주는 '해방 도시'가 된다. 21일 밤부터 학생들이 경찰 대신 치안을 유지한다. 시민들은 도청 앞에 모여 궐기 대회를 갖고 계엄 철폐와 김대중 석방을 요구한다. 언론은 사건 발생 5일 만에야 계엄

계엄군이 철수한 광주는 '해방의 도시'가 된다. 시민군은 1980년 5월 21일 이후 광주를 장악하고, 계엄군에 맞서 무장한다.

사의 검열을 받은 왜곡된 내용으로 '광주 사태'를 보도한다. 불순 분자와 고정 간첩들의 책동에 의해 사태가 촉발되었다고 하고 시위대는 폭도로 취급되어 있다. 주민들은 시위대에게 밥을 지어 갖다 주거나 모금을 해 주고 심지어 백화점에서도 음식을 내오고, 서로 앞 다투어 부상자들을 위해 헌혈하여, 민중들이 도시를 스스로 통치하는 닷새 동안 비축미는 공평하게 배급되고 단 한 건의 범죄도 발생하지 않는다. 미국 국방성 대변인은 "한국은 (소요 사태 진압을 위해) 주한미군사령부 위컴 대장에게 그 지휘하에 있는 일부 한국군 부대를 보내주도록 요구했고, 우리는 그에 동의했다"고 발표한다.

5월 23일: 5·18사태수습대책위원회(대표 윤광회 대주교)는 회의를 열고 무기반납을 호소한다. 학생 대표들은 사태 수습에 나서 소총 1백 정을 회수하여 계엄 당국을 찾아가 반납하고 점령했던 도청과 도경 청사를 당국에 인계한다. 도청 간부와 일부 직원들이 출근해 정상 업무를 위해 정돈 작업을 벌인다. 그러나 군 부대가 재투입된다는 이야기가 나돌면서 시민군 일부가 재무장한다.

5월 24일: 서울시경은 "광주 사태를 무장 폭동으로 유도하고 반정부 선전 및 선동을 위해 남파된 북괴 간첩 이창용(46세, 평양시 중구역 경림동)을 23일 오전 서울역 근처에서 검거해 통신 장비와 난수표 등 간첩 장비 22종 339점을 압수했다"고 발표한다. 계엄군은 지휘 계통의 혼선으로 인해 서로를 오인 사격하여 다수의 군인이 사망한다.

5월 25일: 최규하 대통령은 라디오를 통해 냉정함과 이성을 되찾을 것과 최대한 관용을 베풀겠다는 내용의 특별 담화문을 발표한다. 계엄 사령부는 광주 재진입 작전인 '충정 작전'을 세운다. 학생과 시민들은 강경파와 온건파로 나뉜다. 친여 명망가 중심으로 구성된 시민수습 위원회는 조건 없는 무기 반납을 결의한다. 소식을 접한 도청의 시민군은 격앙된다. 중장비 노동자 출신으로 시민군 총사령관 격인 상황실장을 맡아 무력 항쟁을 총지휘하고 있던 박남선은 M16으로 무장한 경비병 20명을 데리고 수습회의가 열리고 있던 도청 2층의 부지사실로 뛰어 올라간다. 수습위원들은 도청에서 사라지고, 항쟁 지도부는 박남선과 윤상원을 중심으로 재정비된다.

5월 26일: 오전 10시 30분의 계엄군 작전 회의는 진압 작전을 27일 새벽에 개시하기로 결정한다. 항쟁 지도부는 마지막 선택을 각자에게 맡긴다. 노동자들로 구성된 시민군의 최정예 부대인 기동타격대는 한 명도 떠나지 않는다. 누군가가 비장하게 말한다. "그냥 도청을 비워 주면, 우리가 싸워온 그 동안의 투쟁은 헛수고가 되고 우리는 수없이 죽어 간 영령들과 역사 앞에 죄인이 됩니다. 우리가 비록 저들의 총탄에 죽는다 할지라도 그것이 우리가 영원히 사는 길입니다. 그리하여 우리 모두가 불의에 대항하여 끝까지 싸웠다는 자랑스러운 기록을 남깁시다." 항쟁 지도부는 여성들을 도청에서 내보내기로 결정한다.

5월 27일: 3·7·11공수여단이 새벽 3시 30분에 진압 작전을 개시한다. 공수여단이 사방에서 밀려들어 오고 외곽을 방어하던 기동타격대는 퇴각하여 도청으로 집결한다. 도청 정면에서 서치라이트가 대낮처럼 밝혀지고 계엄군이 일제 사격을 개시한다. 시민군이 정면을 방어하는 동안 뒷담을 넘어 들어온 3공수 특공대는 기관총을 난사하며 여기저기 수류탄을 던져 넣는다. 공수부대는 1시간 40분 만인 5시 10분에 광주 시내 일원을 완전 장악한다. 계엄군은 도심 여관뿐만 아니라 일반 가정에도 들어가 검문 검색하고 신원이 확실하지 않은 자는 모두 연행한다. 이날 밤 권력 구조를 재편하는 각료 회의가 열려 사실상 내각보다 강력한 최고 의결 기관인 국가보위비상대책위원회가 발족된다.

5월 31일: 전두환은 국가보위비상대책상임위원회 위원장으로 '지명' 되어 실권을 완전히 장악한다. 계엄 사령부는 이번 사태에서 민간인 144명, 군인 22명, 경찰 4명 등 170명이 사망하고, 민간인 127명, 군인 109명, 경찰 144명 등 380명이 다쳤다고 공식 발표한다.

8월 16일: 최규하 대통령이 군부의 압력을 받고 대통령직을 사임한다.

9월 1일: 전두환이 11대 대통령으로 취임한다.

와해되는 민주 노조, 강요된 침묵

전두환 일당은 수백의 광주 시민을 총칼로 무자비하게 학살한 후엔 더 이상 거리낄 게 없다. 군부 세력은 반발을 완전히 잠재우기 위해 남아 있는 비판 세력을 가차 없이 탄압하고, 노조 활동 자체를 무력화시키려 한다.

1980년 7월 16일, 노사 분규의 배후 조종을 이유로 청계피복노조 상임위원 이소선과 노동 운동가들을 구속한다. 8월 20일, 노동계 정화를 명목으로 '제1차 정화 조치'를 내려 산별 노조 위원장 12명을 물러나게 하고 전국의 산별 지역·지부 106개를 모두 해체시킨다. 9월 20일, '제2차 정화 조치'를 내려 노조 간부 191명을 강제로 사표를 내게 하거나 해고하고 80여 명을 '삼청교육대'로 보낸다. 12월에는 산업별 체계의 기업별 체계로의 전환, 노조 설립 요건 강화, 행정 관청의 노조에 대한 권한 강화, 노조의 기능 제한, 30일 이상의 냉각 기간, 해고 규정 완화, 제3자 개입 금지 등 노조 활동을 극도로 제약하는 방향으로 노동법을 개정한다.

또한 문제 발생을 사전에 차단하기 위해 노동자 운동을 지속적으로 사찰한다. 이로 인해 노조 결성과 운영이 큰 타격을 받고 노조와 노조원 수가 급격하게 감소한다.

1981년 들어서도 민주 노조 파괴는 계속된다.

서울시는 1981년 1월 6일에 청계피복노조에 해산 명령을 내린다. 노조가 이에 불응하자 정부는 500명의 전투 경찰을 투입해 노조 사무실을 폐쇄한다. 청계피복 노동자 21명이 1월 30일에 미국 노총 산하 기구인 아시아아메리카자유노동기구 사무실을 점거하여 소장을 인질로 하여 농성을 벌인다. 경찰은 1월 31일 자정에 농성을 진압하고 11명의 노동자를 구속한다. 반도상사노조가 3월에 해산되고, 서통노조가 6월에 어용화되고, 콘트롤데이타는 회사가 7월에 한국에서 철수하여 노조가 사라진다. 민주 노조의 마지막 보루로 여겨졌던 원풍모방도 노조원들의 결사 투쟁과 종교계와 학생들의 지원에도 불구하고 노조원 600명이 해고되는 시련을 겪은 끝에 1982년 10월에 해체된다.

권력은 청계피복노조의 존재 자체와 활동을 모두 막으려 하고, 노동자들은 전태일의 뜻을 이으려 한다. '해산 명령'과 '노조 인정'이 대립한다.

1970년대에 형성되었던 민주 노조들은 원풍모방노조를 끝으로 모두 해산되거나 어용화된다. 민주 노조들은 이 과정에서 연대 투쟁 한 번 조직하지 못하고 차례로 각개격파당한다. 전두환 정권의 테러 통치와 자본가들의 공격을 막아 내기에는 민주 노조의 힘이 너무 미약했다.

반독재 투쟁을 선도했던 학생 운동에 대한 탄압도 전면적으로 진행된다. 1980년 12월 수사 기관은 서울대 교내 시위를 빌미로 학생 운동가들을 연행하여 장기간 구금한 상태에서 고문하며 수사한다. 수사를 진행할수록 끝도 없이 계속 새로운 인물이 드러나 마치 '안개 숲'과 같다 해서 '무림(霧林)' 사건이라고 부르는 이 사건으로 80명이 연행되어, 이 중 수명이 구속되고 수십 명이 강제로 군에 입대한다.

정권의 폭력은 운동권을 넘어 국민 전체에게까지 가해진다. 1980년 8월 4일부터 1981년 1월 24일까지 '사회악'을 일소한다며 6만 755명을 영장 없이 체포한다. 이 가운데 A급으로 분류된 3252명을 군사 재판에 회부하고, B급이나 C급으로 분류된 3만 9742명이라는 어마어마한 숫자를 합법적인 절차도 없이 '순화 교육'을 명분으로 '삼청교육대'로 끌고 가 아주 비인간적인 가혹 행위를 가한다. 이 중에서 54명은 사망한다. 팔에 문신 새겼다고 잡아가고 술 취해서 비틀거린다고 잡아가는 상황이었고, 국민들은 숨 한 번 마음놓고 쉴 수 없는 질식할 듯한 침묵 속으로 빠져 든다.

새로운 모색, 전민노련

이태복은 박정희의 사망으로 민주화가 급진전될 조짐을 보이자 1979년 12월경부터 '한국노총을 대체할 제2노총 건설'을 제기하며 노동 운동가들을 조직하기 시작한다. 이태복과 영등포도시산업선교회 간사 신철영, 서울대 출신 노동자 김철수, 청계피복노조 지부장 양승조, YH노조 사무장 박태연, 연합노조 경북지부장 김병구, 삼원섬유노조 분회장 유해우, 울산 영남화학노조 총무 하동삼, 대구에서 야학 활동을 하는 전점석, 전남대 출신으로 광주에서 들불야학을 하는 윤상원 등이 1980년 5월 3일부터 2박 3일 동안 창립 대회를 열고 전국민주노동자연맹(전민노련)을 결성한다.

이들의 활동 지역이 전국에 분포되어 있는 것에서 알 수 있듯이, 전민노련은 지역을 자기들의 근거지로 삼던 이전의 노동 운동 그룹들과는 달리 처음부터 전국적인 조직으로 출발한다. 전민노련은 제2노총 건설을 목표로 하면서도 노동자 운동 핵심 조직을 건설하기 위해 운영에서는 반합법과 비공개를 원칙으로 한다. 전민노련은 학생 운동 출신자들에게 취직 요령, 지역 실태, 현장 활동가의 태도와 언어, 조직 실무와 노동법 등을 교육시키고 공장에 취업하게 한다. 잉꼬법랑의 신규 노조 결성과 구로 삼경복장의 어용 노조 민주화 투쟁 등에 개입하고 국제복장에서 '자취방 야학'을 운영하여 노조 활동을 지원한 것이 전민노련의 활동의 대표적인 것이었다.

전민노련 중앙위원 윤상원은 고립 무원의 투쟁으로 처참한 패배가 예상되던 때에 광주를 지키기 위해 도청으로 향한다. 윤상원은 결사 항쟁을 결의한 사람들이 만든 학생투쟁위원회의 대변인을 자청하여 도청에서 항전하다 전사한다.

정치권에 의존하거나 노동 조합 자체의 건설과 활동에만 관심을 가졌던 1970년대의 운동과는 달리, 이태복의 전민노련은 한국 사회 전체의 변혁을 자기 과제로 삼았다. 그리고 이태복 등은 그러한 변혁을 위해서는 노동 운동이 주가 되고 학생 운동은 그 운동을 보조하는 문제 제기 집단이어야 한다고 생각했다. 이태복은 흥사단아카데미 후배인 이선근을 내세워 학생 운동을 조직한다. 이선근은 '서울역 회군'으로 임무를 회피한 학생 운동 지도부를 비판하면서 '조직적이고 통일적인 투쟁'의 필요성에 공감하는 전투적인 학생들을 모아 1981년 2월에 전국민주학생연맹(전민학련)을 결성한다. 이로써 이태복은 '노학 연대'를 위한 조직 체계를 갖추게 된다.

전민학련이 '무림' 계열과 논쟁을 벌이는 과정에서 조직 보안이 제대로 이루어지지 않아 이태복이 1981년 6월 10일에 수사 기관에 연행되는 것을 시작으로 전민노련과 전민학련 관련자들이 잇달아 연행된다. 연행된 사람들은 한 달에서 최고 60일까지 외부와 완전 차단된 채 수사를 받고, 이 사건으로 전민노련-전민학련은 와해된다. 서울대 앞 학림다방에서 자주 만난다고 하여 '학림'이라 불린 이들은 서울대학교민주화추진위원회(민추위)-제헌의회(CA)그룹으로 이어지면서 한국에서 운동의 주요한 한 흐름을 형성한다.

1982년 2월 20일, 광주 망월동에서 '윤상원과 박기순의 영혼 혼례식'이 진행된다. 둘의 영혼을 달래기 위해 만들어진 노래 '임을 위한 행진곡'이 불려진다. "사랑도 명예도 이름도 남김 없이/ 한평생 나가자던 뜨거운 맹세/ 동지는 간 데 없고 깃발만 나부껴/ 새날이 올 때까지 흔들리지 말자/ 세월은 흘러가도 산천은 안다/ 깨어나서 외치는 끝없는 함성/ 앞서서 가나니 산 자여 따르라/ 앞서서 가나니 산 자여 따르라"

좌익화하는 학생 운동

자유는 피를 먹고 자란다던가? 학생 운동과 청년 운동을 중심으로 한국의 반정부 운동은 광주 민중들이 흘린 피의 세례를 받아 급격하게 좌익화되고 급속하게 성장한다. 광주 항쟁은 민주화 운동도 결국에는 군부의 총칼과 맞서게 될 수밖에 없다는 사실을 분명하게 보여 주었다. 운동가들은 군부 독재를 타도하는 길은 혁명 이외에는 다른 방법이 없음을 깨달았고 죽음을 각오한 비장함으로 무장된다.

우방이라던 미국이 자국의 이익을 위해 광주에서의 진압을 승인하고 시장을 개방하라고 윽박지르는 '제국주의'로 인식되면서 반미 투쟁이 타오른다. 1982년 3월 18일, 부산 미문화원이 방화되고 "미국 세력의 완전한 배제를 위한 반미 투쟁을 끊임없이 전개하자"는 유인물이 뿌려진다. 문부식과 김현장에게는 사형이 선고되고, 관련자 전원에게 중형이 선고된다.

광주 민중 항쟁이 한 지역으로 고립되면서 패배했다고 평가하고 부문 운동과 지역 운동 전체를 통일적으로 지휘하는 '전위 조직'을 시급히 건설해야 한다는 평가가 운동권을 지배한다. 이렇게 광주 민중 항쟁은 운동권에

'혁명', '반미', '전위 조직'이라는 세 단어를 분명하게 각인시켰다.

광주 민중 항쟁은 노동자들의 조직적 참여가 없는 운동의 한계 또한 보여 주었다. 이런 비판적 인식으로 인해 '현장 이전'은 학생 운동 진영 전체로 확산되고, 학생 운동가들은 감옥에 갔다 오거나 제적당하면 현장으로 이전하는 것을 당연시하게 된다. 한편 전민노련의 시도가 겨우 1년 만에 실패로 돌아가는 바람에, '합법적인 노조 활동조차 봉쇄된 시기에는 비밀 소그룹 운동이 필요하다'는 인식이 노동 운동 진영에서 다수의 견해를 이룬다. 그리고 현장으로 이전한 학생 운동 출신 운동가들은 시행 착오를 겪으면서 노동 현장에 뿌리를 박기 시작한다.

전태일이 죽은 지 13년 만인 1983년 6월, 전태일 평전이 『어느 청년노동자의 삶과 죽음』이라는 책으로 발간되어 많은 사람들의 눈시울을 적신다.

야학은 학생 운동의 좌익적 발전에 영향을 받아 운동성이 강화된다. 야학의 국어 책에 김지하의 저항시 「타는 목마름으로」가 실린다. 노동자들은 민주 노조 간부 등 선배 노동자들을 초청해 그들의 삶과 투쟁 경험을 듣거나, 민주 노조 활동을 연극으로 공연하면서 이 사회의 모순과 노동자와 민중이 역사의 주체가 되어야 한다는 것을 배운다.

전두환 정권은 1983년 8월에 야학 교사 등 대학생 300여 명과 노동자 200여 명, 다수의 성직자를 연행하고 고문한다. 이 '야학 연합회 사건'으로 야학 활동은 큰 타격을 받고 기독교 단체들은 야학 도와주기를 꺼리게 된다.

5장

정치적 노동자 운동의 성장
1983~1986년

'유화 국면'을 타고 활기를 띠는 노동자 운동

전두환 정권은 지난 4년 동안의 철권 통치가 오히려 국민 저항을 확대시켰다는 판단에서, 1983년 말부터 정치범과 양심수를 대규모로 석방하고 정치 규제자들을 해금하고 제적생들을 복교시키고 학원을 자율화하는 등의 유화 조치를 편다.

김근태 등은 유화 조치가 본격화하기 전인 1983년 9월 30일에 투쟁성의 회복을 첫번째 과제로 내세우며 전두환 정권 시절의 최초의 운동권 공개 단체인 민주화운동청년연합(민청련)을 창립한다. 민청련은 창립 총회날 임원들이 모두 연행되는 탄압을 받지만, 민청련은 운동 노선을 둘러싼 논쟁을 촉발시키고, 지원 시위와 가두 선전 등의 방식으로 노동자 운동에 대한 지원 투쟁을 활발히 수행한다.

민청련의 공개적인 활동에 자신감을 얻은 경인 지역 해고자들이 1984년 3월에 "노동 운동의 주체성, 통일성, 연대성을 드높이자!"는 기치를 내걸고 한국노동자복지협의회(노복)를 창립한다. 노복은 기관지 「민주 노동」을 발행하여 대중 선전에 힘쓰고, 블랙 리스트 철폐 투쟁과 노동 악법 개정 투쟁을 민청련 등과 합동으로 전개한다.

지난 4년 동안 임금 억제와 노조 탄압 정책에 희생되어 온 노동자들은 열려진 공간을 활용하여 적극적으로 투쟁에 나선다. 1981년에 해산되었던 청계피복노조는 1984년 4월에 '법외 노조'로 복구를 선언하고 활동을 재개한다. 자본가의 입장에서는 비공식적이지만 노동자의 입장에서는 공식적인 권력인 이런 조직 형태는 이후에도 파업위원회나 비상대책위원회 등으로 등장하여 자리잡는다.

택시 기사들이 뒤를 이었다. 1984년 5월 대구의 택시 기사 1천여 명이 사납금 인하, 노조 결성 방해 중지, 취업 카드제 철폐 등을 요구하며 대구 시청 앞 등 중심가를 차량으로 봉쇄하고 농성에 들어간다. 수천 명의 시민이 이 농성에 동조한다. 당황한 대구시는 사납금 인하 등 택시 기사들의 요구 조건을 수락한다고 발표했다가, 기사들이 해산하자 약속을 어긴다. 이에 기사들이 대구택시사업조합 이사장과의 면담을 요구하며 다시 농성을 벌이자 경찰이 출동하여 농성을 해산시키고 65명을 연행한다. 대구에서의 파업은 대규모 연행으로 일단 진정되지만, 부산, 대전, 강릉 등 전국으로 택시 기사들의 파업이 확산된다.

정부는 "교섭 상대자가 없어서 파업이 더 장기화하고 폭력화하였고, 제3자 개입 금지에 묶여 한국노총이 중재할 여지마저 사라져 버려 정권과 노동자가 직접 대결하는 상황이 발생하였다"고 판단하여 노조 설립을 대폭 인정하고 노동법을 고쳐 한국노총의 중재를 인정한다. 이로 인해 노조 설립이 급격히 증가한다. 1984년 한 해에만 설립된 노조가 과거 4년 동안 설립된 노조보다 많고 조직 노동자 수도 다시 100만을 넘게 된다.

대우어패럴과 대우자동차에서의 투쟁

청계피복노조 출신인 김준용은 1984년 6월 9일에 대우어패럴에서 노조를 결성하여 열렬한 지지를 받는다. 택시 기사 파업의 영향으로 신고 필증은 쉽게 나왔지만, 곧바로 회사의 노조 파괴 책동이 시작된다. 회사는 노조 간부의 회유, 협박, 납치, 감금, 기숙사 축출, 노조 탈퇴 강요와 아울러 흑색 선전, 노조 반대파 조직, 축구부 폭력배들의 노조원 폭행, 라인 축소 등으로 노조를 쉴새없이 탄압한다. 그리하여 1400여 명의 노조원이 100여 명으로 줄어든다. 노조는 부당 노동 행위 구제 신청 등이 아무런 효과를 보지 못하자 노조원 80여 명으로 노총 위원장실을 점거하고 농성에 들어간다. 이렇게 되자 회사측도 노총의 중재에 응해 단체 협약 체결과 임금 인상 등에 합의한다. 그러나 회사 관리자와 축구부 깡패 200여 명은 농성 노조원들이 회사로 돌아오자마자 폭력을 휘두른다. 이로 인해 노조원 80여 명 거의가 중경상을 입고 노조 위원장을 포함한 11명이 병원에 입원한다. 노조원들은 10월 30일 야당인 민한당의 당사에 찾아가 농성하면서 폭력배 처벌과 김우중 회장과의 면담을 요청한다. 다수의 부상자가 발생했기 때문에 이 문제는 곧바로 사회 문제가 되었고, 선거가 다가왔기 때문에 김우중과의 면담을 주선한다. 노조 설립이 재계의 거물인 김우중을 상대로 성공하자 그 여파가 구로 공단 전체로 확산된다. 대한마이크로전자, 가리봉전자, 선일섬유, 효성물산, 협진, 유니전 등에서 속속 성과를 남긴다. 이 노조들은 노조 결성의 여세를 몰아 노조원 교육을 공동으로 실시하는 등 긴밀하게 연대하면서 사업장 간의 유대감을 높여나간다.

송경평은 대우자동차에서 1984년 8월에 대학 출신이라는 신분이 노출되었으나, 이전의 관례처럼 회사를 그만두지 않고 오히려 과감하게 근로기준법 위반 사항을 폭로하고 군 복직자 호봉 승급 등의 문제점 등을 지적하면서 투쟁을 전개한다. 이 투쟁은 의외로 호응이 좋아 6개월 정도 지속되면서 연말에는 노조 민주화 투쟁으로 발전한다. 대우자동차 노동자 2200명은 다음해인 1985년 4월 16일에 기본급 18% 인상과 수당 신설 등을 요구하며 파업에 들어간다. 4월 19일, 노조원들은 경찰의 진압에 대비하여 기술 센터 3층으로 몰려가 철야 농성에 들어간다. 노조원들의 들끓는 열기에 밀려 어쩔 수 없이 파업을 선언하고 어정쩡하게 농성장을 지키고 있던 노조 집행부는 상황을 더 이상 감당하지 못하고 빠져 나간다. 그렇지만 결국 파업 9일 만에 김우중 회장이 18%의 임금 인상안에 서명하여 투쟁은 노동자들의 승리로 끝난다. 이 투쟁은 노조원의 내분과 이탈을 두려워하여 외부의 지원과 연대를 거부하고 해고된 투쟁 지도자의 복직 거부를 묵인하여 비판받기도 한다. 그렇지만 대우자동차 투쟁은 '학출' 활동가가 현장 대중과 성공적으로 결합한 사례로 모범이 되기도 하는데, 현장 대중과 결합하면서 투쟁을 승리로 이끈 학생 출신의 활동가는 아무런 성과도 없이 숨죽이고 현장에 '짱박혀' 있던 사람들에게 충격이었다.

1984년의 투쟁은 노조 결성과 투쟁 역량 축적이라는 성과를 남긴다. 그리하여 1985년 임금 투쟁은 그 성과를 기반으로 조직적으로 진행된다. 대우자동차에서의 임금 투쟁의 승리는 다른 사업장의 노동자들을 고무하고 지역에 임금 인상폭의 선례로 작용하여 다른 사업장의 임금 투쟁을 순조롭게 만든다. 수년 동안 지속되어 온 임금 동결 정책이 무너진다.

한편, 정부는 민주 노조 운동이 확산될 조짐을 보이자 노조 설립 신고 필증을 교부하지 않는 등 또 다시 노조 탄압을 강화한다. 이에 해고자를 중심으로 1985년 4월에 노동운동탄압저지투쟁위원회, 구로지역노조민주화추진위원회, 인천지역노동자복지협의회, 안양노동상담소, 한국기독노동자총연맹 등의 단체가 만들어져 탄압에 공동으로 대응하면서 활기를 띠고 있는 노조 활동을 지원한다. 노동자들은 1985년 5월 1일, 한국 전쟁 이후

1981년에 해산되었던 청계피복노조는 1984년에 '법외 노조'로의 복귀를 선언하고 합법성 쟁취를 위해 싸운다.

최초로 영등포에서 '노동절' 행사를 갖고 가두 투쟁까지 벌인다.

'유화 조치'는 노동자 운동보다 학생 운동에 더 큰 변화를 일으킨다. 1984년의 학생 운동은 형 집행 정지와 사면 등으로 풀려난 학생 운동가들이 복학하면서 급속하게 활기를 띠어간다. 1984년 대다수의 학교에 학생회가 건설된다. 학생 운동은 학내 집회에 수천 명이 모일 정도로 규모에서도 엄청나게 성장하고 1984년 후반에는 시위에 화염병이 등장하는 등 전투적 성격을 띤다.

이런 변화를 바탕으로 학생 운동은 노동자와 민중들을 지원하는 투쟁을 중요한 활동의 하나로 설정한다. 학생 운동은 1984년 9월 19일 '청계피복 노조 합법성 쟁취 대회'를 시발로, 10월 12일의 그 2차대회, 10월 26일 가리봉 5거리에서의 노동 악법 개정 투쟁, 10월 27일 구로 공단과 부평역에서의 시위, 11월 13일 전태일 열사 기일에 맞춘 남대문 시장과 구로 공단에서의 시위, 12월 7일 신답역에서의 박종만 열사 추모시위 등을 잇따라 조직한다. 청계피복 합법성 쟁취 투쟁은 청계피복노조의 노력으로 대규모 가두 시위로 발전하여 '노학 연대 투쟁'의 한 전형을 보여 준다. 공단에서의 시위는 도심지 가두 시위에 익숙해 있던 학생 운동이 노동자들에게 정치 투쟁을 경험하게 하려는 새로운 시도다.

11월 3일, 학생의 날을 맞아 연세대에서 전국학생총연합(전학련)과 민주화투쟁학생연합(민투학련)이 결성된다. 11월 14일, 민투학련 소속 264명을 동원하여 민정당사를 점거하는 등 공세적으로 정치 투쟁을 전개한다.

구로 동맹 파업

서울 구로와 인천 지역의 공장에는 많은 학생 운동 출신 활동가들이 있었다. '구로 동맹 파업'의 주모자로 수배받게 되는 심상정도 그런 활동가 중의 한 사람이다. 심상정은 1978년에 서울대에 입학하여 한 써클에서 활동하다가 남성 중심의 운동권에 반발하여 여학생학회를 만들고, 여학생학회의 진로를 개척하기 위해 1980년 말에 솔선수범하여 현장으로 간다. 심상정은 대동전자, 남성전기 등에서 근로 조건 개선 투쟁을 벌이다 해고된다. 심상정은 이런 경험을 바탕으로 서혜경, 장영인 등과 공단 전체를 대상으로 하는 조직 설계도를 구상하고, 본인은 대우어패럴에, 장영인은 롬코리아에, 서혜경 등은 신설 회사인 가리봉전자에 취업한다.

그리하여 1981년 말에는 15명 정도의 지역 활동가들이 모여, "사회 변혁 운동의 전망을 열어 가는 계급적 실천" "대중 정치 투쟁의 전형 창출" 등을 위해 선진 노동자 양성을 일차적 과제로 삼는다. 그리고 '지역 소그룹' 조직화와 공단을 상대로 한 선전과 선동을 위해 『공단 소식』을 만들어 배포한다.

유화 국면을 타고 노동자들의 투쟁과 신규 노조 결성이 활성화되자, 이들은 대중 사업부를 신설하고 노조 결성을 위한 준비 작업에 들어간다. 이런 노력으로 가리봉전자(6월 8일), 대우어패럴(6월 9일), 효성물산(6월 11일), 선일섬유(7월 8일) 등에서 노조가 연이어 결성된다. 이와 함께 노조가 있는 부흥사와 롬코리아 등에서는 노조 민주화 투쟁을 강화하고 세진전자 노조 등 민주적인 노조들과의 연계를 강화해 나간다. 대우어패럴, 효성물산, 가리봉전자, 선일섬유의 노조들은 기획 단계에서부터 간부 교육과 일상 활동까지 모든 노조 활동을 공동으로 추진하고 철저히 노조원들과 함께 하는 현장 활동을 전개한다. 이러한 대중적인 공동 실천은 구로 동맹 파업의 직접적인 토대가 된다.

김준용 대우어패럴노조 위원장 등 간부 3명이 1985년 6월 22일 오전 11시경에 쟁의조정법, 집시법, 폭력행위에관한법률 등을 위반한 이유로 경찰서로 연행된다. 임금 협상이 끝난 지가 두 달이 넘은 때였다. 효성물산, 가리봉전자, 청계피복 등의 노조 간부 20여 명은 청계천의 어느 피복공장 다락방에 모여 연대 파업을 결의하고 전태일기념사업회를 상황실로 사용하기로 결정한다. 이날 밤 구로 공단 내 민주 노조 간부 합동 교육에 참가한 효성물산, 선일섬유, 가리봉전자의 노조 간부들과 구로지역의 해고자와 활동가 190여 명은 대책을 논의한다. 이들은 지난 시절 민주 노조가 각개격파 당했던 경험을 비판적으로 평가하면서 "간격을 두고 차례로 당할 것이 아니라 한꺼번에 싸워야 한다"는 결론을 내리고 24시간 뒤인 월요일 오후 2시를 기해 동맹 파업에 들어가기로 결의한다.

대우어패럴노조가 6월 24일 아침에 위원장 석방, 노동 3권 쟁취, 노동부

대우어패럴 노동자들이 위원장 석방 등을 요구하며 시작한 파업은 곧 구로 지역 노동 조합들의 동맹 파업으로 발전한다.

장관 퇴진 등을 요구하며 먼저 파업에 들어간다. 대우어패럴 2층 창문에는 "노조 간부 석방하라" "민주 노조 탄압 말라" "노동부 장관 퇴진하라"는 플래카드가 내걸려 있고, 농성 노조원들의 노랫소리가 흘러나온다. 효성물산, 선일섬유, 가리봉전자가 약속한 대로 오후 2시를 기해 "아아 민주 노조의 동지들이여! 대우노조의 탄압을 남의 일로 받아들일 건가?"로 시작되는 「노동 조합 탄압 저지 결사 투쟁 선언」을 낭독하고 파업 농성에 들어가면서 구로 공단이 삽시간에 투쟁의 불길에 휩싸인다. 회사는 전기, 물, 음식을 차단하고 경찰은 농성장을 에워싸고 출입을 통제한다. 뿐만 아니라 회사는 고향의 부모님들께 당신의 아들딸들이 불순 세력에게 붙잡혀 있다는 전보를 친다.

파업 이틀째인 6월 25일에는 세진전자, 남성전기, 롬코리아 등의 노조가 파업에 가세하고 전 운동권이 이 파업에 관심을 집중하고 일전불사의 태세를 갖춘다. 공단 지역에는 연일 '구로 지역 20만 노동자여! 다 함께 일어나 싸워 나가자!' 는 제목의 유인물들이 구로지역노조민주화추진연합, 청계피복노조, 노동운동탄압저지투쟁위원회 등의 이름으로 뿌려진다. 학생들은 대우어패럴 건너편 굴뚝에 올라가 '민주 노조 탄압 말라' 는 구호를 외치며 시위를 벌인다. 6월 26일에는 민청련, 민주통일민중운동연합(민통련), 청계피복노조, 노복, 한국교회사회선교협의회 등 22개 단체와 노조의 50여명의 대표들이 청계피복노조 사무실에서 연대 파업을 지지하는 동조 농성을 시작한다. 멀리 창원에 있는 통일산업노조 간부 19명이 연대 투쟁 합류를 논의하다가 연행되고, 그 가운데 문성현 위원장과 박철수 사무국장은 구속된다. 6월 27일에는 농성에 합류하지 못했거나 끌려나온 효성물산과 청계피복의 노조원 100여명이 노동부 중부 사무소에 몰려가 노동부 장관과의 면담을 요구하며 농성을 벌이다가 1시간 만에 경찰에 연행된다. 동맹파업 5일째인 6월 28일에는 부흥사와 삼성제약의 노동자들이 합류하여 구로 동맹 파업은 모두 9개 사업장 7천여 명이 참가한 것으로 된다.

대우어패럴 노조원 100여명은 5일 동안 식사를 못해 대부분 탈진하여 이탈자가 늘어난다. 28일 밤 회사는 닷새만에 처음으로 음식물을 들여보낸다. 관리자, 경비, 노조 반대파가 밤새 대기한다. 이런 상황에서 서울대 학생 18명이 6월 29일 아침 8시에 농성자들에게 줄 미숫가루, 빵, 소금, 의약품 등을 들고 농성장으로 뚫고 들어간다. 이때 구사대가 담벼락과 출입문을 부수고 들이닥쳐 노조원들과 학생들을 폭행하면서 진압한다. 20여 명은 경찰서로 연행되고 나머지는 기숙사에 하나씩 감금된 채 공포 분위기에서 사표 쓰기를 강요당한다. 공장은 무기한 휴업에 들어간다. 구로 동맹 파업은 44명의 구속, 1300여 명의 강제 사직 및 해고, 130여명의 부상이라는 결과를 남기고 끝난다.

구로 동맹 파업은 민주 노조 운동이 시작된 이후 최초의 연대 파업이라는 점에서 민주 노조 운동의 한 획을 긋는 사건이다. 철권 통치를 휘두르는 전두환 정권을 상대로 파업을 벌였다는 점에서 정치 파업이고, 다른 노조의 위원장이 잡혀간 문제를 가지고 파업을 벌였다는 점에서 단위 사업장을 뛰어넘은 투쟁이었다.

이러한 의미를 가지는 투쟁이었기에 구로 동맹 파업은 운동권 전체에 엄청난 충격을 주면서 새로운 노선 정립과 새로운 조직 건설에 대한 토론을 불러일으킨다. '노동자들이 구로 동맹 파업을 통해 정치적으로 각성되었고 민주 노조조차 합법적으로 건설되기 어려운 상황이기 때문에 정권의 탄압에 대항하여 일상적으로 통일적인 정치 투쟁을 수행하는 대중 정치 조직이 필요하다' 는 주장이 투쟁 참가 당사자들의 결론이었다.

구로 동맹 파업이 있은 지 두 달 후에 서울노동운동연합(서노련)이 건설된다. 서노련은 "전태일 동지의 선언이 '인간 선언' 이었다면 연대 투쟁 노동자들의 선언은 '주체 선언' 이었다"고 평가한다.

노동자 통일 전선, 서울노동운동연합

청계피복노조 민종덕 위원장이 1985년 8월 25일에 청계피복노조 사무실에서 서노련 위원장으로 선출되어 서노련이 나아갈 방향을 선언한다.

"대우어패럴을 중심으로 한 6월 노동자 연대 정치 투쟁은 우리 노동자들이 각성하여 단결할 때 얼마나 큰 힘을 발휘할 수 있는지를 확인하는 중요한 계기가 되었으며, 어떠한 민주 노조도 용납하지 않는 현재의 탄압 상황 아래서는 새로운 형태의 대중 조직을 건설하지 않고서는 노동 운동의 궁

극적 목표를 실현할 수 없다는 사실을 철저히 깨닫게 하였다. 이에 우리는 서울노동운동연합의 결성을 통하여 모든 민중 민주 운동 세력과 굳건히 연대하여, 이 땅의 일천만 노동자에게 부과된 역사적 책무를 수행하고자 한다. 우리들이 나아갈 길은 멀고도 험난할 것이지만 우리는 모든 것을 이기고 우리는 모든 것을 이룰 것이다. 오늘 우리는 바로 이것을 선언하는 것이다."

서노련은 출범하면서부터 전국의 노동자 운동을 대표하게 된다. 구로 동맹 파업의 성과로 탄생한 서노련은 여러 세력들이 연합한 '노동자 통일 전선'이었다. 서노련에는 청계피복노동조합, 구로지역노조민주화추진위원회, 경인지역노동운동탄압저지투쟁위원회, 구로 동맹 파업에 참가한 노동자들이 만든 노동자연대투쟁연합 등 4개 조직이 참가했다.

서노련은 노동자들의 의식을 일깨우는 정치 선동의 주요 매체로 8절지 크기의 네 면으로 된 『서노련 신문』을 발간한다. 서노련은 "노동 운동은 정치 투쟁이 그 본령이다"며 기존 노동자 운동의 소심함을 공격하면서 적극적으로 정치 투쟁을 벌인다. 서노련은 전국학생총연합과 공동으로 1985년 10월 11일에 '미국의 경제 침략 규탄과 외채 정권 타도를 위한 범민중 궐기 대회'를 개최하고, 11월 13일에는 전태일 열사 15주기를 맞아 서울 제기동 일대에서 "독재 헌법 철폐", "군부 독재 타도하여 삼민 헌법 쟁취하자" 등의 구호를 외치며 가두 시위를 벌인다. 이날 수천 명에 이르는 시위대는 거리를 가득 메우고 180명이 연행될 정도로 격렬하게 투쟁한다. 서노련은 당시 정권의 가장 민감한 부분인 개헌 문제를 거론하여 청계피복노조와 함께 해산 명령을 받는다.

서노련은 해산 명령에도 아랑곳하지 않고 생활임금쟁취위원회를 구성하여 다음 해의 임금 투쟁을 대비한다. 8시간 노동으로 노동력 재생산 비용인 '생활 임금'을 받아야 한다고 주장한다. 서노련은 생활 임금을 일당

6300원으로 계산하여 8시간 노동으로 그 70%에 해당하는 4200원대를 받는 것을 투쟁 목표로 세운다. 서노련은 1986년 3월 10일 기독교노동자총연맹, 성남생존권확보투쟁위원회, 안양지역노동3권쟁취위원회와 공동으로 '86 임금 인상 투쟁 전진 대회'를 개최한다.

신흥정밀 노동자 박영진(27세)이 3월 17일에 임금 투쟁 중에 분신한다. 3월 19일 오후 6시, 300여 노동자들이 쏟아지는 비를 뚫고 가리봉 오거리에 모여든다. 노동자 11명이 공단 5거리가 내려다보이는 한 미용실을 점거하여 "생활 임금 쟁취하자", "구속자 석방하라" 등의 현수막을 내걸고 횃불을 흔들며 구호를 외치자, 한 노동자가 주변 건물 옥상에서 「생활 임금 쟁취를 위한 우리의 투쟁 선언」이라는 유인물을 뿌린다. 이날 11명이 구속되고 많은 노동자들이 심하게 부상당한다. 서노련은 3월 23일 전태일 기념관에서의 박영진 열사 장례식 투쟁, 3월 24일 주안 6공단 가두 시위, 4월 12일 부평역전 가두 시위, 5월 1일 '노동자 해방 투쟁의 날' 철산리 가두 시위 등을 조직한다. 이처럼 서노련은 단위 사업장의 임금 투쟁보다도 가두 투쟁을 조직하는 데 더 힘을 기울인다.

5월 3일, 인천에서 열린 신민당개헌본부 현판식에 수만의 군중이 몰려든다. 수많은 운동권 조직들이 자신들의 정치적 주장을 담은 유인물을 뿌리며 반정부 투쟁을 호소한다. 노동 운동에 진출한 선배들의 지도를 받고 있던 학생 운동 활동가들도 체계적으로 동원된다. 5만여 명의 시위대는 '파쇼 타도' '미제 축출' '제헌 의회 소집' '삼민 헌법 쟁취' 등 제각각의 구호를 외치며 5시간 동안 경찰과 대치하면서 격렬한 시위를 벌인다. 정권은 육군 보안사령부까지 동원하여 바로 다음날인 5월 4일부터 서노련 관련자 50여 명을 일제히 연행하고 그 중에서 서노련 편집부원 김문수 등 13명을 구속하여 고문하고, 정식명칭 인천지역노동자연맹(인노련) 지도부를 검거하기 위해 7월에는 부천경찰서에서 성 고문까지 자행한다.

서노련은 이러한 탄압에도 불구하고 인천과 수원 지역에 지역 노동자 조직이 건설된 것을 기반으로 '전국 노동자 조직'을 건설할 것을 전 운동권에 제기하고, 9월 7일에 '서노련 활동 1년 평가와 과제——전국 노동자의 통일을 위해'라는 주제로 대회를 연다. 그런데 이때는 1985년 말에 등장한 민족해방파—주체사상파가 크게 세력화하고 있었고, 레닌주의 세력들이 전위조직 지향을 명확히 하고 있던 시점이었다. 이들은 전국 노동자 조직이 '대중 정치 조직'이라는 서노련의 애매한 조직 위상을 확대한 것에 불과하다는 비판을 가하고 서노련의 '비공개 지도부'의 권위에 대해서도 강한 불신을 드러낸다. 전국 노동자의 '통일'을 위해 마련된 이 대회는 서노련의 분열을 확인하는 성토장이 된다.

서노련은 경찰의 추적에 쫓기고 내부에 사상 투쟁의 회오리까지 몰아치자, 11월 중순에 비상 체제로 돌입한다. 그러나 1986년 말 인노련이 해소 선언을 하기에 이르고 뒤이어 서노련도 와해된다. 서노련 회원의 일부는 CA나 민족해방파에 가담했고, 서노련을 발전적으로 계승하려는 일부는 삼민그룹을 만든다. 새로운 운동 흐름에 결합하지 못하고 운동 대열에서 떨어져 나간 조직원도 다수 있었다. 광범위한 서클들의 합의를 바탕으로 출범했던 서노련은 이렇게 겨우 1년을 넘기고 역사의 뒤안길로 사라진다.

사실, 분열은 '삼민 헌법' 논쟁이 촉발되었을 때 예고되었고, 1986년 초 임금 인상 투쟁이 두 개로 나뉘어 진행될 때 시작되었다. 서노련이 정치 투쟁 일변도로 나가자 이에 대해 "경제 투쟁을 기반으로 대중성을 획득하고 정치 투쟁을 전개해야 한다"고 비판하는 사람들이 서노련과 별도로 임금 투쟁을 조직했다. 서노련이 '생활 임금'으로 6300원을 책정하고 이들이 '최저 생계비'로 7000원을 내세운 걸 보면, 이들 간의 대립은 요구 수준이 아니었다. 이들은 서노련의 투쟁에 대해 "대중의 내적 동력을 무시한 채 정치적인 선도 투쟁을 벌여 지도부가 노동자 대중들로부터 고립되었다"고 비판하고 서울남부지역노동자연맹(남노련)이라는 조직을 만든다.

서노련은 비판을 많이 받긴 했지만, 서노련 활동가 개개인의 헌신적 활동은 타의 귀감이었다. 서노련 지도부는 대개가 '현장에서 구르며' 성장한 사람들이었다. 현장에서 스스로 알아서 일을 만들어 나가야 했던 상황에서 성실성과 헌신성이 이들의 가장 큰 무기였다. 서노련 지도부는 자신들의 경험에 근거해서 "팜플렛을 읽을 시간이 있으면 그 시간에 노동자들과 떡볶이를 먹는 것이 더 낫다"고 할 정도로 현장에서의 실천을 중시했다. 서노련 지도부는 레닌주의자들이었다. 이들은 러시아 혁명을 승리로 이끈 레닌을 모범으로 삼아 경제주의를 혐오하고 정치 투쟁을 중시했다. 따라서 이들에겐 단위 사업장의 임금 투쟁보다도 가두 정치 투쟁을 조직하는 것이 더 중요했다. 이런 기질과 관점의 영향으로, 치열한 실천, 헌신성, 정치 투쟁이 서노련의 활동의 특징으로 나타났다.

이들의 장점이었던 '실천주의'는 사상과 이론으로 무장한 운동이 대두하자 무기력함을 드러냈다. 서노련 노동자들의 운동 이탈에서 보는 것처럼 '사상이 빈곤한 실천'은 활동가를 대중 운동의 파고에 따라 휩쓸려 다니게 하다가 운동이 한 분수령을 넘을 때마다 수많은 사람들을 낙오자로 만든다.

6장

파업의 열풍과 함께 대약진하는 민주 노조 운동 1987~1989년

1987년 이전의 중공업 노동자들의 투쟁

중공업 대기업에 다니는 노동자도 공장 생활 3년만 하고 나면, 국가의 중추 산업에서 일한다는 초기의 자부심은 많이 사라지고 자신이 먹고 살기 위해 고용되어 있는 종업원이라는 사실을 느끼게 된다. 미혼일 때는 제법 넉넉한 것 같던 월급도 결혼하고 나면 '열받는' 박봉임을, 중소 기업보다 많은 임금도 강도 높은 노동으로 훨씬 많은 체력을 소진한 대가임을 알게 된다.

자동차 조립 라인 노동자들은 주야 맞교대 3년이면 여기 저기 몸이 부실해져 보약을 먹게 되고, 채플린의 영화 '모던 타임즈'의 주인공처럼 컨베이어의 흐름에 따라 10시간 동안 똑같은 작업을 1분마다 반복하다 보면 머리는 단순해져 창조적인 생각은 할 수 없게 된다. 말 그대로 기계의 부속품이 되어 간다. 조선소 노동자들은 겨울에는 살을 에는 찬 바닷바람에 떨고 여름에는 뜨거워진 철판 안에서 가죽 옷 입고 용접하느라 진을 다 빼고, 높은 곳에서 떨어져 죽고 철판이 넘어져 깔려 죽고 가스가 폭발해 타 죽는다. 사람이 죽어도 흔히 있는 사고인 탓에 별다른 충격도 받지 않을 정도로 인간적 감성이 무디어져 가고, 심지어는 안전 장치가 미비한 데 분노하기보다 '죽은 놈이 병신이지' 라며 냉소적으로 된다. 어떤 노동자는 황무지에 공장을 세울 때부터 있었고 어떤 노동자는 매년 생산 라인이 새로 늘어나는 것을 지켜보지만, 자신이 이룩한 노동의 성과에 뿌듯해 하는 것이 아니라 그때나 지금이나 호구지책에 연연해하는 자신을 보며 무기력함을 느낀다. 머리가 상의 칼라에 닿는다고 정문 경비에게 출입을 제지당할 때는 인간적인 모멸감까지 갖는다.

생기라고는 찾아볼 수 없는 푸르뎅뎅한 얼굴에 우중충한 작업복을 입고 공장으로 무리 지어 들어가는 광경은 '자본가의 왕국' 을 건설하는 데 자신의 인생을 바쳐야 하는 '현대판 노비' 들의 행진이다. 중화학 공업화가 본격적으로 시작된 지도 10년이 지나가자, 기능공 우대 정책이란 것도 허울뿐이라는 사실이 드러난다. 그리하여 중공업 대기업 노동자들의 가슴에도 울분이 쌓인다. 전태일이 그러했던 것처럼 이런 상황에서는 불만을 조직하는 사람들이 생기게 마련이다.

1987년 노동자 대투쟁 시기에 각 지역에서 중심적인 역할을 하게 되는 사업장의 경우에 그 이전에 어떤 운동이었는지를 살펴보자.

울산 현대엔진의 권용목은 1980년대 초에 고적답사회를 꾸려 매주 토요일 1박 2일의 야간 산행을 하면서 동료 간의 우애를 다진다. 그러다가 1986년 4월에 그 중의 6명을 독서회로 따로 조직하여 현장 문제를 토론하면서 6개월 간 노동법을 가르친다. 이들은 1986년 11월에 노사 협의회의 위원을 뽑는 선거에 참여해서 노동자 편의 사람들을 대거 당선시키고, 이 힘을 바탕으로 1987년 1월에는 상여금 차등 지급 반대 투쟁을 조직해 500여 명이 참가하는 '몸 벽보 항의' 시위를 주도하며 동료들의 신뢰를 얻는다. 자신감을 갖게 된 이들은 1987년 4월에 노사 협의회에서 15% 임금 인상을 요구하지만, 회사측은 3%를 제시한다. 이들은 점심 시간에 부서 대항 축구 시합을 열어 사내 운동장에 사람들을 모으고 응원가를 부르며 열기를 한 곳으로 모으고는, 점심 시간 10분을 남겨 두고 한 식당으로 몰려가 줄을 선다. 회사는 다른 식당에서 밥과 국을 나르느라 난리가 나고, 한 줄로 서서 모두가 밥을 먹을 때까지 자동으로 작업이 중지된다. 이런 성과로 부서마다 소모임이 만들어진다. 그러나 결국 임금은 4% 인상에 그치고 더 이상 노사 협의회로는 안 된다는 의견이 팽배해진다. 권용목은 비밀리에 노조 설립추진위를 만들고 8개의 소모임과 2개의 독서회에도 비밀을 유지한 채 2개월 동안 준비하여 마침내 1987년 7월 5일 노조를 결성한다. 다음날 점심 시간을 이용해 식당에서 열린 보고 대회는 1천여 명의 열렬한 환호 속에서 진행된다. 회사가 뒤늦게 이 사실을 알고 노조 가입을 방해하지만, 노조는 이미 전폭적인 신뢰를 받고 있어 흔들리지 않는다.

부산 대한조선공사(현 한진중공업)의 박창수는 1986년 여름에 "우리는 개밥을 먹을 수 없다"는 내용의 유인물을 안전모 속에 숨기고 들어가 공장에 뿌리고 '도시락 거부 투쟁'을 주도한다. 나흘간 벌인 이 투쟁으로 대한조선공사의 노동자들은 최초의 승리를 경험한다. 김진숙은 고등학교를 다니다가 그만두고 버스 안내양을 거쳐 고무 공장과 신발 공장을 전전하다가, 용접공이 돈 많이 번다는 라디오 방송을 듣고 "한 5년 일해서 집 사고 차 살 줄 알고" 여자임에도 1981년에 대한조선공사의 직업훈련소를 거쳐 용접공으로 입사한다. 김진숙은 나중에야 야학에서 노조라는 게 있는 줄 알고 대의원에 출마도 하는데, 1987년 3월에 『조공 노동자 신문』이라는 필사본 유인물을 두 차례 만들어 탈의실 등에 뿌렸다가 발각되어 다른 3명의 동료와 함께 해고당한다. 하루는 점심 시간에 집회를 한다는 말이 나돌아 그 장소에 사람들이 모여들었으나, 해고자들이 경비들에게 가로막히고 담을 넘다가 잡히는 바람에 무산된다. 해고자들은 1987년 노동자 대투쟁 때 대한조선공사에서 매우 중요한 역할을 하게 된다. 그 후 김진숙은 각종 집회에서 뛰어난 선동력으로 대중들의 심금을 울리고 힘을 불어넣으며 이름을 날리고 부산노동자연합 의장을 지내게 된다.

서울대 상대 71학번인 문성현은 1980년에 영등포청소년직업학교를 거쳐 선반공으로 동양기계에 입사한다. 그는 차돌회라는 소모임에서 활동하다가, 회사가 1982년에 (주)통일로 합병될 때 창원으로 내려온다. 문성현은 1983년 말 노조 사무장으로 당선되어 그 다음해에 단체 협약 투쟁에서 유급 휴일을 확대하는 투쟁을 승리로 이끈다. 이를 계기로 500여 명에 불과하던 노조원이 2천여 명으로 급속히 불어난다. 차돌회는 성원들이 대의원과 상임집행위원회 간부로 대거 진출하게 되자 해체되고, 노조가 활동의 중심이 된다. 회사가 보복으로 문성현을 대학 졸업자라는 이유로 징계위에 회부하자 노조원들이 싸워 징계를 철회시킨다. 1985년 임금 인상 투쟁에서 협상이 한 달이 넘게 진행되는 동안, 매일 출근 시간과 점심 시간에 집회가 열릴 정도로 조합원들의 참여가 높아진다. 2천여 명의 노조원들은 마산과 창원(이하 마창)에서 최초로 '단결'이라고 쓴 머리띠를 두르고 집회에 참가한다. 그런데 김재진 노조 위원장이 4월 20일에 회사측 안에 직권으로 조인한다. 분노한 노조원들은 식당에 바리케이드를 치고 방위 산업체 최초로 파업 농성에 들어가고, 회사는 다음날 새벽에 농성 노조원들의 요구를 받아 들인다. 5월 1일, 김재기 위원장이 불신임으로 물러나고 문성현 위원장 등 새 집행부가 선출된다. 그러나 구로 동맹 파업이 진압된 것과 같은 시각인 6월 29일 밤 12시에서 새벽 4시 사이에 노조 간부 18명이 국가보안법 위반 혐의로 연행된다. 문성현 위원장과 박수철 사무국장은 구속되고 나머지는 풀려나는데, 회사는 15명을 해고한다. 해고된 노동자들은 매일 정문 앞에서 출근 투쟁을 하면서 유인물 돌려 보기, 화장실 낙서, 노조 사무실 집단 항의, 중식 시간 부서별 토론 등을 조직해 나가고, '총각네'라는 포장마차를 운영하면서 생계를 꾸려 나간다. 하지만 1986년

단체 협상 시기가 다가와도 조합원들이 피해 의식에 젖어 행동에 나서지 않자, 3월 16일에 허재우가 점심 식사 시간에 식당에서 식판을 엎으면서 분위기를 모아 나가고 박성철과 여영국은 유인물을 뿌리고 정광희는 식탁 위로 올라가 선동을 시작한다. 이들 5명은 식당 문을 부수고 들어온 관리자 50여 명에 의해 형사 기동대에 넘겨지고 해고된다. 이런 투쟁의 과정에서 소모임이 늘어나 1987년 초에는 (주)통일에 소모임이 10개 정도 있게 된다.

거제도 대우조선의 노동자들은 1984년 9월에 성당을 중심으로 소모임을 가지며 자신들의 권리를 찾기 위한 행동을 시작한다. 그러자 성당 주변이 감시되고 주요 인물이 전출당한다. 노동자들은 1986년 6월에 다시 조심스럽게 모여 학습하고 노조를 함께 만들 사람들을 규합하기 시작한다. 이들은 1987년 1월 22일에 임금, 산재, 퇴직금 등에 대한 노동자들의 권리를 주장한 유인물 「상고문」을 조선소 곳곳에 뿌린다. 회사는 관련자 20여 명을 전출시키고 15명을 해고하고 경찰은 2명을 구속한다. 실패로 끝난 이런 노력들이 대우조선 노동자들을 대투쟁 때 적극적으로 나서게 하는 발판이 된다.

인천에 있는 대우자동차의 노동자들은 1985년에 지역의 관심을 집중시키며 수개월간 투쟁한다. 이 투쟁으로 인해 해고, 전출, 부서 이동 등의 조치를 당한 노동자들이 6월 항쟁의 분위기를 타고 6월 말에 원직복직노동자회를 만들고, 7월에 현장의 움직임과 연결하여 민주 노조쟁취평조합원회를 만든다. 이 평조합원회가 대투쟁 때 대우자동차에서 투쟁을 이끌고 대우자동차는 지역에서 투쟁의 중심이 된다. 인천 지역은 학생 출신 운동가들이 많이 이전해 있었던 곳인데, 이런 활동가들이 대투쟁 시기에 각 사업장에서 어떤 식으로든 영향력을 발휘한다.

이상의 사례들에서 보듯이, 대투쟁 시기에 각 지역에서 중심적인 역할을 하게 되는 사업장들에는 그 이전에 이미 미래를 준비하는 사람들이 운영하는 소모임이 있었고 투쟁 경험이 축적되어 있었다. 이런 의식적인 활동가와 소모임과 투쟁 경험이 없었다면, 대투쟁은 그 만큼 폭발적이지는 않았을 것이다.

6월 항쟁

서울대생 박종철이 1987년 1월 14일, 남영동 치안본부 대공 분실로 연행되어 수사를 받다가 수사관들의 고문으로 죽임을 당한다. 대공 담당 5차장 박처원은 "책상을 '탁' 치니 '억' 하고 죽었다"고 발표해서 국민들을 분노하게 만든다. 지난해 7월의 권인숙 성고문 사건에 이은 박종철 고문 치사 사건은 전두환 정권의 도덕성에 치명타를 가하여 정국을 소용돌이 속으로 몰아넣는다. 각계 인사 9천여 명은 박종철국민추도회준비위원회를 결성하고 2월 7일의 추도식 집회와 49제 날인 3월 3일의 '고문 추방 민주화 국민 대행진'을 개최한다. 경찰의 원천 봉쇄와 이에 항의하는 학생과 시민들의 격렬한 가두 투쟁이 벌어진다. 시위대의 요구에 대통령 직선제로의 개헌이 포함된다. 전두환은 진압을 자신하고 4월 13일에 "현행 헌법을 고수할 수밖에 없다"는 성명을 발표한다. 한국노총과 산하 16개 연맹은 이를 지지하는 성명을 발표한다. 그러나 각계에서 줄을 이어 호헌을 규탄하는 시국 성명을 발표한다. 범한화재노조의 복직 투쟁과 관련하여 10개 보험사 노조가 1987년 초에 연대 투쟁을 벌인 바 있었던 금융노조는 즉시 4·13호헌 반대 성명을 발표하고 서명 운동에 들어간다. '넥타이 부대'의 신화가 시작된다.

천주교정의구현사제단이 5월 18일에 "박종철 고문 치사 사건이 조작됐다"며 더 많은 관련자들이 있음을 폭로하자 민주 세력들의 연대가 급속하게 진전된다. 재야 인사 134명이 5월 23일에 박종철고문살인은폐조작규탄범국민대회준비위원회를 발족하고, 민중운동 단체의 연합인 민통련, 종교 단체, 노동계, 학생 운동, 최대 야당인 통일민주당 등 각계 각층의 민주 세력이 참여하여 5월 27일에 민주헌법쟁취국민운동본부를 발족한다.

6월 9일, 연세대생 이한열이 최루탄에 맞아 의식 불명 상태가 된다. 6월 10일, 노태우는 서울 잠실 체육관에서 민주정의당 대통령 후보로 선출된다. 이날 전국 22개 도시에서는 국민 대회가 동시다발로 열려 24만 명이 '독재 타도'와 '호헌 철폐'를 외치며 가두 시위를 펼친다. 시위대는 파출소와 집권당 당사 등을 습격하고 곳곳에서 경찰력을 무력화시킨다. 서울에서는 진압 경찰에 밀린 700여 명의 시위대가 명동성당에 들어가 농성을 시작한다. 이 '명성 농성'이 투쟁의 중심으로 떠오르면서 전투적이고 급진적인 세력이 투쟁의 주도권을 쥐게 되고, 시위는 전국에서 연일 더욱 격렬해진다. 6월 15일, 명동성당 농성단이 자진 해산하며 투쟁의 주도권이 다시 국민운동본부로 넘어간다. 시민들의 투쟁은 계속 고양되어 6월 18일 '최루탄 추방의 날'에는 전국에서 200만 명 이상이 시위에 참가하면서 곳곳에서 경찰을 무장 해제시킨다. 야당은 파국으로 가는 상황이 두려워 영수 회담을 수용한다. 미흡한 회담 결과에 국민들이 실망하자, 야당도 회담이 결렬된 것이었다고 선언한다. 정권은 군 투입을 상의 하지만, 군 작전권을 쥐고 있는 미국은 이용 가치를 잃은 정권을 유지하기 위한 군 출동을 반대한다. 국민운동본부는 6월 26일에 평화 대행진을 개최한다. 전국 34개 시와 4개 군에서 야당의 당원을 포함하여 백만 명 이상이 참가한 이날 시위로, 경찰서와 파출소 31곳, 민정당 지구당사 2곳이 불타거나 파괴되고, 경찰 차량도 수십 대나 불탄다. 벼랑으로 몰린 정권은 6월 29일에 노태우를 통해 대통령 직선제와 김대중의 사면과 복권을 핵심 내용으로 하는 선

1987년 1월 23일, 고려대학교에서 학생들이 치안본부 대공 분실에서 고문으로 숨진 서울대생 박종철의 죽음을 애도하고 그를 죽음으로 몰아넣은 권력을 규탄하고 있다.

언문을 발표한다. 국민들은 승리감에 들뜨고 투쟁 열기는 순식간에 사그라진다.

정국은 대통령 선거 국면으로 급속하게 전환된다. 대권을 향해 질주하는 김영삼과 김대중은 야당 지지자들의 후보 단일화 열망을 외면하고 각자 출마한다. 대학생 출신의 활동가들이 현장 노동자들과 만든 인천지역민주노동자연맹(인민노련)과 CA의 후신인 노동자해방투쟁동맹을 중심으로 민중 후보 운동이 시작된다. 6월 민중 항쟁의 성과가 야당의 전유물이 되는 것을 막고 노동자-민중의 정치 세력화의 기반을 닦으려는 이 시도는 후보인 백기완이 양김의 후보 단일화를 촉구하면서 중도에 사퇴하는 것으로 끝난다. 선거를 17일 앞둔 11월 29일에 대한항공 여객기가 미얀마 상공에서 폭발하고 범인은 북한의 지령을 받은 김현희와 김승일로 보도된다. 노태우가 12월 16일의 대통령 선거에서 가장 많은 표를 얻는다. 대통령 직선제로의 개헌은 학살 원흉이 대통령으로 되는 것으로 끝난다.

그러나 6월 항쟁은 군부 정치 세력을 매우 약화시키는 계기가 되었고, 국민들에게 자신이 국가의 운영에 중대한 영향을 미칠 수 있다는 자신감을 갖게 해 주는 성과를 남겼다.

그러한 항쟁은 왜 1987년 6월에 터졌던 것일까? 한국 경제는 30년 가까이 고도 성장을 지속해 왔고, 특히 1986~1988년은 국제 수지가 큰 흑자를 보는 등 최고의 호황 국면이었다. 그런데 경제 발전에 따르는 생활의 여유와 정치적 민주화 요구의 증대에 비해 정치는 폭압적 독재에 의존하는 낙후한 것이었다. 군부 독재 정권으로 인한 사회적 갈등과 긴장이 높았다. 이러한 배경이 있었기에 '넥타이 부대' 들이 거리로 나왔던 것이고 한 사람의 죽음이 전국민적 항쟁의 기폭제로 작용할 수 있었던 것이다.

6월 민중 항쟁에서 사무직 노동자들이 거리를 휩쓸었던 것에 비해 생산직 노동자들의 시위 참여는 미약했다. 제대로 된 노동 조합이 없었던 시절에 서노련 등 노동자 운동 조직과 '레닌주의' 조직 다수가 1986년 말과 1987년 초에 적발되어 파괴되는 등 생산직 노동자들의 조직적 참여가 불가능했기 때문이다. 투쟁이 절정에 달해 있던 6월 26일에 인민노련이 부평의 투쟁 현장에서 결성되었지만, 대세는 이미 종착역을 향하고 있었다. 이처럼 노동자 운동 진영은 6월 항쟁에서 유의미한 정치 세력으로 등장하지 못했다. 학생 운동도 반독재 투쟁의 선봉으로서 획득한 자신들의 도덕적 권위를 정치적 권위로 발전시키지 못했다. 운동권 '좌파' 는 민중 후보 백기완이 중도에 사퇴함으로써 독자적 정치 세력화의 기회를 상실했다. 노동자와 민중은 대통령 직접 선거가 민중 항쟁의 결과로 치러지는 것임에도 또 다시 야당에게 의탁했다.

7~9월 노동자 대투쟁의 시작, 울산

노동자들은 6월 항쟁 이후에 얻은 자신감으로 자신들의 욕구를 분출하면서 투쟁에 나선다. 사회 전반의 민주화 열기와 매우 좋은 경제 사정은 노동자들의 요구가 정당하다는 사회적 분위기를 만들어 노동자들의 투쟁에 유리하게 작용한다.

의식적으로 노조 결성을 준비해 오던 노동자들이 먼저 울분의 목소리를 터뜨리자 순식간에 대열이 만들어지고, 3~5년 근무 경력의 20대 후반의 노동자들이 투쟁에서 앞장선다. 이 중에서 배짱 있고 목소리 큰 사람이 지도자로 부각된다. 그 사람이 어떤 전망을 가지고 있는가는 문제가 되지 않는다. 한 공장 생활을 하면서 비슷한 처지의 울분을 느껴 왔으니, 누구든 자신의 심정을 여럿 앞에서 밝히면 그것이 바로 대중을 대표하는 목소리고 깃발이 된다. "나 태어난 이 강산에 노동자 되어……"를 부르며 공장을 돌면 노동자의 대열은 순식간에 불어난다. 노동자들은 기계를 멈추고 불끈 치켜든 손에서 분노의 환희를 맛보고, 어깨를 건 동료의 굳센 팔뚝에서 노동자가 하나임을 느끼고, 노비와 같은 노동을 거부하고 감히 자신들의 주인인 자본가에게 반항하고 있는 해일의 한복판에서 해방감으로 가슴이 벅차 오른다. 노동자들의 기세는 어줍잖은 노사 협의회와 어용 노조를 박살내 버리고 새 위원장에 자신들의 지도자를 앉힌다. 노동자들은 투쟁을 이끈 지도자들에게 모든 권한을 맡기고 지도부의 한 마디가 곧 결정 사항이 될 정도로 절대적인 신뢰를 보낸다.

해일의 진원지는 울산이었다.

현대엔진의 권용목 등 101명의 노동자는 6월 항쟁의 여운이 전국을 휘감고 있던 7월 5일에 시내의 모 디스코텍에서 회사 모르게 노조 결성 대회를 성사시킨다. 다음날 점심 시간에 1천여 명의 노동자들이 참석한 가운데

현대중공업 등 현대 계열사의 노동자들이 일손을 놓고 공장을 나와 중장비를 앞세우고 도로를 가득 메운 채 시내를 향해 남목 고개를 넘는다.

보고 대회를 개최했고, 생산직 노동자 1500여 명이 노조 설립 5일 만에 전원 가입한다. 현대그룹의 최고 경영자 정주영은 "내 눈에 흙이 들어가기 전에는 노조를 인정할 수 없다"며 노조를 부정한다. 노동자들이 이에 항의하여 현대중공업을 향해 행진을 시작하자, 불길이 옮겨 붙을 것을 염려한 회사측은 노조를 인정하겠다고 태도를 바꾼다. 권용목을 위원장으로 하는 현대엔진노조가 7월 14일에 합법적으로 만들어지며, 현대엔진 노동자들의 투쟁과 승리는 울산을 뜨겁게 달군다.

7월 1일에 결성된 현대미포조선노조설립대책위원회는 7월 15일에 노조 결성 대회를 갖고 다음날 보고 대회를 연다. 그런데 노조 설립 신고서를 시청에 접수하려는 순간, 회사측이 이를 빼앗아 가는 사건이 발생한다. 정부도 노사 자율 원칙을 천명할 수밖에 없었던 민주화의 거센 흐름 속에서 저질러진 이런 일에 여론의 비난이 빗발친다. 이 때문에 오히려 노조 설립 신고 필증이 3일 만에 나온다. '탈취 사건'을 계기로 노조 결성이 전국적인 관심사가 되고, 노동자들의 자신감과 열기가 전국으로 확산된다.

노조 결성이 막을 수 없는 대세를 이루자 현대그룹은 현대중공업과 현대자동차에 어용 노조를 급조한다. 이에 현대중공업에서 노조 결성을 각각 준비해 오던 사람들이 7월 24일에 울산사회선교협의회 노동문제상담소가 주최한 강연회에 참석했다가 한자리에 모여 현중노조개편대책위원회를 결성하고 노조 민주화 투쟁을 시작한다.

현대계열사 노조 간부 50여 명은 8월 8일에 현대그룹노동조합협의회(현노협)를 결성하고 권용목을 의장으로 선출한다. 현노협은 현대그룹에 일괄 교섭을 요구했으나 그룹측이 불참하여 3차례나 교섭이 무산되자 총파업을 선언한다. 이때 현대중공업 노조원 1만 5천여 명은 8월 14일에 임시 총회를 열어 위원장을 99%의 불신임으로 몰아내고, 위원장 직선제로 규약을 개정하여 이형건을 새로운 위원장으로 선출한다.

8월 16일, 현대그룹은 현대중공업 등 6개 회사에 무기한 휴업을 공고한다. 4만여 노동자가 8월 17일에 일손을 놓고 공장을 나와 3km의 도로를 가득 메우고 시내를 향해 행진한다. 지도부는 경찰과의 충돌로 불상사가 발생할 것을 염려하여 남목고개에서 행진 대오를 돌리고 시위는 평화적으로 끝난다. 그런데도 회사는 독신 노동자들이 거주하는 오좌불 숙소를 폐쇄하여 식사도 제공하지 않고, 시위대를 비방하는 유인물을 살포한다. 이에 노동자들이 격분하여 식기를 두드리며 현대 노동자 아파트 단지 '만세대'를 돌자 순식간에 그 수가 불어나면서 마치 해방구와 같은 상황으로 변한다. 노동자와 가족 6만 명이 그 다음날에 샌딩머신, 지게차, 소방차, 덤프트럭 등의 중장비를 앞세우고 4km나 되는 긴 행렬을 이루며 시청을 향해 분노의 행진을 벌인다. 경찰도 노동자들의 대진군을 감히 막아서지 못한다. 지도부는 "시청으로!"를 외치는 시위대를 가까스로 공설 운동장으로 집결시킨다. 노동부 차관이 다급하게 밤늦게 내려와 노동자들의 요구 조건을 수락한다. 수만 명의 노동자들이 중장비를 앞세우고 장엄한 행렬을 이룬 울산 '현대 왕국'에서의 투쟁은 자동차, 조선, 기계 장치 등의 중공업 대기업 남성 노동자들이 민주 노조 운동에 참여하기 시작했다는 사실을 보여 준다. 이때부터 울산은 '노동 운동의 성지'라 불린다.

다른 지역의 노동자 대투쟁과 그 결과

울산의 열기는 시외 버스로 40분 거리에 있는 부산으로 순식간에 번진다. 태광산업 1700여 노동자들이 7월 23일에 파업 농성을 시작한다. 대한조선공사 1500여 노동자들이 7월 25에 어용 노조 퇴진과 임금 인상을 요구하는 벽보를 식당에 붙이는 것을 시작으로 노조 사무실의 유리창을 박살내고 회사 앞 도로를 점거한다. 회사측이 상여금 50% 인상과 식당 개선 등을 제시했으나, 노동자들은 철야 농성에 들어간다. 대투쟁이 시작된 이후 최초로 경찰이 공장 안으로 투입되어 80여 명이 연행된다. 노동자들은 대표부를 구성하고 자위대와 급식조 등을 꾸리면서 전열을 정비한다. 7월 28일, 노동자들은 쇠파이프와 망치로 무장하고 지게차와 물탱크차를 앞세워 거리 시위에 나서고 산소통으로 회사 입구를 봉쇄하는 등 농성 투쟁을 강화한다. 7월 31일, 상여금 300%와 어용 노조 퇴진 등 노동자들의 요구가 관철된다.

대한조선공사 노동자들의 강경한 투쟁은 부산 지역 노동자들의 투쟁을 한층 더 타오르게 만든다. 대한조선공사의 노동자들이 투쟁 중이던 7월 27

일에 세신정밀 노동자들이 투쟁에 들어간다. 국제상사 노동자 1천여 명이 7월 28일에 휴가비 100%를 요구하며 철야 농성에 들어가자, 30일에 폭력배 70여 명과 관리 직원 600여 명이 여성 노동자가 대부분인 농성장을 습격하여 각목, 쇠파이프, 망치 등을 사정없이 휘두른다. 이 폭력으로 62명이 부상당하고 8명이 입원한다. 노동자들은 성당으로 농성 장소를 옮기고 10여일 동안 투쟁한다. 그러자 회사는 농성 노동자들을 배제한 채 상여금 300%와 보복 배제 등을 약속하면서 투쟁을 종결짓는다. 하지만 국제상사의 투쟁은 부산 지역에 집중된 섬유 업체와 신발 업체 노동자들의 투쟁을 촉발시킨다.

부산으로 파급된 투쟁 열기는 남해안을 따라 연쇄 폭발을 일으키듯 마산 창원 공단을 휩쓴다.

먼저 창원을 보자. 동명중공업 노동자들이 7월 21일에 노조를 결성한다. 효성중공업 노동자들이 7월 27일, 어용 노조 퇴진 등을 요구하며 파업 농성에 들어간다. 세신신업 노동자들이 식사 개선 등을 요구하며 파업 농성에 들어간다. 대우중공업이 8월 4일, 한국중공업이 8월 5일, 한국카뷰레타가 8월 6일, 연이어 파업에 들어가거나 농성을 전개한다. 8월 7일에는 (주)통일과 기아기공을 비롯하여 한국철강, 범한금속, 대한화학기계, 효성기계 등 30여 개 사업장에서 동시에 투쟁이 진행된다. 금성사 1·2공장 노동자들이 8월 10일 어용 노조 퇴진과 임금 30% 인상을 요구하며 철야 농성에 들어간다. 월요일인 이날 투쟁은 인근 중소 기업과 하청 기업으로 급속히 확산된다. 금성사, 대림자동차, 풍성전기, 창원기화기 등의 노동자들은 8월 11일에 지게차를 앞세우고 가두 시위를 벌이거나 통근 버스로 창원 전 지역을 돌며 차량 시위를 전개한다.

마산 지역의 투쟁은 8월 5일의 조선맥주, 동방유량, 태영운수 등을 시작으로 8월 6일의 마산공동탁주, 8월 7일의 한일합섬, 8월 11일의 타코마, 동아실크, 동경실리콘, 한국판창, 산본, 8월 13일의 한국삼미, 신흥화학, 8월 17일의 금성교통, 일선, 성전, 8월 18일의 수미다, 신한공업, 동광, 한국 ISI, 동양통신, 소요, 8월 20일의 시티즌, TC, 중천, 스타 등으로 이어지면서 폭발적으로 확산된다. 마산 자유 수출 지역에서 8월 한 달 동안에만 총 75개 입주업체 중 20여 개 업체에서 노조가 결성되고 41개 업체에서 쟁의가 발생한다.

대투쟁에 참가한 노동자는 수출 지역에서 전체 노동자의 67%인 2만5천 명, 창원공단에서 60%인 4만여 명 등 총 8만여 명에 이른다. 사업장 수로 보면 전체 업체의 절반인 140개 업체에서 투쟁이 전개된다.

(주)통일 노동자들은 전국 어디에서도 보기 드물게 체계적으로 파업 프로그램을 진행하고 그 힘으로 마창 지역의 투쟁을 선도한다. 민주 노조 건설과 해고자 복직을 요구하며 파업에 들어간 노동자들은 철야 농성을 벌이면서 투쟁의 정당성과 방향을 토론하고, 노동자나 민주화 등에 관해 공부하고, 편지 쓰기와 노래 가사 바꿔 부르기 등의 문화 행사를 진행한다. (주)통일 노동자들은 8월 28일까지 22일간 파업 농성을 벌여 민주 노조 인정, 해고자 원직 복직, 임금 인상 등의 요구를 관철시킨다. 노동자들은 회사 정문에 '민주 노조쟁취 시범업체' 라는 현수막을 내걸 정도로 긍지가 대단했다.

이제 열풍은 마산과 창원 아래에 있는 섬 거제도로 분다.

대우조선소 중기공무부의 이상용이 운전하던 250톤 게다크레인을 멈춰 세우고 붐대 위로 올라가 핸드마이크로 '민주 노조'를 외치자 순식간에 수천 명이 몰려들면서 자연스럽게 파업이 시작된다. 이들은 지게차와 트레일러를 앞세우고 정문을 나서 시가지를 거쳐 통영의 신아조선소까지 차량 시위를 벌인다. 노동자들은 8월 11일에 노조를 결성하고 임금 7만 원 인상을 요구한다. 8월 22일, 단체 교섭이 결렬되자 노동자들은 교섭장인 옥포

관광호텔로 항의 행진을 벌인다. 경찰이 이를 해산하기 위해 최루탄을 난사하면서 투석전이 벌어졌고, 이 과정에서 이석규(당시 22세)가 최루탄을 가슴에 맞고 사망한다.

인천 지역의 투쟁은 울산과 비슷한 시기에 시작되었으나 7월 말까지는 분산적으로 진행된다.

한독금속 노동자들이 7월 11일에 노조를 결성하자 지역의 미조직 사업장들이 크게 고무된다. 남일금속 노동자들이 7월 13일에 민주 노조 결성을 선포하고 며칠 전에 급조된 어용 노조 해체와 해고자 복직을 요구하며 투쟁에 들어간다. 구사대가 분말 소화기, 각목, 쇠파이프 등으로 노동자들을 폭행하여 7명의 노동자가 이와 코뼈가 부러지는 등의 부상을 당한다. 지역의 노동자들이 지원 투쟁에 나서 부상 노동자 가족들과 함께 항의 시위를 벌여 구사대를 몰아낸다. 8월 6일, 대우중공업노조가 창원 지부의 투쟁에 영향을 받아 파업에 들어간다.

대우자동차에서는 해고 노동자들이 중심이 되어 만든 민주노조쟁취평조합원위원회(민주노조쟁취위)가 8월 10일에 민주 노조 쟁취와 근로 조건 개선을 요구하며 전면 파업을 선언하자 순식간에 4천여 명의 노동자가 집결한다. 회사는 즉각 휴업을 공고하고 노조 민주화 투쟁을 노조 내 주도권 다툼으로 몰고 가면서 회사 밖에서 개별로 월급을 지급한다고 발표한다. 노조원들의 이탈로 투쟁은 일단락된다. 그러나 8월 26일에 조업이 재개되자 민주노조쟁취위가 다시 투쟁을 선언하고 400여 명이 철야 농성에 들어간다. 회사의 무성의로 협상이 지연되자 1천여 명의 노동자들이 가두로 진출하여 격렬한 시위를 벌인다.

대우자동차 투쟁은 4공단에서의 투쟁의 시발점이 된다. 삼익악기, 코리아스파이서, 한국종합기계, 후지카대원전기, 풍산금속, 태연물산 등이 8월 12일에 파업에 들어가고, 인천조선도 투쟁을 시작한다. 투쟁 열기는 8월

16일을 전후해서 주안 5 · 6공단과 인천교 방면으로 퍼져 나가 영창악기, 경동산업, 삼익가구, 대림통상, 금성엘리베이터 등이 투쟁에 들어간다.

특히 영창악기와 경동산업의 노동자들은 인천교와 경인 국도를 점거하고 경찰과 치열하게 공방전을 벌여 주변 사업장들의 투쟁 열기를 더욱 뜨겁게 한다. 경동산업 노동자 500여 명은 8월 17일에 회사가 17~18일을 유급 휴가로 한다는 결정을 무시하고 공장을 점거한다. 이들은 어용 노조 불신임과 해고자 복직을 위한 서명 작업을 벌이고, 해고자를 포함하여 임시 집행부를 구성한다. 8월 19일에 구사대가 습격하면서 격렬한 싸움이 벌어져, 갈비뼈, 이, 어깨뼈 등이 부러지고 얼굴을 30바늘이나 꿰매고 뇌 수술을 받아야 하는 등의 부상자들이 생긴다. 출동한 경찰은 아무런 제지도 하지 않고 지켜보기만 한다. 노동자들은 구사대의 습격을 물리치고 공장을 지킨다. 습격 테러에 분노한 노동자들은 다음날 가두 시위에 나선다. 폭우가 쏟아지는 가운데 가좌 로터리까지 진출한 대열은 교섭을 약속받고서야 공장으로 되돌아온다. 하지만 회사측은 나타나지 않고, 다시 가두로 나선 노동자들을 경찰이 공격해 3명이 구속되고 1명이 최루탄 파편에 다친다. 노동자들은 굴하지 않고 노래 자랑, 냄비 두드리기, 시민 홍보, 부서별 토론회 등 다양한 행사를 벌이며 투쟁력을 더욱 다져 나간다. 결국 회사는 교섭에 응하여 8월 30일에 노동자의 요구를 전폭 수용한다.

강원도에도 대투쟁의 열풍이 불어 닥친다.

광산 노동자들의 투쟁이 7월 중순에 태백에서 시작된다. 기름 사용을 늘이고 석탄 사용을 줄이는 정부의 정책과 어용 노조의 횡포 속에서 최악의 노동 조건을 강요당해 온 광산 노동자들의 분노가 걷잡을 수 없이 터져 나온다. '막장 인생' 광산 노동자들은 처음부터 국도와 철도를 점거한다. 한성광업소 노동자들은 경찰의 봉쇄망을 돌파하고 KBS 태백방송국으로 진출하다가 전경들과 대치하여 새벽까지 공방전을 벌인다. 광산 노동자들의 투쟁은 한성광업소 투쟁을 기점으로 전국으로 확산된다. 8월 22일까지 강원 45개소, 경북 7개소, 충북 3개소, 충남 5개소, 전남 2개소 등 62개 탄광이 투쟁에 들어간다. 이로 인해 도로와 철도의 점거는 더욱 빈번해지고, 요구는 임금 인상에서 도급제 폐지와 어용 노조 퇴진으로 바뀐다. 투쟁이 벌어지면 먼저 어용 노조 사무실이 공격을 받는데, 장성광업소 노동자들은 사무실을 부수고 관리자들의 아파트를 불지른다.

중공업 대기업 노동자들의 투쟁보다 위세가 떨어지고 광산 노동자들의 투쟁보다 격렬하지는 못하지만 사실 먼저 투쟁에 나선 노동자들은 직업상 여론에 밝은 택시 노동자들이다. 성남의 택시 노동자들은 노태우의 선언이 있던 6월 29일에 월급제를 요구하며 파업에 들어가 가두 시위를 벌인다. 택시 노동자들의 파업은 7월 중순에 인천과 경주 등으로 퍼져 나가다가 8월 들어서는 전국 주요 18개 도시에서 지역별 연대 파업이 벌어질 정도로 확산된다. 한편 인천 지역의 시내 버스 노동자들이 8월 21일에 임금 인상을 요구하며 이틀간 총파업을 벌인다. 몇몇 지역에서는 버스 노동자들이 택시 노동자들과 함께 연대 파업을 벌여 지역 전체를 마비시킨다. 운수 노동자들의 투쟁은 8월 25일에 벌써 690건에 달해, 쟁의 건수로는 압도적 비중을 차지한다. 택시 노동자들의 투쟁은 조직적이지는 않지만 가두 진출이 두드러진 반면, 버스 노동자들은 자동차노련 지역 지부를 중심으로 조직적으로 움직이면서도 온건하게 투쟁하다 쉽게 협상을 마무리 짓는다.

변화를 요구하는 큰 흐름에 밀리고 있던 정권은 8월 28일에 국무 총리를 통해 "외부 좌경 세력의 불법 개입이 노동 쟁의를 확산시키고 있다"는 담화문을 발표하면서 반격에 나선다. 정부는 바로 이날 대우조선 이석규 열사 장례식을 경찰력으로 진압하고 933명을 연행하여 이중 67명을 구속한다. 현대중공업과 대우자동차에도 9월 4일에 전투 경찰을 투입하여 각각

1987년 대투쟁 와중인 8월 22일에 거제 대우조선소의 노동자 이석규가 경찰이 쏜 최루탄에 맞아 사망한다. 8월 28일의 장례식은 933명이 연행되고 67명이 구속되는 또 하나의 대투쟁이 된다.

95명과 40명을 구속한다. 이어서 쟁의를 주도한 노동자와 민주 인사들을 잇따라 구속한다. 정부의 강경 탄압으로 대투쟁은 급속히 위축된다.

불과 2개월 사이에 상용 근로자 10인 이상 사업체 노동자 333만 명 중 37%에 해당하는 122만 명이 3천여 건 이상의 쟁의에 참여한 실로 '대투쟁'이었다. 정점에 달했던 8월에는 하루 평균 83건의 쟁의가 발생했다. 이 시기에 벌어진 파업은 "노동위원회가 적법성을 심사한 뒤, 일반 사업장은 30일, 공익 사업장은 40일이 지나야 파업을 할 수 있다"는 규정을 어긴 것이기 때문에 모두 '불법'이었다.

대개의 투쟁이 임금 문제를 요구 조건으로 내세웠지만, 낮은 임금이 문제의 핵심은 아니었다. 노동자들에게는 죽을 때까지 노동해야 한다는 사실이 끔찍스러운 일이었다. 노동력이 착취되고 있는 사실이 은폐되는 사회에서 노동자들의 분노는 눈에 보이는 것을 향한다. 임금 인상이 현실적인 욕구였던 것은 분명하지만 임금 문제는 분노를 드러내기에 가장 적합한 눈에 보이는 명분이었을 뿐이다.

투쟁의 전투성이 임금의 많고 적음보다 노동 조건과 더욱 연관이 깊었다는 사실이 이를 뒷받침한다. 같은 대기업이라 하더라도 조선소처럼 일이 험하거나 자동차 조립 라인처럼 일이 고되거나 탄광처럼 생명을 저당 잡히는 사업장에서 격렬한 투쟁과 장기 파업이 자주 발생한다. 낮에만 일하거나 작업이 편한 부서로 배치해 주겠다는 제안은 노조 활동가들에게 활동을 포기하게 하는 큰 유혹이 된다. 이때에는 합리적인 임금 인상률이 몇 %인지, 가장 효과적인 압력을 가할 수 있는 투쟁 전술이 무엇인지는 노동자들에게 그리 중요하지 않았다. 임금이야 좀 더 많이 받으면 좋은 거고 좀 적으면 적당히 절약하며 살면 되기 때문이다. 노동자들은 죽지 않기 위해 시키는 대로, 시키는 만큼 노동해야 하는 처지에서 벗어나고 싶었다. 노동자들은 자신들의 '주인'인 자본가에 맞서 싸우고 있다는 것만으로도 해방감을 느꼈고 바로 이것이 파업 열풍의 가장 큰 동력이었다.

대투쟁은 많은 성과를 남겼다. '투쟁이 먼저고 협상은 나중인' 노동자들의 폭발적인 투쟁은 노조 결성을 촉진하여 수많은 신생 노조를 탄생시켰다. 대투쟁 직전인 6월에는 2천7백여 개였던 노동 조합이 연말에는 4천개를 넘었고, 상용 종사자 가운데 조합원의 비율을 나타내는 노조 조직율도 14.7%에서 17.3%로 증가했다.

노동 조합 운동은 대투쟁을 통해 한국 사회에서 '시민권'을 얻었다. 노동자들은 상반기 임금 인상에 이어 대투쟁 시기에 또 다시 임금 인상을 요구하여 최초로 두 자리 수 임금 인상률을 얻고 단결 투쟁의 위력을 실감했다. 노동자들은 노조 설립과 파업을 당연한 권리로 인식하게 되었고, 일반 시민들도 파업의 정당성을 인정했다. 전국의 노동자들이 자본가와의 대립, 정부의 노동자 탄압, 노동자들의 단결과 연대 등을 경험했고, 조합 활동에 참가하게 되었다. 민주 노조가 전국에 건설되어 전투적 노동자 운동이 전국에 기반을 갖게 되었다. 이제 자본가들은 노동 조합을 인정하는 방향으로 노무 관리 방식을 전환했다.

대투쟁은 승리와 희망이 넘치는 시절을 낳았다. 한국의 경제도 매우 번성하고 있었다. 투쟁으로 성장한 '선진 노동자들'이 상당수 생겨났고, 이들은 '운동 이론'에 관심을 보이게 되었다. 주로 학생 운동 출신인 '운동권'은 대투쟁으로 드러난 노동자 계급의 위력을 눈으로 확인하면서, 운동의 미래에 대해 희망을 갖게 되었다. 많은 학생 운동 출신의 활동가들이 '과학적 사회주의와 노동 운동의 결합'을 실현하려는 열정으로 공단 지역으로 몰려들었다.

대투쟁 이전에 노동 조합의 위상을 둘러싸고 벌어졌던 운동권에서의 논쟁은 민주 노조 건설이라는 현실 앞에서 자연스럽게 종결되었다. 물론 혁명적 노동 조합 건설, 자주적 노동 조합 건설, 반합법 투쟁체 건설, 활동가들의 대중 지도력 훈련 등으로 그 논쟁 당시에 제기되었던 문제 의식들이 해결된 것은 아니었다. 현실 운동의 거대한 한 걸음 진전이 그런 문제들을 잠시 잊게 만들었을 뿐이다. 다른 한편, 대투쟁의 결과, 노동자만이 사회 변화의 주도권을 쥘 수 있고 노동자들의 처지와 요구는 자체로 사회 발전에 부합한다는 노동자주의가 힘을 얻는 계기가 된다.

민주 노조들의 연합 질서의 탄생

노동자들은 1987년의 대투쟁을 통해 행동으로 문제를 해결하는 것을 체득한다. 1988년에도 대투쟁 당시와 유사한 투쟁이 이어진다. 1987년에 알게 된 투쟁은 공장을 점거하고 파업하는 것으로 시작하여 노조 위원장과 사장이 악수하는 것으로 끝나는 것이었다. 1988년에도 불만을 조직해 파업에 돌입하는 것이 먼저였다. 다른 사업장의 노조들의 경험에서 좋은 점만을 모은 '단체 협약 모범 답안'에 의존하는 경우도 많았다. 대부분의 자본가들에게도 파업은 경험한 바 없는 난감한 사태였고, 노조 설립은 이미 막을 수 없는 대세였다.

대기업 노조가 대부분 1987년 여름에 결성되었던 것에 비해 중소 사업장들의 노조 결성은 1988~1989년에 활발하게 이루어진다. 대투쟁이 다 지난 1987년 12월부터 2년 동안에도 해마다 약 2천 개의 노동 조합이 새로 생긴 것은 이런 이유이다. 조합원 수는 같은 기간 동안 105만 명에서 193만 명으로 거의 2배로 늘어난다. 특히, 대투쟁에 적극적으로 참가한 금속 부문에서 노조원 수가 가장 현저하게 증가한다. 물론 300인 이상 사업장에 비해 300인 이하 중소 사업장은 노조 조직률이 여전히 낮아, 1991년의 조직률은 각각 60%와 36%이고, 특히 49인 이하 사업장의 조직률은 0.1%이다.

1987년에는 '불순 분자' 또는 '빨갱이'라며 정서적으로만 대응하던 정부와 자본가는 1988년 들어 매우 현실적으로 보이는 공동의 논리와 대응을 편다. '무노동 무임금' 원칙과 위장 폐업이 그것이다. 서울에서 열리는 올림픽 또한 노동자들의 행동을 누르기에 매우 좋은 명분이었다.

한편, 노동자들도 대투쟁에서 배운 바가 있었다. 노동자들은 자본의 물리적 공격과 공권력에 대항하여 '정당방위대' 등의 행동대를 조직한다. 또 항의 방문, 기금 모금, 동조 농성, 연합 집회 등으로 연대 투쟁을 벌이고, 그 성과를 바탕으로 지역별 또는 업종별로 노동 조합 연합 조직을 건설한다. 1987년의 6월 항쟁에서 '넥타이 부대'의 신화를 창출했던 금융 노동자들은 일찍이 1987년 11월 27일에 민주 노조 최초의 업종별 연맹인 자유금융노련을 창립한다. 대투쟁 당시 활발하게 연대 투쟁을 펼쳤던 마산과 창원의 노동자들은 12월 12일에 최초의 지역별 노조 협의회인 마산창원노동조합총연합(마창노련)을 결성한다. 마창노련은 강령에 "노동 해방의 그날까지 투쟁한다"라고 명시하고 있는데, 민주 노조 운동에 사회 운동권의 영향력이 크게 작용하고 있다는 사실을 알 수 있다. 1988년에는 민주출판언론노동조합협의회(민출노협), 서울지역노동조합협의회(서노협), 인천지역노동조합협의회(인노협), 연구전문기술노동조합협의회(연전노협), 전라북도노동조합연합회(전북노련), 전국사무금융노동조합연맹(사무노련), 전국병원노동조합연맹(전국병노련), 경기남부지역노동조합연합(경기노련, 경기남부노련) 등이 잇따라 건설된다. 대부분이 대투쟁 이후에 설립된 신생 노조들로 이루어진 지역별 또는 업종별 노동 조합 연합('지노협'과 '업종협')의 건설은 노동자 대투쟁을 잇는 운동이었다.

이러한 민주 노조들의 연합의 확산은 노동 운동 단체들의 연합을 추동한다. 현대그룹이 대투쟁의 주역이었던 현대엔진을 현대중공업에 합병하려 하자 전국의 노동 운동 단체들이 모여 노동조합탄압저지전국노동자공동대책협의회(공대협)를 결성하고 '현대엔진노조 사수 투쟁'을 지원한다. 이들은 이 연대 투쟁의 성과를 모아 1988년 6월 3일에 공대협을 전국노동운동단체협의회(노운협)로 전환한다.

노운협은 먼저 공대협의 활동을 이어받아서 노동법 개정 운동을 추진한다. 그런데 복수 노조 허용 조항을 둘러싸고 내부의 의견 차이가 커서 2개월 동안 논의가 공전된다. 한국노총 계열의 노동 조합을 개조하자는 주장과 아예 새로운 흐름의 노동 조합 질서를 만들어야 한다는 주장이 맞선 것이다. 노운협은 8월 19~20일에 이 문제와 관련하여 전국 대표자 회의를 열고 전국적 결속에 기여하기로 한다. 이런 합의를 바탕으로 10월 6일에 결성된 전국노동법개정투쟁본부(전국투본)는 서명, 조합원 교육, 노동자 웅변 대회, 등반 대회, 문화제, 대규모 대중 집회 등의 활동을 펼친다.

그리하여 1988년 11월 13일에 여의도에서 '전태일 열사 정신 계승 노동법 개정 전국 노동자 대회'가 열린다. 현재까지 이어지는 11월의 노동자 대회가 시작된 것이다. 전국에서 참가한 5만 명의 노동자가 "노동 해방"이라는 혈서 현수막을 앞세우고 신촌에서 여의도까지 행진한다. 국회 의사당 앞에서 열린 집회는 투쟁을 통해 전국의 노동자가 하나로 되어 가는 것을 확인하는 자리였고, 노동자들은 자신들의 힘에 놀란다. 단병호 동아건설 창동 지부장의 연설은 전국에서 모인 노동자들에게 강인한 인상을 남긴다.

대회에 참가한 전국의 노조 대표자 1백여 명은 대회 전날인 11월 12일 밤에 회의를 열고, 노동법 개정과 같은 요구를 관철시키기 위해서는 노동자의 전국 조직이 있어야 한다는 데 의견을 모은다. 이에 따라 지노협, 업종협, 노운협 등의 대표 40여 명이 12월 22~23일에 전주에서 전국노조·단체대표자회의를 열고 지역업종별노동조합전국회의(전국회의)를 결성한다. 전국회의는 산하에 '노동법개정 및 임금인상 투쟁본부'를 설치하고, 1989년 임금 인상 투쟁을 전국적 차원에서 펼칠 것을 준비한다. 전국회의는 1989년 2월의 제3차 회의에서 전노협건설소위를 만들어 전국적인 노동조합 협의회를 건설하기 위한 첫발을 내딛는다.

자본과 권력의 반격과 노동자들의 새로운 대응

1987년의 투쟁의 압력으로 노동법 개정을 논의하고 있던 정치권은 1988년 11월에 노조 설립 요건은 완화하지만 핵심적인 통제 조항은 유지하는 방향으로 법률을 개정한다. 그러나 노동 관계 법률의 개정에 대한 관심은 TV로 방영되는 광주 청문회에 밀리고, 나아가 노태우 대통령은 1989년 초에 그 개정안에 대해 거부권을 행사한다.

노동 조합 연합 조직의 건설과 전국적인 노동자 집회 이후의 새로운 사정 아래에서 노동자들의 투쟁이 시작되고, 올림픽을 끝낸 새로운 상황에서 정권의 공격이 시작된다. 12월 12일, 현대중공업노조가 단체 협약 이행과 해고자 원직 복직을 요구하며 파업을 시작한다. 12월 15일, 대통령은 "자유 민주주의 체제를 수호하기 위해 불법 쟁의에 대해서는 즉각 공권력을 투입하고 급진 불순 노동 운동 세력에 대해 엄정하게 법을 집행하겠다"고 선언한다. 1989년 1월 2일, 파업이 벌어지고 있는 풍산금속 안강공장에 경찰력이 투입된다. 1월 8일 새벽, 50여 명의 괴한이 현대중전기 조합원 수련회장과 울산의 현대해고자복직실천협의회 사무실에 침입하여 사람들을 폭행하고 달아난다. 2월 21일, 80여 일을 끌고 있는 현대중공업 파업을 깨기 위한 식칼 테러가 일어난다. 서울지하철공사노조의 파업이 예고된 3월 16일 아침, 경찰은 6대의 페퍼포그로 다연발 최루탄을 농성장 안에 퍼붓고 거의 질식한 지하철 노조원 2343명을 연행한다. 문익환 목사가 3월 25일에 일본을 거쳐 북한을 방문하자 정권은 '공안 정국' 을 조성하고, 3월 30일에는 109일째 파업이 진행 중인 현대중공업에 경찰력이 투입된다.

현장을 빼앗긴 현대중공업 노동자들은 가두 투쟁을 전개하며 10여 일 동안 더 싸우다가 128일 만에 파업을 끝낸다. 1987년 여름과는 달리 현대중공업노조는 '128일 파업' 을 통해 막강한 현장 조직력을 구축하며 민주노조 운동의 선봉에 선다. 파업 기간 동안에 새 집행부는 소위원회를 노조의 공식 체계로 신설하고, 조합원들은 '자생란', '한목소리', '새벽 깃발', '부서 동지회' 등의 소모임을 만든다.

지노협을 투쟁 본부로 재편한 민주 노조 진영은 4월 9일에 '89 임투 완

1988년 12월에 단체 협약 이행과 해고자 원직 복직을 요구하며 시작된 현대중공업 노동자들의 파업은 문익환 목사의 방북 등으로 조성된 '공안 정국'에서 현장을 빼앗겨 가며 '128일 투쟁'으로 나아간다.

전 승리 및 현대중공업 탄압 규탄 대회'를 전국에서 동시 다발로 열고, 모두 100여 개 노조가 4월 10일을 전후해서 쟁의 발생 신고를 내면서 임금 인상 투쟁을 시작한다.

4월 10일 새벽 5시에 세신실업의 구사대 200여 명이 지난 2월 21일에 이어 또 다시 조합원 50여 명이 자고 있던 농성장을 습격하여, 조합원들을 폭행한 뒤 감금하고는 노조 간부 10명을 경찰에 넘긴다. 부산산기에서 지원 농성을 하던 마창노련 선봉대와 타코마노조의 정당방위대가 곧바로 달려오고, 대원강업 노조원 300여 명이 통근 버스를 돌려 그대로 달려오고, 금성사2공장노조에서는 총회를 하던 조합원 200여 명이 합류하는 등 노동자들의 연대 행동이 짧은 시간에 조직된다. 이렇게 모여든 노동자들이 단

5분 만에 구사대와 싸워 이겨 지휘자를 잡아 둔다. 경찰과 대치하던 노동자들은 동맹 파업도 불사하겠다는 태도로 경찰서장 및 시장과 협상을 벌여, 연행된 간부들과 붙잡아 둔 구사대를 교환한다.

이렇듯 마창노련은 막강한 대중 동원력과 전투력을 자랑하며 전노협 건설에서 견인차 역할을 한다. 마창노련의 전투력을 강하게 만드는 요소의 하나는 마창노련이 다른 지노협들에 비해 대공장 중심으로 건설되었다는 점이다.

전국투본 본부장인 단병호 서노협 의장이 4월 14일에 구속된다. 부천의 49개 노조 4천여 명은 연이은 노조 간부 구속과 지난 4월 9일의 부천역 집회에 대한 경찰의 폭력 진압에 항의하여 4월 15일에 연대 파업을 벌이고 부천시 전역에서 가두 시위를 전개한다. 문성현 전국노운협 공동 의장이 4월 22일 구속된다. 지노협이 건설된 후의 첫 노동절은 이렇게 준비되고 있었다.

마창투본은 4월 24일에 수출 지역 후문의 노동자 민주 광장에서 '마창투본 쟁의 결의 및 방산특위 발대식'을 연다. 경찰은 마산으로 통하는 길목을 모두 차단하고 집회 참가를 막는다. 오전 근무를 마치고 집단 조퇴한 노동자들은 10차선의 창원 대로를 사이에 두고 경찰과 대치하면서 도로 포장용 콜타르 드럼통에 불을 붙여 굴리고 보도 블럭을 깨서 투석전을 벌인다. 이날 연행된 노동자 11명은 경찰에게 심하게 구타당하고 입에 전자봉을 넣는 등의 고문을 당한다. 다음날부터 연일 1만 명 이상이 동원된 가두 투쟁이 계속된다. 마창투본은 4월 27일 오전에 민주당전기고문진상조사단과 함께 창원경찰서를 방문한다. 경찰은 이흥석 본부장과 이승필 대림자동차노조 위원장을 폭행하고 본부장 등 4명의 노조 간부를 구금한다. 마창투본 산하 40여 개 노조는 오후 2시경 임시 총회나 집단 조퇴 등으로 작업을 거부하고 거리로 나가 "공안합수부 해체"와 "노태우 정권 퇴진"을 주장하며 경찰과 맞선다. 창원 대로는 다시 돌, 화염병, 최루가스로 뒤덮이고 민정당 사무실과 파출소들이 부숴진다. 이 시간에 공안합수부 요원들이 마창노련 사무실에 들이닥쳐 자료들을 압수해 간다. 마창투본 산하 40개 노조 대표자들이 본부장의 전격 구속 및 사무실 압수 수색과 관련하여 긴급 회의를 갖고 다음날부터 단위 노조별로 시차적 파업에 들어가기로 결의한다. 마창투본의 노조들은 4월 28일에 일제히 파업에 들어간 뒤 곧바로 거리로 나간다. 동맹 파업 이틀째인 4월 29일에 열린 '노동 운동 탄압 분쇄 및 노태우 정권 퇴진 결의 대회'는 수천 명의 노동자가 참가했으나 연설 일변도로 진행된다. 4월 30일에 마산과 창원에서 각각 열린 '노동절 기념 전국 노동자 대회'는 경찰의 원천 봉쇄로 대대적인 참가가 이루어지지 못한다. 노동자 2만여 명은 원천 봉쇄에 항의하여 창원 대로를 막고 노래를 부르며 화염병과 돌을 던진다.

수도권의 노동자들은 4월 30일에 연세대에서 '세계 노동절 100주년 기념 한국 노동자 대회'를 열고 가두 투쟁을 벌인다. 전국투본은 5월 1일에 지역별로 동맹 파업, 집회, 가두 시위 등을 주도한다. 경찰은 이날 서울에서만 5500여 명을 연행한다.

5월 3일, 부산의 동의대에서 경찰이 무리하게 진압하는 과정에서 진압 경찰이 화상으로 사망하는 사건이 발생한다. 정부의 강경책이 더해진다. 경찰은 5월 4일에 마산에서 열릴 예정이던 '구속 노동자 석방 촉구 및 공안합수부 해체를 위한 전국 노동자 결의 대회'를 원천 봉쇄하고 이 과정에서 200여명을 연행한다. 대회는 무산된다.

공장 노동자들의 운동과는 다른 방향에서도 노동 조합 운동이 시작된다. 1987년 대투쟁 때 "참교육, 민족 민주 인간화 교육"의 기치로 일어섰던 평교사협의회가 5월 28일에 전국 15개 시도 지부, 117개 시·군 지부, 2만여 명의 조합원을 갖는 전국교직원노동조합(전교조)를 결성한다. 5·16 군부

쿠데타로 좌절된 지 28년 만의 교원들의 노동 조합 운동이다.

이어진 1989년 임금 인상 투쟁은 공동 요구안 작성과 쟁의 발생 동시 신고가 처음 시도되면서 분위기가 고양되었다. 그런데 시기 집중에 너무 의존한 공동 임투는 교섭과 쟁의가 개별적으로 진행되고 핵심 사업장들에서 협상이 일찍이 타결되면서 별 위력을 발휘하지 못했다. 포항협력업체노동조합연합과 인천, 부산 등지의 지노협은 공동 임투를 제대로 조직하지 못해 오히려 조직력이 약화되었다. 그렇지만 결과로 보자면 민주 노조 진영은 평균 18.7% 인상된 임금을 받을 수 있게 되었고, 투쟁 기간 동안 신규 노조가 증가하고 새로운 지노협이 생겨 전노협 건설을 위한 조직 기반이 강화되었다.

1989년에는 경기 침체로 외국인 기업의 자본 철수와 중소 기업의 휴폐업, 하청 계열화, 인원 감축 등이 큰 문제로 떠오른다. 마산 수출 자유 지역은 1987년 말만 하더라도 총 75개 업체에 3만 6천 명의 노동자가 취업해 있었으나, 다국적 기업의 감원, 해고, 폐업 등으로 1989년 10월에 1만여 명의 노동자가 직장을 잃는다. 인노협의 경우에는 산하의 10여 개 사업장이 휴업 또는 폐업의 상태에 놓인다. 이 때문에 3백여 일에 걸친 마산의 한국 TC전자에서의 폐업 철회 투쟁, 70일 동안의 인천의 한독금속노조의 공장 정상화 투쟁, 각각 4백여 일과 80여 일에 걸친 부천의 한국피코와 홍양전자의 투쟁, 서울 대한광학 공장 이전 반대 투쟁 등이 일어났고, 크라운전자 1년, 부산의 하역 업체인 동진 3백 일, 전북의 썬전자 5백 일, 대구의 남선물산 4달 동안의 굴뚝 농성 등 투쟁이 장기화되는 사업장이 많이 발생한다. 나아가 철수한 자본가를 찾아 장기간 원정 투쟁을 벌이게 되는 경우도 있는데, 마산의 한국수미다(238일)와 아세아스와니(80일), 군포의 티엔디(140일) 등이 그 예이다.

대통령 노태우는 6월 26일에 하반기 경기 종합 대책을 밝히는 대국민 방송에서 "현재의 국가 위기는 각계 각층에 침투한 좌경 세력에 의해 빚어진 것이며 좌경 세력의 척결이야말로 현정권의 주요한 당면 과제"라고 밝히고 또 당시의 경기 침체를 노동자들의 과도한 임금 인상 요구 탓으로 돌린다. 이어서 정부 각 기관은 노동자를 압박하는 정책들을 쏟아낸다. 노동부는 무노동 무임금, 인사 경영권의 쟁의 대상 제외, 준법 투쟁 및 파업 장소의 제한, 연대 파업 금지 등의 쟁의 제한 방침을 밝힌다. 내무부와 안기부는 지역별로 노사분규전담반을 구성하고 112신고를 받는 즉시 출동할 채비를 갖춘다. 재무부나 상공부와 같은 경제 부처는 무노동 무임금 등의 정부 시책에 따르지 않는 사업주에 대해서는 자금 지원을 중단하고 세제나 금리상의 혜택을 받을 수 없도록 하는 내용의 규제 방침을 세운다.

이런 상황에서 한국외국어대학 4학년 학생 임수경이 6월 30일 전국대학생협의회(전대협) 대표로 세계 청년 학생 축전을 축하하기 위해 평양을 방문해 '통일의 꽃'으로 환대 받다가 판문점을 통해 돌아온다. 정권은 이를 계기로 공안 정국을 강화한다.

7월에 철도 기관사들이 1948년 총파업 이래 40년만에 파업을 벌이자 정부는 단 하루 만에 공권력을 투입하여 1430명을 연행한다. 9월 1일 밤 10시경에 괴한들이 전교조, 민족학교 사무실 등 같은 건물에 있는 사무실들에 들어가 단체의 간부와 노동자들을 포승줄로 묶고 못이 박힌 각목과 쇠파이프 등으로 구타하고 달아난다. 13시간 뒤인 9월 2일 오전 11시에 마창노련 사무실에서도 유사한 테러가 벌어진다. 경찰이 11월 초 최동식 인노협 의장을 구속하자, 인천의 42개 노조가 파업에 들어가고 15개 노조가 총회 투쟁을 벌인다. 11월 29일, 경찰이 마창노련과 경남노동자협의회 사무실에 들어가 (주)통일 조합원과 실무자 등 9명을 연행한다. 11월 30일에는 마창노련 사무실에 들어가 집행부와 실무자 19명을 연행한다. 11월 31일에는 경찰 200여 명이 울사협 사무실 주위를 포위하고 위협적인 분위기를

울산에서 단체 사무실 불법 침입과 '식칼 테러'가 한창이던 1989년 3월에, 파업에 들어가려던 서울지하철공사 노동자들에게 다연발 최루탄이 쏟아지고 2343명이 연행된다.

조성한다. 전국회의 서울 사무실에도 경찰 10여 명이 영장도 없이 들어와 실무자들에게 폭언을 가하고 강제 연행을 시도한다. 이처럼 경찰은 전국적인 노동 조합 연합 조직의 건설의 기반을 파괴하는 데 혈안이 된다.

노동자들도 이를 잘 알고 있었다. 11월 12일, 경찰의 원천 봉쇄를 뚫고 전국 노동자 대회가 성사된다. 전국에서 올라온 노동자들은 전노협 건설에 대한 열망을 안고 한밤중에 5시간 동안 관악산을 넘어 서울대로 진입한다. 5000여 명이 참가한 이날 대회는 전국노동조합대표자회의가 결정한 '1990년 1월 전노협 결성 방침'을 대중적으로 결의한다. 대회가 끝난 뒤 노동자들은 서울대 정문에서 화염병을 던지며 투쟁하고, 밖으로 빠져나간 사람들은 명동과 동대문에서 기습 시위를 전개한다. 이 과정에서 총 1580

명이 연행되고 2명이 구속되고 30여 명이 구류를 산다.

이처럼 1988~1989년은 여기저기 깨지면서도 한 발짝씩 전노협 건설을 향해 거대하게 진군하고 있는 노동자 계급과 이런 대약진의 기세를 꺾고 노동자에 대한 통제권을 대투쟁 이전과 같은 상황으로 되돌리려는 자본가 계급이 일진일퇴의 공방전을 벌이는 시기였다.

7장

계급 운동으로 발전하는 민주 노조 운동
1990~1992년

전노협 건설과 43년 만의 전국 동시 파업

1990년 1월 22일, 전국의 4백여 대의원이 참석한 가운데 전노협 결성 대회가 열린다. 애초 결정 장소로 예정된 서울대가 경찰에 의해 원천 봉쇄당하자 곧바로 결성 장소를 성균관대 수원 캠퍼스로 바꿔 전노협 결성 대회를 연다. 경찰이 대회 장소가 바뀐 것을 뒤늦게 알고 달려와 단병호 초대 위원장의 취임사 도중에 여러 차례 해산을 시도한다. 선봉대원들이 겨우 급하게 구한 각목을 들거나 맨주먹으로 육탄전을 벌이며 결사적으로 대회를 지킨다. 이 사이 경찰이 5개 중대로 늘어나 본격적인 진압 작전을 펼친다. 노동자들은 결연한 자세로 결성 대회를 마치고 지도부를 호위하여 탈출시킨다.

전노협에는 14개 지노협과 2개 업종협(민주출판과 시설관리)이 가입하고, 전교조, 화물운송노조협, 전국전문기술노련이 참관 단체로 참가한다. 전노협은 전체 노조의 5.8%인 456개 노조와 전체 노조원 총수의 8.6%인 약 16만 명을 포괄할 뿐이지만, 전체 노조 운동을 선도해 나갈 부대다. 전노협은 스스로의 위상을 "전국 노동자의 단결의 구심"이자 한국노총의 노

전투적 노동자 운동의 대변인 전노협은 결성되자마자 정부의 집중 공격을 받는다. 초대 위원장 단병호가 취임사를 하는 동안 경찰은 여러 차례 대회의 해산을 시도한다.

사협조주의를 극복하고 "자주적인 산별 노조의 전국 중앙 조직을 건설하기 위한" "과도적 조직"으로 설정한다. 전노협은 당시 민주 노조 운동의 양대 세력인 맑스레닌주의파와 민족해방파의 입장을 반영하여 강령에 "세계 노동자들과의 연대"와 "자주 · 민주 · 통일"을 나란히 내걸고 또 "평등 세상을 지향한다"는 것을 명시한다. 전노협 결성은 한국의 노동자들이 하나의 계급으로 등장했다는 것을 의미한다.

대개의 지노협이 그렇듯, 전노협은 중소 규모의 사업장의 노동 조합이 중심이 된 연합체였다. 전노협이 결성됨으로써 '한국노총 내에서의 개혁'을 주장했던 세력은 열세에 놓인다.

한편 전노협이 결성되던 바로 그날, 노태우와 김영삼과 김종필은 '3당

118

합당'을 선언한다. 3당 야합으로 '여소 야대' 상태를 넘어서 안정적인 권력 기반을 확보한 노태우 정권은 전노협을 "계급 투쟁과 노동 해방 이념 아래 폭력 혁명 노선을 추구하며 정치 투쟁을 목표로 하는 불법 집단"으로 규정하고 집요하게 탄압한다. 전노협은 자본가에게는 그만큼 위협적인 존재이기에 탄생에서부터 총공세의 위협을 받는다. 정부는 전노협 가입 노조에 대해 '업무 조사'를 실시하고 이를 거부하는 노조에 대해서는 고발 조치를 하는 등으로 전노협 탈퇴를 강요한다. 언론은 "노동자들의 무리한 임금 인상 요구와 불법적인 파업 투쟁이 국민 경제를 위기로 몰아가고 있다"는 이데올로기를 퍼뜨린다. 전노협은 자본가 계급의 공세에 밀려 1990년 임금 인상 투쟁에서 자신감을 갖지 못하고 위축된다. 그러나 민자당이 출범한 이후 전월세가 폭등하고 물가가 상승하고 증시가 폭락하여, '경제 위기 노동자 책임론'은 오히려 정부에 대한 불신과 불만을 부추기는 작용을 한다.

이런 상황에서 KBS노조가 4월 12일에 서기원 사장 퇴진을 내걸고 제작 거부 투쟁에 들어가고 이 투쟁은 다른 방송사들까지 참여하는 '방송 민주화 투쟁'으로 확대된다. 온건한 이미지를 가지고 있던 방송인들의 투쟁은 일반 국민들에게까지 노동자들의 투쟁에 대한 정당성을 확산시키는 역할을 하면서 전국적인 노동자 투쟁의 분위기를 반전시킨다. 이런 분위기에서 현대중공업노조가 '노동 운동 탄압 분쇄 투쟁이냐 임단협 투쟁이냐'로 혼란에 빠져 있던 상황을 정리하고 4월 25일에 파업에 돌입하면서 공권력 투입에 대비하여 골리앗크레인을 점거한다. 마창노련은 현대중공업에 공권력이 투입되면 지역 총파업도 불사하겠다고 선언한다. 4월 26일에는 현대자동차, 4월 27일에는 현대그룹 계열사와 서노협이 공동 투쟁을 결의한다.

경찰은 연대 투쟁의 확산을 조기에 진압하기 위해 4월 28일 아침에 73개

'외로운 늑대' 51명은 골리앗크레인에 고립되어서도 전노협 출범 이후의 첫 노동절과 첫 5월 투쟁을 성공으로 이끌기 위해 버틴다.

중대 1만2천 명의 병력을 현대중공업에 투입한다. 야간 근무 중이던 현대 자동차 노동자들은 새벽 4시30분경 노조의 지시 없이 자발적으로 작업을 중지하고 현대중공업으로 가는 도로를 차단하고 경찰과 투석전을 벌이며 2천여 경찰의 이동을 2시간 지연시킨다. 이미 진입해 있던 병력은 새벽 5시에 불도저, 페퍼포그, 헬기, 해상 경비정까지 동원하여 육해공 3면에서 군사 작전과 같은 진압 작전을 펼친다. 노동자들은 '민주 박격포'와 화염병, 볼트, 너트 등으로 대항하다가 1시간만에 회사 밖으로 밀려나고 골리앗크레인을 점거한 지도부와 결사대 78명만이 남게 된다.

전노협은 다음날 곧바로 13개 지역의 대표자들을 소집하여 비상중앙위원회를 열고 전국 동시 파업을 결정한다.

KBS노조는 4월 30일에 사원 총회 투표에서 방송 정상화 방침을 부결시킨다. 경찰은 결정 직후 농성장에 들어와 조합원 330명을 연행하고 11명을 구속한다.

현대 계열사가 일시에 파업에 들어가고 5월 1일 노동절을 기해 전국 70여 개 사업장 12만 명이 전국에서 파업에 들어간다. 울산에서는 현대중공업, 현대자동차, 현대중장비 등 현대그룹 산하 9개 노조 6만 명이, 마창 지역에서는 한국타코마, (주)통일, 한국중공업 등 26개 노조 2만 3천 명이, 부산에서는 대우정밀 등 8개 노조 3천 명이, 광주 지역에서는 로켓트전기, 대우캐리어, 금성알프스, 아세아자동차 등 13개 노조 1만 1천 명이 파업에 들어간다. 대구에서는 남선물산 등 3개 노조가 2시간 총회로, 성남에서는 5개 노조가 집단 조퇴로, 서울 지하철 노조는 무임 승차로, 대우조선은 집회로, 기아자동차는 기념식으로 전국적인 투쟁에 동참한다. 노동자들은 이날 울산, 마산, 서울, 성남, 인천, 수원, 대전, 대구, 구미, 전주, 진주 등 전국 곳곳에서 집회와 가두 투쟁을 전개한다. 전국 동시 파업 투쟁은 휴일인 5월 2일에 울산을 제외하고는 소강 상태에 들어갔다가, 5월 3일에 76개 사업장 10만여 명이, 5월 4일에 146개 사업장, 12만 여명이 다시 참가하면서 불씨를 이어간다. 이 과정에서 (주)통일 노조 대의원 이영일이 군부 독재 타도와 노조 탄압 중지를 외치며 분신한다.

이상범 현대자동차노조 위원장이 캐스팅 보트를 사용하여 11:12로 정상 조업을 결정하면서 전국 동시 파업 투쟁에 찬물을 끼얹는다. 5월 5~6일 연휴까지 겹쳐 투쟁 열기는 하강 국면으로 접어든다. 민중 운동 진영은 다시 힘을 모아 5월 9일 '민자당 해체, 노태우 퇴진 촉구 국민 총궐기 대회'를 전국 동시 다발로 열고 6월 항쟁 이후 최대 규모의 시위를 벌이며 격렬한 투쟁을 전개한다. '외로운 늑대'(무선 교신을 위한 암호명) 51명은 골리앗 크레인에 고립되어서도 5월 9일의 국민 총궐기 대회를 상징적으로 지원하기 위해 버티다가 다음날 점거 농성 13일 만에 내려온다. 이로써 전국노동조합평의회가 주도한 1946년 9월과 1947년 2월의 미군정에 대항한 전국적 정치 총파업 이후 43년 만의 전국 동시 파업 투쟁이 막을 내린다.

전노협은 정권의 전면적인 탄압에 전국 동시 파업으로 맞섬으로써 스스로를 지켜내고 민주 노조들의 전국 중앙 조직으로서의 위상과 지도력을 확보한다. 전국 동시 파업은 그 동안 교착 상태에 빠져 있던 임단협 투쟁을 노조의 요구가 관철되는 방향에서 속속 타결되게 만든다. 자본가들로서는 약간의 양보를 하더라도 전국 동시 파업의 열기를 가라앉히는 것이 시급한 일이었다.

그렇지만 전노협은 정부의 탄압으로 심각한 피해를 입는다. 전노협 출범 이후 5개월 사이에 단병호 위원장을 비롯해 200여 명(현대중공업 파업이 시작된 이후에만 144명)의 노조 간부와 노동자가 구속되고, 14개 지노협 중 10개 지역의 의장단 등 1백여 명이 수배되고 2백여 명이 고소 또는 고발당하고, 전노협 소속 사업장에는 모두 18번이나 경찰이 들이닥친다. 전노협이 결성되고 1년이 지날 때쯤에는, 전노협에 가입해 있는 노조 수와 노조원 수의 각각 48%, 45%가 감소한다.

대기업 노조의 민주화와 대기업노동조합연대회의

중소 규모 사업장들의 노동 조합들이 전노협 건설과 사수를 위해 싸우던 때의 대기업 노동 조합의 사정을 보기로 하자.

이 시기의 대기업 노동자들은 어떤 모습일까? 1990년대에 들어서는 생산직이라도 대기업에 취업하기가 쉽지 않게 된다. 경기 악화로 공개 모집이 줄어들고 사내 직업 훈련소를 통해 인력이 충원되고, 입사하려면 연고가 있는 회사 간부의 추천이 필요하기 때문이다. 1986년 이전에는 500인 이상 사업체에서 연간 이직률이 30%이던 것이 1987년 이후에는 그 절반 이하로 떨어진다. 고참은 회사의 눈치를 받으면서도 정년을 채우려 하고 승진 기회는 대폭 줄어든다.

천상, 노조에 기댈 수밖에 없다. '의리파'는 공권력 투입이 예정된 상황에서도 마지막까지 자리를 지키며 싸운다. 해고와 구속을 각오할 정도의 사람은 투쟁의 전면에서 대중을 이끈다. 이들은 노조 민주화 투쟁을 통해 결집하여 현장 조직을 꾸리고 '민주파'로서 집행부 선거나 대의원 선거에 참여한다. 그러나 많은 사람들은 활동가들이 구속되거나 자신의 임금뿐만 아니라 보증인 재산까지 가압류당하는 난감한 현실을 보면서 앞장설 용기를 가지지 못한다. 입사 추천자의 인간적 하소연을 냉정하게 뿌리치기도 어려워 슬그머니 뒷전으로 물러난다. 그렇지만 대기업 노동자들은 기업주나 관리자와의 관계가 소원하기 때문에 집회 참여 정도는 별 부담을 느끼지 않는다. 쟁의 결의에는 80% 이상의 찬성을 보이지만, 집회 참여는 분위기가 좋아야 50%를 넘고, 공권력 투입이 예정되면 파업 참가율은 현저하게 떨어진다. 지도부의 최종 타결안에 대해서도 지지도가 높지 않고 그에 대한 불만을 다음 선거에서 집행부 교체로 드러낸다.

이 시기의 대기업 노동자들을 대략 구분해 보자. '민주파' 현장 조직에 소속되어 있는 노동자, 이른바 '선진 노동자'는 대략 2~3%인데, 이들이 투쟁을 주도한다. 민주파에 대한 열성적인 지지자는 30% 정도이고, 집회에 열심히 참여하는 이 사람들이 민주파의 여론을 형성한다. 회사측과 비슷한 입장의 노동자는 20% 정도이고, 이들은 조·반장 등의 직책을 가졌거나, 오랜 세월 반공과 경제 발전 이데올로기에 물든 나이 든 장기 근속자이다. 상황에 따라 태도를 정하는 노동자는 50% 정도인데, 이들은 개인의 이해 관계와 사안에 대한 정당성 판단에 따라 행동한다.

대기업에서 위원장 후보가 3명 이상일 경우에는 1차에서 과반수를 얻지 못해 결선 투표로 가는 경우가 많으며, 결선 투표에서도 60% 이상의 지지를 받는 경우가 드물다. 출신 지역과 출신 학교, 취미 활동 등에 따른 여러 개의 파벌이 있고, 자기 부서 사람이 아니면 얼굴 마주칠 기회도 거의 없어 표를 모으기가 쉽지 않기 때문이다. 따라서 대기업에서는 개인의 명망성이 주요한 득표 요인으로 작용하지만, 투쟁 경험이 쌓일수록 그가 소속된 조직의 역사성이 주요한 판단 기준으로 된다. 대기업은 고등학교 졸업 이상의 학력자가 많기 때문에 노조의 비민주적 태도에는 상당히 비판적이어서, 1987년 이후에는 어용 세력이 위원장에 당선되기는 아주 어렵다.

이제 갓 태어난 전노협을 사수하기 위해 연대 투쟁을 벌이고 있는 한편에서 일부 대기업 노조 위원장들이 조합원들의 기대를 저버리는 행위가 벌어진다. 이상범 현대자동차노조 위원장이 "명분보다 실리를! 다수의 대중이 원하는 것이 진정 민주 아닌가?"라며 5월 28일에 임금 협상안에 직권으로 조인한다. 이는 6월 3일 기아자동차 허관무 위원장의 직권 조인과 7월 6일 현대정공 이연구 위원장의 직권 조인으로 파급된다. 양심적이었던 대우조선 최태한 위원장은 직권 조인보다는 위원장직 사퇴쪽을 택한다. 현장에 있을 때는 전투적인 민주파였다가 집행부에 올라가서는 변절하게 되는 이렇게 되는 사태는 몇 개의 사업장에서가 아니라 여러 곳에서 발생한다.

노동자 대투쟁 이후에 설립된 노조 가운데 1990년 6월까지 위원장 선거를 1회만 실시한, 즉 위원장이 임기를 마친 노조는 25%에 불과하다. 대부분이 2회 실시하고 3회 이상 선거를 한 노조도 28%에 달하는 등, 위원장이 불신임을 당하거나 사퇴한 노조가 65%나 되는 것으로 드러난다. 금속노련의 자체 조사에 의하면, 1989년에 271개 노조에서 위원장이 교체되었는데, 그 중 임시 총회에서 위원장이 교체된 노조가 190개(70%)에 달하고, 1990년에는 218개 노조에서 위원장이 교체되었는데 그중 91개(42%) 노조가 임시 총회에서 위원장이 교체되었다.

왜 이런 사태가 발생할까? 대투쟁의 열기를 타고 개인적 열망만으로 노조 간부에 오른 사람들이 처음 경험하는 책임 있는 지위를 감당하기 힘들기 때문이다. 민주파 노조 집행부는 대투쟁 이후 노조원들의 강력한 지지를 받는다. 그러나 파업을 하자니 감옥 가게 되는 것이나 해고되는 것이 두렵고, 작게는 임기가 끝나고 현장으로 돌아갔을 때 회사의 대우가 신경쓰인다. 웬만큼 의지가 굳은 사람이 아니면 위원장 출마할 때의 선의의 열정을 유지하기가 쉽지 않다. 그러다 보니 무기력하게 노조 활동을 방기하거나 회사와 타협적으로 변해 가다가 결국은 직권 조인이라는 배신의 길을 걷는 노조 간부들이 생겨 난다. 직권 조인 이후에는 대개 집행부 불신임 투쟁 등등이 일어난다. 그런데 불신임 투쟁을 전개한 세력도 막상 자신들이 집행부에 올라가면 이전 집행부와 다를 바 없는 모습을 보이는 경우가 많다. 이런 이유들로 인해 많은 노조에서 집행부가 중도에 교체되는 일이 발생하고, 대기업 노조에서는 '폭발적 투쟁과 노조 민주화의 미정착'이라는 역설적인 현상이 나타난다.

전노협 결성과 5월의 전국 동시 파업은 주춤하던 노조 민주화 흐름을 확실한 대세로 만든다. 1990년 후반기에 임기가 3년인 사업장들에서 임기를 채운 임원들에 대한 선거가 치러진다. 민주파는 지난 3년 간의 노조 민주화 투쟁을 통해 노조원들의 신뢰를 얻고 있고, 노조원들은 대기업에서는 조직력이 뒷받침되지 않고는 노조가 무력화될 수밖에 없다는 사실을 알고 있다. 노조원들이 민주파의 투쟁성과 조직력을 선택함으로써 대기업에서 민주파 후보들이 대거 당선된다.

전노협은 대공장특별위원회를 꾸리고 대기업의 민주파 현장 조직들 간의 교류를 주선한다. 전노협과 전국업종노동조합회의(업종회의)가 11월

11일에 '전태일 열사 20주기 추모 전국 노동자대회'를 공동 주최하고, 여기에 대기업 노동자들도 대거 참가한다. 지역과 업종, 생산직과 사무직, 대기업과 중소 기업의 차이를 넘어서는 민주 노조 총단결의 기운이 높아진다.

그리하여 대기업 노조 대표들이 12월 7일에 경주에서 모임을 갖고 '대기업노동조합연대회의'(연대회의)를 구성하고 우선 탄압에 공동 대응하기로 결의한다. 연대회의에 가입한 대기업 노조는 현대중공업, 현대정공 울산 공장, 현대중전기, 대우조선, (주)통일, 기아기공, 현대정공 창원 공장, 한진중공업, 대우정밀, 포항제철, 풍산금속 안강 공장, 금호타이어, 아시아자동차, 대우자동차, 서울지하철, 태평양화학 등 16개이다. 이 중에서 전노협 가입 노조는 6개, 일부 지부가 가입한 노조는 1개, 가입을 공약으로 내세운 노조는 2개다.

이 시기의 민주파 위원장들은, 대투쟁 직후에 등장했던 의욕만 넘치던 사람들과는 달리, 소모임에서의 학습을 통해 의식을 갖추고 노조민주화추진위원회(노민추) 등의 현장 조직 활동을 통해 조직 운영을 경험한 사람들이다. 그렇지만 연대회의 소속 노조들은 아직 집행부의 지지 기반이 취약한 상태다. 위원장 선거에서 현대중전기와 포항제철 외에는 모두 2·3차까지 가서야 승리했고, 대의원 선거에서는 대우조선 이외는 민주파 대의원을 30%도 확보하지 못한다. 또한 미숙한 업무 처리로 인해 집행부의 입지를 축소시키는 일도 생긴다. 포항제철노조 홍보교육부는 선거구별로 『주간 노동자 신문』을 한 부씩 구독하게 하는 사업안을 대의원 대회에 올렸다가 절대 다수 대의원에 의해 부결되고, 대우조선 노조 신임 대의원 교육에서는 강사의 철학 강의가 집중적으로 공격당한다.

전노협 결성, 5월 전국 동시 파업, 연대회의 결성 등으로 1991년은 어느 해보다 전망이 밝다. 1991년의 투쟁은 연대회의 소속 사업장인 대우조선의 파업으로 2월 8일에 시작된다. 대우조선 결사대 51명이 6개월치 식량을 갖고 골리앗 크레인으로 올라가고 연대회의는 대우조선 투쟁을 지원하기 위해 회의를 소집한다. 정부는 2월 10일에 연대회의 간부 수련회를 마치고 귀가하는 노조 간부 67명을 연행하고 그중 7명을 '제3자 개입 금지' 위반 혐의로 구속한다. 연대회의는 의무금도 없는 느슨한 협의체에 불과하지만 대기업 노조의 연대는 정권과 자본에게 상당한 위협이었다.

한편, 2월 초에 수서 지구 주택 조합 특혜 분양 사건이 폭로되자 2만 4천 명의 노동자, 학생, 시민이 3월 16일에 전국 18개 시 · 도에서 '수서 비리 은폐 정권 규탄 국민 대회'를 열 정도로 반정부 투쟁이 달아오른다. 이런 와중에 대기업 노동 조합 연대 운동에 대한 탄압은 계속된다. 경찰은 3월 21일 새벽에 대우정밀노조에 들어가 노조 간부 등 10명을 연행하고 2명을 구속한다. 지방 선거가 끝난 다음날인 3월 26일에, 연대회의 상임의장이 위원장으로 있는 대우조선노조에 경찰이 들어가 백순환 위원장을 구속하고, 공동 의장 소속 노조인 대우자동차노조 사무실에도 최용주 수석 부위원장 등 6명이 연행된다. 대우자동차 7천여 노조원은 4월 9일에 이에 항의하는 총회를 열고 거리로 진출하여 격렬한 투석전을 벌인다. 또한 경찰은 폭행 사건을 빌미로 4월 14일 새벽에 현대정공노조 간부 4명을 연행하고 수사 과정에서 가혹 행위를 저지른다. 4월 28일, 또 다시 대우자동차노조 사무실을 경찰들이 밀고 들어온다. 이러한 계속되는 탄압으로 연대회의는 본격적인 활동에 들어가 보지도 못한 채 사실상 사라지게 된다.

대기업노동조합연대회의는 덩치로 봐서는 전노협보다 훨씬 더 위력적으로 보인다. 연대회의 소속 사업장 하나의 조합원 수는 웬만한 크기의 전노협 소속 사업장 50개 이상과 맞먹고, 또 파업이 벌어져도 그 파급력이 달랐다. 시간이 많이 흐른 지금, 전노협의 역사를 되살리려는 사람은 많지만 연대회의를 기억하는 사람은 매우 적다. 전노협은 뚜렷한 지향점을 가지고 전체 노조 운동을 선도하려 한 반면에, 연대회의는 자신들의 임단협 투쟁과 탄압에 대해서만 공동 대응하는 정도를 넘어서지 못했다. 이것이 전노협과 연대회의가 민주 노조의 역사에서 차지하는 비중을 그만큼 다르게 만든 것이다.

1991년 5월의 민중 투쟁

민중들은 1991년 봄 수서 비리로 드러난 정권의 부패를 공격하고, 노태우 정권은 전국적인 연대 운동으로 발전하고 있는 노동자 운동의 기세를 꺾으려고 한다. 이런 상황에서 4월 26일 명지대 학생 강경대가 4월 26일 시위 도중에 백골단의 구타로 사망한다. 51개 사회 단체가 바로 다음날 '고(故)강경대 열사 폭력 살인 규탄과 공안 통치 종식을 위한 범국민 대회'를 결성하여 "결사 투쟁"을 선언하면서 정국은 정면 충돌을 향해 치닫는다. 전국에서 수만 명의 시위대가 연일 격렬하게 가두 투쟁을 전개한다. 비리 정권을 규탄하며 4월 29일, 5월 1일, 5월 3일 연이어 학생들이 분신한다. 전국에서 대학 교수들이 시국 성명을 발표하며 농성에 들어간다. 전국 교도소의 양심수들이 무기한 단식 농성에 들어간다. 노동자와 학생 10만여 명이 5월 1일 노동절에 전국 14개 지역에서 '세계 노동절 102주년 기념 대회'를 열고 거리로 진출한다. 원진레이온노조가 '직업병 재발 방지' 등을 요구하며 전면 파업에 들어간다. 쟁의발생을 신고하는 노조들이 급증한다. 시위 대오는 날이 갈수록 늘어나 '백골단 해체의 날'로 정한 5월 4일에는 20만 명이 21개 도시에서 가두 투쟁을 벌인다.

시위가 확산되고 있던 5월 6일 새벽, 연대회의와 관련하여 구속되었던 박창수 한진중공업노조의 위원장이 안양 병원 마당에서 의문의 시체로 발견된다. 한진중공업노조, 전노협, 업종회의, 연대회의, 노운협, 전국노동단체연합준비위원회(전국노련준비위) 등은 이날 밤 바로 비상 대표자 회의를 열고 '고(故)박창수위원장옥중살인규탄 및 노동운동탄압분쇄 전국노동자대책위원회'(노동자대책위)를 구성한다. 경찰은 5월 7일 새벽에 영안실 벽을 부수고 들어가 시신을 탈취해 간다.

사태는 더욱 확산된다. 145개 대학이 5월 8일에 일제히 동맹 휴학을 단행하고 가두로 진출하여 시위를 전개한다. 전국투본 산하 98개 노조는 전국투본의 시한부 총파업 지침에 따라, 5월 9일 오후 3시 30분에 일제히 작업을 중단하고 총회를 열어 '노태우 퇴진을 위한 1차 국민 대회'에 참가할 것을 결의한다. 투본 산하 나머지 노조들은 중식 시간에 집회를 갖거나 잔업을 거부한다. 이날 87개 시·군에서 50만 명이 "해체 민자당, 타도 노태우"를 외치며 거리로 나온다. 노동자들도 전국에서 5만 명이 조직된 대오로 여기에 참가한다. 노동자 시위 대오의 일부는 "민중 권력 쟁취"를 외친다. 전국민족민주운동연합(전민련) 사회부장 김기설은 노태우 정권을 비판하는 유서를 남기고 자살한다. 시위대가 경찰을 전국 곳곳에서 무장 해제시키면서 거리는 '제2의 6월 항쟁' 같은 분위기로 된다.

검찰은 전민련 총무부장 강기훈이 김기설의 유서를 대필했다며 강기훈을 구속한다. 언론은 연일 반정부 운동 세력의 도덕성에 흠집을 낸다. 박홍 서강대 총장은 죽음의 배후에 "검은 세력"이 있다며 마녀 사냥을 부추긴다. 1970년대 반독재 투쟁에서 이름을 날렸던 김지하도 "더러운 죽음의 춤판을 걷어 치워라"며 반정부 운동권을 성토하는 데 앞장선다.

노동자들은 노동자대책위의 주관으로 5월 11일에 '고(故)박창수 위원장 옥중 살인 규탄 및 노태우 정권 퇴진 노동자 결의 대회'를 열고 정치 투쟁의 전면에 나선다. 규모는 5월 9일 대회에 비해 크게 못 미쳤지만, 그 동안 학생 운동이 정치 투쟁을 전적으로 주도해 왔던 것에 비추어 보면 이 날의 대회는 의미가 크다. 5월 14일, '강경대 열사 민주 국민장'에는 30만의 장

대기업노동조합연대회의에 참석했다는 이유로 구속되었던 한진중공업의 박창수 위원장이 병원 마당에서 의문의 시체로 발견되면서 1991년의 5월은 "해체 민자당, 타도 노태우"를 요구하는 투쟁으로 달아오른다. 공안 기관이 벽을 부수고 시신을 빼앗아가, 두 달이 다 된 6월 말에야 진상도 못 밝힌 채 장례식이 거행된다.

례 행렬이 거리를 메운다. 정부가 시청 앞의 노제를 봉쇄하자 장례식에 참석했던 사람들은 장례식을 연기하고 격렬한 시위를 벌인다. 지방에서는 경찰 병력이 대거 서울로 이동하는 바람에 시위대가 오히려 진압 경찰들을 몰아세우는 상황들이 발생한다. 전국투본 산하 156개 사업장 9만 명의 노동자들이 5월 18일에 파업을 벌이고 장례식이 치러지는 2차 국민 대회에 참가한다. 노동자들이 시위에 조직적으로 참가하는 걸 막으려고 긴급히 휴무를 실시하거나 조기 퇴근시키는 회사들이 생긴다.

또 한 번의 반전이 생긴다. 정원식 총리가 강의를 위해 6월 3일에 한국외국어대학교에 들렀다가 학생들로부터 달걀 세례를 받자, 언론은 또다시 학생 운동가들을 부도덕하다며 비판한다. 전국 19개 도시에서 17만 명이

5월 25일의 3차 국민 대회에 참가한다. 이날 시위 도중에 대학생 김귀정이 경찰의 과잉 진압으로 사망한다. 노동자와 학생 3만 명이 6월 2일에 부산대에서 '고(故)박창수 위원장 옥중 살해 주범 안기부 해체, 1991년 임투 승리, 노태우 정권 타도 전국 노동자 학생 결의 대회'를 열고 가두로 진출하여 밤늦게까지 시위를 벌인다. 6월 8일, 5차 국민 대회는 전국적으로 3만 명이 참가한다. 이후 정국은 6월 20일의 지방 선거를 중심으로 급속하게 전환되고, 3당 합당으로 세를 모은 여당은 이 선거에서 압승한다. 6월 29~30일, 죽음의 진상을 밝히지 못한 채 수천 명의 노동자가 참여한 가운데 안양과 부산에서 박창수 위원장의 장례식이 전국 노동자장으로 치러진다.

1991년 5월은 1987년 '대투쟁'으로 시작된 노동자 계급의 진출이 정점에 오른 시점이다. 1987년 7월에서 1991년 5월까지는 노동자 운동에게는 '대약진의 시기'였고, 이 시기의 운동가들은 '희망의 세대'였다. 노동자들은 1991년 5월에서 정권 퇴진을 외치며 투쟁에 조직적으로 참가했다. 1991년 5월의 투쟁은 노동자와 민중의 정치 세력화에 아주 좋은 기회였으나, 그 성과를 조직적으로 모아 내는 데에는 실패했다.

정부는 5월 투쟁의 열기가 한풀 꺾이자, 파업 사업장에 잇따라 공권력을 투입하고 노조 운동의 지도자들을 대거 구속한다. 선거에서의 압승을 등에 업고 집권당은 탄압의 고삐를 더욱 바짝 조인다. 국방부는 해고된 특례 보충역들에게 강제 징집 조치를 내린다. 문교부는 방학을 틈타 시국 선언 교사들에게 철회 각서를 요구하고 학부모를 동원하여 폭행하는 등 전교조를 탄압한다. 1987년 이전처럼 서점을 수색하고 출판사 직원을 국가보안법 위반으로 구속한다. 대구노련 사무실에 방화 테러가 발생하고 자본가들도 거리낌없이 폭력을 행사한다.

1991년의 임금 인상 투쟁은 5월 민중 투쟁 시기에 집중적으로 발생한다.

이 시기 동안 투본 산하의 파업 노조 수는 전해의 배 가까이 늘어나고, 그 동안 공안 정국으로 위축되었던 신규 노조 설립도 활발하게 이루어진다. 그러나 정부의 탄압이 다시 거세지는 6월에는 임금 협상이 쉽게 타결되지 않는다. 6월 말 현재, 한 달 이상 파업을 벌이고 있는 사업장은 11개이다. 사양 산업에서 휴업과 폐업이 속출해, 1990년 7월부터 1991년 7월까지 서노협 소속 제조업 노동자 중 절반 가량인 4677명이 일자리를 잃는다. 부산에서는 1991년 한해에만 신발공장 463개가 부도나거나 폐업하여 1만 4천 명이 일자리를 잃고, 그 다음해에는 이보다 더 많은 7만 명이 실직한다.

자본가들은 이런 상황을 이용하여, 불황을 타개하려면 생산성을 증대해야 한다며 '30분 일 더하기' '회사 살리기 운동' 등으로 노동자들을 몰아붙인다. 12월 6일, 부산의 신발 공장인 대봉에서 여성 노동자 권미경(22세)이 자본가들의 가혹한 착취에 항거하여 공장 옥상에서 투신한다. "사랑하는 나의 형제들이여, 나를 이 차가운 억압의 땅에 묻지 말고 그대들 가슴에 묻어 주오. 그때만이 비로소 우리는 완전한 하나가 될 수 있으며, 인간답게 살고 싶었습니다. 더 이상 우리를 억압하지 말라. 내 이름은 공순이가 아니라 미경이다." 권미경이 왼쪽 팔뚝에 적어 놓은 유언이었다.

1991년 전국 노동자 대회는 10월 9일에 결성된 'ILO조약비준과 노동법 개정을 위한 전국노동자공동대책위원회'(ILO공대위) 주최로 11월 11일에 여의도 한강 고수 부지에서 사상 최대인 7만여 명의 노동자들이 모인 가운데 열린다. 노동자들은 영등포역까지 한쪽 도로를 가득 메운 채 "악법 철폐, 노동 해방"을 외치며 행진한다.

대통령 선거를 대비한 민중 운동 진영의 새 판 짜기

5월의 투쟁이 마무리된 후, 민중 운동 진영의 각 세력은 권력 재편을 앞두고 각자의 진영을 정비한다. 전민련, 전대협, 전국농민회총연맹(전농), 전교조 등의 10개 부문 조직과 13개 지역의 대표자 23명이 7월 20일에 국민연합 대표자 회의를 열고 상설연합추진위원회를 구성한다. 상설연합추진위원회는 "자주·민주·통일의 정치적 지향을 분명히 하는 민족 민주 운동의 정치적 대표체로 민중 주도의 민주 대연합을 통한 민주 정부 수립을 목표로 한다"는 강령 시안을 제출한다.

전노협은 조직 방침을 세우지 못하고 몇 개월을 보내다가, 10월 5일에 중앙 위원회를 열어 "전국연합은 대중 조직이 중심이 되어야 하고 지나친 정치 조직체로의 지향은 옳지 않다"는 입장을 정하고 이를 상설연합준비위원회에 전달한다. 이러한 전노협의 입장은 상설연합준비위원회에서 받아들여지지 않는다. 하지만 11월 22~23일의 전노협 중앙 위원회는 "민중 연대를 위한 상설 조직의 필요성과 1992~1993년의 선거 국면에서 노동자 계급의 이해를 대변하기 위해"서라며 전국연합에 참가하기로 결정한다.

1991년 1월에 '선진 노동자론'을 주장하는 전투적 조합주의자들을 비판하면서 노운협에서 나온 인민노련 등은 노동 단체 28개를 모아 7월 14일에 전국노동단체연합(전국노련)을 출범시킨다. 얼마 후 인민노련은 정치 운동에 집중하면서 1991년 가을에 노동계급그룹(LC)과 삼민그룹을 통합하여 한국사회주의노동당(한사노당)창당준비위를 만들고 월간지 『길을 찾는 사람들』을 창간한다. 한사노당창당준비위는 '노동자에게는 문턱을 낮게' 하여 빠른 속도로 노동자 조직원을 확대하고 전노협 중앙 위원들과 노동 운동가 200여 명을 한사노당 창당 발기인으로 끌어들여, 12월 15일에 노동자정당건설추진위원회를 결성하며 주대환(37세)을 위원장으로 추대한다.

민중정치연구소, 서울민중연합(서민련), 사회민주주의청년연맹(사민청) 등은 민중당 교수 위원장을 맡았다가 당권파에 맞서 탈당한 연세대학교 오세철 교수를 중심으로 1991년 겨울에 민중회의를 조직한다. 민중회의는 '전면적 독자 후보'(사퇴하지 않는 민중 후보) 전술을 내걸고 전국연합의 김대중 지지에 반대한다. 민중회의는 인민노련과 남한사회주의노동자동맹(사노맹)을 제외한 좌파 소그룹 일반에게 단결의 구심으로 떠오른다.

3부
민주 노조 운동의 양적 확대와 질적 퇴조

8장

집행부의 관료화와 개량주의의 확산
1992~1993년

'민주파'의 패배, 변절, 분화

1987년 대투쟁의 선봉이었던 대공장에서 1991년 가을부터 민주 노조가 패배하기 시작한다. 1991년 12월 19일에 현대중공업노조는 6대 집행부 선거를 맞는데, '128일 투쟁'에서 위원장 직무 대행으로 투쟁을 이끌었던 이원건이 그 공을 내세우며 위원장 출마를 선언한다. 노조민주화추진위와 해고자들은 민주연합 후보추대위를 구성하고 이원건을 기회주의자라고 비판하면서 홍성률을 후보로 내세운다. 민주연합 후보로 출마한 홍성률은 "타협할 줄 아는 집행부"를 내세운 이원건에게 1차 투표에서 두 배 가까운 표 차이로 패배한다. 민주연합의 조직력이 개인의 명망성에 패배한 것이다. 승리를 자신했던 민주파 활동가들은 압도적인 패배로 충격에 휩싸이고, 그 후 몇 개월 동안 유인물 한 장 내지 못할 정도로 무기력하게 있다가 부서 동지회로 흩어진다.

현대자동차노조는 강성으로 알려진 이헌구가 1991년 9월에 위원장에 당선되어 많은 기대를 받는다. 이헌구 집행부는 불량 도자기 반품 투쟁과 노동법 개정을 위한 상경 투쟁을 조직하면서 투쟁력을 상승시키고 연말 상여금 문제로 성과 분배 투쟁을 벌인다. 정세영 회장은 "원칙대로 하겠고, 내년에도 현재의 집행부를 볼 수 있으면 좋겠다"고 발언해 격돌을 예고한다. 집행부는 다음 해를 대비하여 투쟁의 완급을 조절하려 했으나, 승용 1공장이 12월 18일에 태업에 들어가고 이틀 후에는 승용2공장으로 태업이 확산되고 12월 27일에는 회사가 '식칼 난동 사건'을 일으켜 회사와 노조는 전면 격돌로 나아간다. 집행부는 1992년 1월 14일에 총회를 열고 89% 찬성으로 쟁의 행위를 결의한다. 회사는 바로 다음날 휴업 조치를 내린다. 노조는 공장을 점거하고 파업에 들어간다. 공장 점거 7일째인 1월 21일에 공권력이 투입된다. 이헌구 집행부는 전술적 퇴각을 결정하고 '장외 투쟁'을 선언한다. 그러나 결연한 점거 투쟁과 병행되지 않는 장외 투쟁은 이루어지지 않는다. 곧 구속, 해고, 징계가 이어지자 활동가들 사이에 동요와 혼란이 인다. 이헌구 위원장이 체포되자 이재인 사무장이 직무 대행 체제를 꾸리는데, 만화 가게로 위장한 아지트에서 유인물을 만들어 현장에 비밀리에 배포하면서 침체된 분위기를 일으키고자 노력한다. 그러나 1992년 4월 말 현재 32명 구속, 56명 해고, 13명 수배, 498명 징계 등의 대대적인 탄압으로 현장 활동은 상당 기간 위축된다.

현대중공업과 맞먹는 규모의 포항제철은 1990년에 민족포철민주노조추진협의회의 후보인 박군기가 위원장에 당선되어 상당한 기대를 모은다. 그러나 회사의 집요한 회유와 탄압으로 1991년 말부터 탈퇴하는 조합원들이 늘어난다. 게다가 집행부가 아무런 해명도 없이(회사 관리자들이 위원장을 호텔로 유인해서 여자와 동침하게 하고 그 장면을 촬영했다는 설이 있다) 1992년 7월에 전원 사퇴하면서 노조는 순식간에 와해된다. 1만 6천여 명이었던 조합원이 결국에는 수십 명 정도만 남게 되고 그것도 거의 대다수가 어용이다.

이처럼 그 패배의 이유는 각각 다르지만 단위 사업장 노조원 규모에서 최고였던 사업장들에서의 민주파의 패배는 민주 노조 운동이 위기에 봉착하게 되리라는 것을 예고한다.

1992년 3월 24일의 국회 의원 총선거는 위기를 증명한다. 현대그룹의 정주영은 통일국민당을 창당하고 현정부가 현대그룹에 압력을 가하고 있다는 '현대 위기론'을 유포한다. '노동 운동의 성지' 울산에서는 대재벌 정주영의 아들인 정몽준과 걸출한 노동 운동가인 권용목의 아버지 권처홍이 대결하여 운동권의 최고 관심 지역으로 떠오른다. 하지만 권처홍 선거 대책 본부에 결합하는 노동자 수는 기대에 못 미치고, 국민당은 우기하와 우진범 등의 전직 현대중공업노조 간부의 입당을 시작으로 조합원의 80~90%를 입당시키는 등 현대그룹 계열사 노동자들을 선거에 총동원한다.

1988년 선거에서 노동자 후보 김진국이 2만 2천 표를 얻었던 유권자 11만 명의 지역구에서 권처홍은 1만 9천 표를 얻고 낙선한다. "이제는 더 이상 울산을 노동 운동의 성지로 부르지 마라"는 탄식이 흘러나온다. 울산에서 선거를 지휘했던 민중당 간부 신지호는 "당신은 아직도 혁명을 꿈꾸고 있는가?"라고 자신의 전향을 "고백"하면서 시민 단체로 발길을 옮긴다. 많은 학생 출신 활동가들이 노동자들의 정치 수준에 실망하여 노동자 운동을 떠난다.

1992년 임금 인상 투쟁은 다가올 대통령 선거 때문에 유리하게 진행될 것이라는 예상과는 달리 선거 열기에 밀려 힘겹게 진행된다. 정부가 총액 임금 기준 5%를 '가이드 라인'으로 제시하자 기업들이 정부의 눈치를 보느라 교섭을 늦춘다. 노동자들은 5월 1일과 2일에 전국 13개 지역에서 집회를 열고 "총액 임금제 분쇄하고 임금 투쟁 승리하자"며 결의를 다진다. 그런데 대기업연대회의 소속인 금호타이어노조에서 5월 30일에 직권 조인이 일어난다. 총액 임금제 적용 대상 사업장인 부천의 경원세기, 대흥기계, 동양엘리베이터 3개 사가 6월 1일부터 사흘간 공동 파업에 들어가

대규모 사업장의 노동 조합에서 위원장의 직권 조인이 이어지던 1992년 가을에 MBC노동조합이 공정 방송 실현을 요구하며 파업에 들어간다. 'MBC정상화와 공정방송실현을 위한 범국민대책위원회'는 사태의 진실을 알리는 홍보문을 제작한다.

고, 창원의 세일중공업이 6월 11일에 전면 파업에 들어가는 등 6월 들어 투쟁이 본격화된다. 서울지하철노조의 강진도 집행부는 6월 17일에 파업을 강행하겠다고 기자 회견을 하고 교섭에 들어가서는 '총액 5%'에 도장을 찍어 노조원들을 기만한다. 광주의 대우캐리어노조 범진원 위원장은 단체 협약안이 총회에서 부결되었는데도, 7월 16일에 직권 조인을 하였다가 이틀 후에 노조원들의 불신임으로 물러난다. 한라중공업에서도 임금 인상 잠정 합의안이 조합원 총회에서 부결되었는데도 파업 하루만인 7월 28일에 위원장의 직권 조인이 일어난다. 부산의 한진중공업에서도 같은 상황이 발생한다. MBC노조가 공정 방송을 요구하며 9월 2일부터 파업에 들어가 분위기를 바꾸는 듯했으나, 현대중공업노조 이원건 위원장이 총회에서의 부결을 무시하고 9월 9일에 직권 조인을 하여 찬물을 끼얹는다. 마산의 삼미특수강에서는 노조원들이 직권 조인을 하려던 위원장을 9월 9일의 대의원 대회에서 불신임하여 사퇴시키고 비상대책위를 구성하여 파업에 들어간다. 현대미포조선노조는 9월 21일에 "직권 조인은 없다"며 파업에 들어간다. MBC노조는 공권력이 투입되자 파업을 다른 부서에까지 확대하여, 결국 파업 38일째인 10월 9일에 공정 방송 조항과 해고 구속자 문제 등에 합의를 이끌어 내는 승리를 쟁취한다.

이상에서 본 것처럼 1992년의 임금 인상 투쟁은 직권 조인과의 투쟁이었다고 해도 과언이 아니다. 민주 노조에서의 직권 조인은 1990년에 몇 개 사업장에서 발생했다가 1991년에는 5월 민중 투쟁의 열기 때문에 가라앉았는데, 1992년에 다시 광범위하게 일어났다. 전국 각 지역의 민주 노조 핵심 사업장에서의 직권 조인 사태는 노조 간부들의 관료화가 상당한 정도로 진행되고 있음을 보여 준다. 노조 간부들의 관료화는 노동자들의 투쟁이 집행부에 의해 통제되고 따라서 민주 노조가 점점 더 무력하리라는 것을 예고한다.

전투적 민주파의 패배, 노조 간부들의 관료화, 이로 인한 조합원들의 정치 의식의 정체는 '민주파'가 갈라지는 원인이 된다. 원칙에 근거한 투쟁보다 실리를 얻을 수 있는 정책 대안을 앞세우는 흐름은 넓어진 지지 기반을 바탕으로 민주파에서 분리하여 독자 세력을 구축한다. 노동자 정치 세력화를 위해 진보 정당 운동으로 나아가는 흐름 또한 독자 분파를 형성한다. 직권 조인의 당사자들은 신뢰를 잃고 민주파에서 배제된다. 전투성을 민주 노조의 전통으로 지키려는 흐름은 민주파 현장 조직의 역사를 고수하지만, 세력을 조금씩 잃어간다.

대공장을 중심으로 단위 노동 조합 내부에서는 분열이 있지만, 전국적

1992년 겨울의 대통령 선거에서 '좌파'는 전국연합과 민주당의 정책 연합을 비판하며, "정면 돌파"하는, 1987년처럼 사퇴하지 않는 독자 후보 전술을 펼친다.

차원에서는 민주 노조들의 연대가 확대된다. 1992년 11월 8일에 5만 노동자가 참가한 'ILO 기본 조약 비준, 노동법 개정과 민주 대개혁을 위한 전국 노동자 대회'가 여의도 한강 고수부지에서 개최된다.

민주파가 분화되는 원인의 하나였던 진보 정당 운동 역시 국회 의원 총선거에서의 패배로 여러 갈래로 갈라진다. 민중당이 해산되자 당권파인 장기표, 이재오, 이우재 등은 보수 정치권으로 떠난다. 인민노련-한사노당 창당준비위는 민중당을 잇는다고 선포하면서 진보정당추진위원회(진정추)를 만든다. 상당수 인력을 민중당에 파견하고 있었던 사노맹은 민중정당추진위원회(민정추)를 만든다. 진정추, 민정추, 민중회의, 전국노련 등 좌파 조직들이 진보 정당 건설과 당면한 대통령 선거 문제를 논의하기 위해 민중연대를 꾸린다. 민중연대는 백기완을 민중 후보로 내세우고 1987년과는 달리 사퇴하지 않는 '정면 돌파'를 행한다. 전국연합은 김대중을 '범민주 단일 후보'로 결정하고 민주당과 정책 연합을 하면서 민중 후보 운동을 비판한다. 노운협이 주장하고 좌파 일반이 이끌리고 있던 '개방적 독자 후보론'은 한편에서 민중 후보 전술이 성사되고 한편에서 전국연합과 민주당의 정책 연합이 성사되자 힘을 잃는다.

전노협은 내부의 견해가 다양해서 후보를 내세우거나 특정 후보를 지지하는 활동을 하지 못하고 "노동자의 정책적 요구를 정치 쟁점화한다"는 것에 머문다. 그런데 전노협은 전국연합에 가입해 있었기 때문에 전노협 내의 '민중의 독자적 정치 세력화' 진영은 전국연합의 결정에 발목이 잡혀 적극적인 활동을 펼치지 못한다. 대통령 선거 시기에 전노협은 사실상 정치 활동을 방기한다.

1992년 12월 18일의 14대 대통령 선거에서 민자당 김영삼 후보가 당선된다. 민중 후보 백기완은 1%인 23만 표를 얻는다. 적은 득표는 민중 후보 운동 진영으로 모였던 대오를 해체시킨다. 이후 정당 건설을 위한 좌파의 협의 테이블은 당의 성격과 강령을 둘러싼 논쟁으로 성과를 내지 못한다.

개량주의의 확산과 연대 투쟁의 퇴조

1993년은 '문민 정부'의 개혁에 대한 높은 기대로 시작된다. 집권 초기에 김영삼 정부에 대한 지지율은 90%로 치솟는다. 반면에 경제 침체로 인해 노동자들의 투쟁에 대한 시민들의 인식은 곱지 않다. 한국노총과 전국 경영자총협회 대표들이 4월 1일에 임금 인상률을 4.7~8.9%로 합의한다. 대법원은 4월 27일에 노조 대표자의 단체 협약 체결권을 인정하는 판결을 내려 직권 조인에 합법성을 부여한다. 이처럼 자본가 진영은 국민적 지지를 등에 업은 정권을 기반으로 노동자들이 투쟁으로 얻은 권리들을 하나씩 되빼앗으면서 제도적으로 굳히는 공세를 편다.

이때 민주 노조 진영에 '사회 개혁 투쟁'이 등장한다. 5월 1일의 기념 대회에 참여한 5만여 노동자들은 금융 실명제 실시, 30대 재벌 재산 공개, 노동법 개악 철회, 국제노동기구의 권고 이행, 임금 억제 정책 철회, 구속·수배·해고 노동자 원상 복직, 고용 보험제 즉각 도입 등을 요구한다. "신한국 건설"의 문민 정부는 5월 6일에 경주 아폴로산업의 파업을 공권력으로 강제 진압한다. 전국 11개 지역 3개 그룹 80여 명의 해고자들이 원직 복직을 요구하며 5월 31일부터 마포 민주당사에서 무기한 철야 농성에 들어가고 경제 5단체와 기아·한진·대우그룹 본사 항의 방문 투쟁을 벌이면서 투쟁의 불길을 지핀다.

직권 조인 사태의 악몽이 가시기도 전에 현총련 의장이기도 한 김동섭 울산 현대정공노조 위원장이 6월 4일에 통상급 4.7% 인상안에 조인한다. 현대정공노조는 합의 무효화와 협상 재개를 요구하며 다음날부터 파업에 들어간다. 현대그룹노동조합총연합(현총련)은 '유명 무실해진 현총련의 신뢰 회복'을 내걸고 연대 파업을 조직한다. 현대자동차가 6월 16일에, 현대중전기, 현대중장비, 현대정공(창원)이 6월 17일에 87~95% 찬성의 높은 결의로 파업에 들어가면서 현총련 연대 투쟁이 타오른다.

6월 1일에 출범한 전국노동조합대표자회의(전노대)는 연대의 틀은 넓어졌지만 결의 수준은 낮아져 처음으로 맞이하는 투쟁 국면에서 별 힘을 발휘하지 못한다. 전노대의 출범으로 지위가 애매해진 전노협은 이전의 지도력을 발휘하지 못한다.

이인제 노동부 장관이 6월 23일 중재를 자처하고 내려와 18개 현대그룹 계열사 노동 조합 위원장들과 간담회를 열고 파업 자제를 요청한다. 노동자들은 현장을 방문한 이인제 노동부장관에게 '장관님 힘 내세요'라며 개혁의 상징적 인물로 비춰지고 있는 이인제에게 기대감을 표한다. 현총련 산하 노조는 다음날 "평화적 타결을 바라는 국민 여망을 고려하여" 당분간 전면 파업을 유보한다고 발표한다. 현대정공은 6월 26일에 정상 조업에 들어간다. 그러나 한국프렌지와 현대종합목재는 6월 28일과 6월 29일에 쟁의 행위를 결의한다. 현총련은 6월 30일에 일산 해수욕장에서 3만여 명이 모여 '현대그룹 성실 협상 촉구와 93 공동 임투 승리를 위한 현총련 전 조합원 결의 대회'를 열고 "원만한 협상을 위해서 7월 6일까지 투쟁 수위를 대폭 낮추겠다"고 선언한다.

현대중공업노조 보궐 선거에서 위원장으로 당선된 윤재건은 6월 10일에 집행부 출범식을 시작으로 내부를 정비하고 7월 2일부터 현총련 연대 투쟁에 합류한다. 민주 노조 진영은 울산의 쌍두마차를 모두 전투적인 집행부가 이끌게 되었다며 기대에 차서 연대 투쟁의 전열을 가다듬는다. 7월 2일, 검찰은 전노협의 단병호, 김문수, 이상현, 현총련의 권용목, 이수원, 오종쇄, 한국노동연구소의 이목희를 현대 계열사 쟁의 배후 조종 혐의로 수배한다.

전노협 지도 위원 김문수는 현총련 연대 파업을 앞둔 시점에서 현총련 비상 중앙 운영위에 참석해서 파업 포기를 종용한다. '파업하게 되면 이인제 장관 죽고, 그러면 노동법 개정 안 된다'라는 논리였다. 현총련 산하 10개 노조는 7월 7일에 "이 파업이 정부에 대한 정면 도전이 아니라 그룹측의 성실 교섭을 촉구하기 위함"이라고 밝히고 하루 시한부 연대 파업에 들어간다. 7월 7일 이후는 단위 노조의 실정에 맞춰 투쟁이 진행된다. 현총련은 유연한 전술을 구사한다며, 7월 15~20일을 '성실교섭촉구를 위한 정상조업기간'으로 정한다. 현총련 연대 투쟁이 한창 진행 중일 때, 만도기계(7월 2일), 한진중공업(7월 5일), 대우조선(7월 6일), 대우자동차(7월

20일), 한라중공업과 풍산금속(7월 21일) 등의 주요 대기업들에서 임금 협상이 속속 타결된다.

7월 20일, 이인제 노동부 장관은 "더 이상 국민 경제를 파탄시킬 수 없다는 절박하고도 슬픈 심정으로 오늘 오전 11시를 기해 현대자동차에 대해 긴급 조정권을 발동한다"고 공포한다. 긴급 조정권은 이때까지 한 번도 사용된 적이 없는 사문화된 법이었다. 현대자동차노조는 바로 그날, 대폭적으로 양보한 수정안을 제시해 회사와 잠정적으로 합의하고 다음날부터 정상 조업에 들어간다. 가장 부담스러웠던 현대자동차가 정리되자 정부는 7월 21일에 3일째 파업 중인 현대정공(창원)에 바로 공권력을 투입하고 283명을 연행한다. 현대자동차노조는 7월 23일에 조합원 총회를 소집해 잠정 합의안을 놓고 찬반 투표를 실시한다. 윤성근 집행부는 '부결은 우리의 권리를 모두 잃고 수많은 활동가와 조합원에게 고통의 연속일 것' 이라며 가결을 호소한다. '민주파' 현장 조직은 '어용의 직권 조인과 가결 운동이 다를 것이 무엇이냐' 며 부결을 선동하는 쪽과 집행부를 지지하며 가결을 선동하는 쪽으로 갈라진다. 개표 결과 전체 노조원 3만 200명 중 투표자 2만 8308명에 찬성 1만 4175명(50.07%)으로 가까스로 합의안이 가결된다. 그리하여 현대중공업을 비롯한 7개 현대 계열사가 벌이고 있던 시한부 연대 파업은 힘을 잃는다.

1993년의 임금 인상 투쟁은 전노협 중심의 공동 임금 투쟁 전선이 실종되고 대기업 노조 중심으로 진행된다. 경제가 2~3년 전부터 지속적으로 침체하여 중소 기업들이 휴폐업하거나 업종 전환을 하고 있던 터라, 전노협 가입 사업장의 대부분을 차지하는 중소 기업의 노조들은 터져 나오는 고용 문제를 해결하기에도 벅찼다. 반면에 대기업 노조에서는 민주파 집행부가 다수 들어서 있었다. 이로 인해 대기업과 중소 기업은 임금뿐만 아니라 투쟁력에 있어서도 격차가 크게 벌어진다. 중소 기업 노동 조합의 열성적인 활동가라도 자신들의 결연한 투쟁이 대기업 중심으로 진행되는 투쟁 판에 종속되는 것을 보며 소외감을 느낀다.

현대자동차에서 임금 협상이 끝나고 곧 이어 노조 위원장 선거가 진행된다. 회사의 지지를 받는 이영복, 범민주연합 후보 정갑득, 전투적 노동자 운동을 비판하며 '진보적 노동 운동'을 내세운 진정추 출신의 김강희, 합리적 노사 협조주의자인 이상범 계열의 하부영, 그리고 김재근이 출마한다. 1차 투표에서 각각 28%, 22%, 18%, 16%, 15%를 얻고, 결선 투표에서 이영복이 단 1표 차이로 과반수가 되어 정갑득을 누르고 당선된다. '민주파'가 긴급 조정권에 굴복할 때 변명했던 '조합의 백년대계'란 사실 '내부 역량이 취약하니까 무리하게 싸우다 다 털어 먹지 말고 집행부 선거에 대비하자'는 말이었는데, 싸움을 회피한 결과는 '민주파'에 대한 노조원들의 냉소였다. 현총련 연대 투쟁은 연대를 강화할 수 있는 좋은 계기였음에도 오히려 실리주의가 확산되는 결과를 초래한 셈이다. 범민주연합 후보의 패배는 실리주의가 확대된 데도 이유가 있지만, 이 시기가 현총련 연대 투쟁 직후라는 것을 감안하면 선봉에 서야 할 현대자동차노조가 가장 먼저 연대 전선에서 이탈한 데 대한 비판의 의미가 더 크다. 민주파의 현장 활동은 선거 패배의 충격으로 침체된다. 현대자동차노조 임원 선거는 민주파에서 갈라져 나간 각 분파들이 각자의 운동 노선을 분명히 하면서 노조 권력에 직접 도전하는 상황이 시작되었음을 알린다. 이제 이것이 단위 노조의 힘을 약화시키는 분열로 나타날지, 아니면 민주 노조 운동의 한계를 넘어서는 발전의 계기가 될지가 문제일 뿐이다.

전노대는 10월 31일에 2만여 노동자와 함께 '전태일 열사 정신 계승, 노동 악법 개정과 근로자파견법 및 공공자금관리기금법 제정 저지를 위한 1993년 전국 노동자 대회'를 연다. 전국구속수배해고노동자원상회복투쟁위원회(전해투)는 11월부터 해고자 복직과 침체된 노조 활동에 활기를 불

전노대가 주관한 1993년의 노동자 대회는 '사회 개혁 투쟁'의 하나로 공공자금관리법의 제정을 저지하고, 전해투는 전국 순회 방문 투쟁을 벌인다.

어넣는다는 목표로, 해고 발생 사업장 전국 순회 방문 투쟁을 벌인다. 전노대 대표자들은 정부와 민자당의 근로자파견법 강행 처리 움직임에 맞서 12월 6일부터 밤샘 농성에 들어간다. 전노대는 12월 10일에 국회의사당 앞길에서 '쌀 개방 규탄과 근로자파견법 철회를 위한 전국 단위 노조 대표자 결의 대회'를 열고 다음날은 전농과 함께 탑골공원에서 '쌀 등 기초 농산물 수입 개방 저지와 국민 투표 실시 촉구를 위한 노동자 농민 결의 대회'를 연다.

민주 노조 운동의 위기

정권의 탄압을 지속적으로 받은 전노협은 1년이 지나자 위세가 반 이하로 줄어든다. 민주 노조 운동의 선봉에 섰던 대기업 민주 노조들은 수년 동안 '파업→공권력 투입→해고와 구속→집행부 어용화→노조 민주화 투쟁'을 반복하며 투쟁력을 소진한다. 민주파들은 운동 노선의 차이에 따라 분화된다. 노조 간부들은 개인의 안위를 걱정하기도 하고 관료화되기도 한다. 이런 상황 때문에 1991년 말부터 "노동 운동이 위기에 처했다"는 목소리가 높아진다.

노운협은 위기가 아니라며 "강화된 탄압에 강화된 간부의 결의로 맞서야 한다"고 주장한다. 민중당은 노동자를 대변할 정당이 없어 전노협 등의 대중 조직이 정치 투쟁의 부담까지 떠맡아야 하는 상황이 문제라며, 노동자들이 진보 정당 운동에 적극 참여해야 한다고 주장한다.실리주의자들은 명분만 앞세운 투쟁은 무책임한 좌편향이라며 조합원들에게 실익을 줄 수 있는 합리적인 정책 대안을 개발해야 한다고 주장한다. 일부에서는 대기업 노동자들의 실질 임금이 상승한 것이 전투적 노동 운동이 퇴조하게 된 원인이라며 개인들의 다양해진 욕구를 충족시키는 다양한 활동을 전개해야 한다고 주장한다. 원인과 처방에 대한 위와 같은 다양한 판단을 가져온 '위기'의 진행 과정을 따라가 보자.

1989년에 베를린 장벽이 무너지고 동구 사회주의 국가들이 급격한 변화의 물결에 휩쓸리더니, 사회주의 종주국 소련이 1991년 8월에 보수파의 꾸데따가 실패하면서 해체된다. 소련의 몰락은 한국의 운동권을 강타하여 큰 지각 변동을 일으킨다. 특히 레닌주의에 근거해 왔던 운동가들은 자신이 지금까지 확신해 왔던 이론과 실천에 대해 심각하게 회의한다. 사회를 근본적으로는 변화시키는 혁명이 자기 세대에는 이루어지지 않을 꿈이란 걸 절감하고 이전까지 확신했던 '전망' 이 관념의 산물에 불과함을 깨닫는다. 춥고 배고프고 외로움에 정신 이상까지 걸렸던 러시아 맑스주의자들의 기나긴 망명 생활, 국민군에 쫓기며 맨발로 대륙을 가로질렀던 중국 인민해방군들의 대장정, 시작도 끝도 알 수 없는 거미줄 같은 땅굴을 파며 외세와 수십 년간 장기 항전을 펼쳤던 베트남의 인민들, 꾸바의 해방을 위해 한 척의 배에 모든 운명을 걸고 해안으로 몰래 숨어들었던 65명의 해방 전사들, 전위 조직을 만들다가 죽임을 당했던 한국의 비합법 혁명가들, 이런 이야기들을 '영웅담' 으로 생각했던 사람들이 자기가 그런 길을 닦아야 한다는 사실에 기가 질린다. 많은 사람들이 '전망' 을 잃고 조직 운동과 노동자 운동을 떠나면서 '운동권' 은 현장에서의 영향력을 급격하게 상실한다.

그 동안 관심 밖이었던 시민 운동이 각광을 받으면서 경제정의실천연합(경실련)이나 환경운동연합(환경련) 등이 인기를 얻는다. '결혼은 운동을 포기하는 행위' 라고 냉정하게 비판하던 운동 세대에 '결혼 러시' 가 일어난다. 미루어 두었던 먹고 사는 문제가 현실로 닥쳐오면서 고시원을 찾는 운동권의 소식이 부르주아 언론의 가십거리로 심심찮게 등장한다.

1993년에 '민간인' 정부가 등장하자 운동권의 혼란은 더욱 가중된다. 노동자 다수는 '문민 정부' 의 개혁에 많은 기대를 건다. 개혁 세력에게 힘을 실어 주어야 한다는 목소리가 높아 가고 개량주의가 확산된다. '합리적인' 타협책을 제시하면서 '유연한' 전술을 구사하는 경우가 많아지고 원칙과 연대 투쟁은 퇴조한다.

민주 노조 운동은 거대해지는데 노동자 운동에서 정치 운동은 좁아져 민주 노조 운동에 대한 지도력은 더욱 적어진다. 학생 출신 운동가들이 지역을 떠남으로써 생겨난 불신으로 인해 그러한 운동의 권위가 추락한다. 현장에서 영향력을 갖게 된 선진 노동자들은 '바깥' 의 지도를 불편해 하면서 과거의 세력들과의 관계에서 벗어나 독자적인 입지를 구축하기 시작한다.

그러나 사회주의권의 몰락을 대수롭지 않게 여기는 선진 노동자도 스스로 전망을 세울 능력을 갖추고 있는 것은 아니기에 결국 혼란에 빠지기는 마찬가지이다.

민주 노조의 발전과 대비되는 '운동권'의 쇠퇴는 이제는 민주 노조 운동이 퇴조하게 되는 원인이 된다. 민주파 현장 조직은 노조 활동을 넘어서는 전망을 찾지 못하고 집행부 장악에만 관심을 기울이다가 막상 노조 집행부를 장악하고 나면 뭘 할지를 몰라 무기력 상태에 빠진다. 집행부에 올라간 사람들은 구속을 각오해야 하는 파업과 자신들이 비판해 왔던 타협 사이에서 갈등한다. 1992년에는 민주 노조에서도 직권 조인 사태가 광범위하게 일어난다. 핵심 활동가들이 구속 또는 해고되면 집행부의 지도력은 취약해지고 노조 활동은 더욱 침체에 빠진다. 그러면 파업은 회사가 허용하는 선 이상을 넘지 않는다. '민주파' 집행부가 노조원들의 기대에 어긋나는 행동을 자주 하면서, 어용 노조와 민주 노조의 경계선이 흐려진다. 이렇게 운동이 퇴조하자 괜히 앞장서기보다는 지금의 자리나마 고수하려는 '관료적 노조 간부'가 늘어난다. 물론 이러한 관료화는 운동의 퇴조기에만 일어나는 것도 아니고 민주 노조 운동의 기세가 꺾이는 1992년 이전에 이미 진행되고 있었다.

조합원들은 기껏 파업을 해 봐야 회사가 제시한 금액에서 겨우 1~2만 원 더 올라갈 뿐이고 단체 협약도 합의문이 아닌 힘이 결정한다는 사실을 잘 아는 터라, 매년 똑같이 반복되는 임단협 투쟁에 식상해져서 웬만해서는 예전처럼 열성적으로 투쟁에 동참하지 않는다. 노동자들은 매년 똑같은 투쟁과 결과가 반복되자, 차라리 실속이나 차리자는 심정으로 돌아선다. '실리주의'가 이 틈을 파고들며 지지 기반을 넓힌다. '대기업 노동자들이 살 만하기 때문에 개인주의화되어 투쟁에 참가하기를 꺼리고, 조합원들이 힘을 실어주지 않으니 집행부가 제대로 투쟁할 수 없다'는 설명은 원인과 결과를 바꿔 놓은 것이다. 노조 간부들이 임금 몇 푼에 노동자들의 투쟁을 제한하고 있기 때문에 노조원들이 투쟁 의지를 못 갖게 된다는 것이 진실이다. 이전에는 임금의 본질에 관한 내용을 교육하며 노동자들에게 계급 의식을 심어 주는 일이 기본이었는데, 언제부터인가 임금 투쟁 시기에도 이런 교육을 잘 하지 않게 되면서 이런 결과가 초래된 것이다.

새롭게 운동에 입문하는 활동가는 드물어지는 반면에 대투쟁의 열기를 타고 운동에 뛰어들었던 많은 선진 노동자들이 운동을 떠나간다. 운동이나 동지에게 실망한 사람도 있고, 회사의 탄압을 견디지 못한 사람도 있고, 개인의 안락한 생활을 위해 회사의 회유에 넘어간 사람도 있다. 이들은 1987년부터 수년 동안 치열하게 싸워 왔지만 자신을 재충전하는 시간을 별로 갖지 못했다. 투쟁이 있을 때는 바빠서 못했고, 투쟁이 없을 때는 흥미를 잃어 했다.

9장

구조화되는 조합주의와 무너지는 현장 투쟁력
1993~1995년

전국노동조합대표자회의의 결성과 전노협 위원장 경선

전국노동자대회조직위원회 대표자 회의는 1993년 3월 19~20일에 조직 발전 방향을 논의한다. 현총련이 제안한 '전국 노동 조합 대표자 회의' 안과 업종회의가 제안한 '노동법 개정과 생존권 보장을 위한 전국 노조 대책 회의' 안이 팽팽하게 대립한다. 표결에 돌입하여 10대 9로 '전국 노동조합 대표자 회의' 안이 통과된다. 민주 노조의 '조직 진로'라는 중대한 사안이 합의가 아닌 표결로 처리된 것은 서로 다른 경향들 사이의 관계가 어떠한 가를 보여 주는 일이다. 민주 노조 진영은 6월 1일에 1145개 노조, 41만 노조원을 포괄하는 전국노동조합대표자회의(전노대)를 발족한다. 전노협 관계자들은 전노협의 위상이 애매해지는 데 대해 우려를 표명한다.

다수의 대기업 노조 대표자들은 노동 운동 단체의 전노대 결합을 "대중적으로 받아들이기 어렵다"는 이유로 반대한다. 전노협의 대다수 관계자들이 이 의견에 반대했지만 열세였다. 대중 운동이 확대될수록 의식적인 활동가들의 역할이 더욱 필요해지는데, 전노대는 오히려 지금까지 민주 노조 운동의 발전을 이끌면서 헌신해 온 단체들을 배제한다. 이로써 노동

154

운동 단체의 다수를 차지하고 있던 계급적-전투적 분파들의 민주 노조 중앙 조직에 대한 영향력이 차단되고, 민족주의-개량주의 분파의 주도권이 강화된다. 결과는 바로 현실로 드러난다. 전노대는 출범한 직후에 맞이한 현총련 연대 투쟁에서 전노협이 수행해 왔던 전국적 연대 투쟁을 조직하는 지도력을 보여 주지 못한다. 10월 31일의 전국 노동자 대회 때에도 장소 선정과 진행 방법에 대해서 '타협적인' 세력들의 입장이 관철되고 노조 대표자들의 단식 농성은 무산된다.

1994년 1월 23일에는 전노협 제5대 위원장 선거가 최초로 경선으로 치러진다. 문성현이 지지하는 양규헌(1992~1993년에 경기노련 의장, 전노협 수석 부위원장), 좌파들이 지지하는 이홍석(마창노련 의장, 전노협 조선 업종 담당 중앙 위원), '전노협 해소파'로 알려진 김영대(서노협 의장, 전노협 사무 총장) 등 세 명이 출마하여 1차 투표에서 각각 151표, 100표, 73표를 얻는다. 전노협이 계급적-전투적 분파의 보루라는 사실이 확인된다. 양규헌이 결선 투표에서 172표를 얻어 148표를 얻은 이홍석을 누르고 당선된다.

레닌주의 운동은 민주 노조 운동의 역사에서 늦어도 1970년대부터 계급적-전투적 노동자 운동의 뿌리를 형성해 왔고, 사업 작풍에서 노동자 계급 중심성이 분명하고, 노동자 운동의 전략 전술에 대한 이론이 풍부했으며, 그 전투적 기풍은 노자간의 격돌이 심한 제조업 노동자들에게 호응을 받아 왔다. 그렇지만 레닌주의 운동은 사상 무장을 소홀히 하다가 세계 정세가 급격하게 변하자 혼돈에 빠지고 '노선'에 따라 여러 갈래로 분열되어 통일된 실천을 전개하지 못한다. 또 제조업 외의 운동은 거들떠보지도 않다가 민주 노조 운동에서 주도권을 상실하게 된다.

주사파가 주도하는 민족주의-개량주의 분파는 김영대의 득표율을 볼 때 전노협에서 1/5 정도의 영향력을 가지고 있는 것으로 드러난다. 그들은

1980년대 후반에야 등장했는데, 노동자 계급보다 민족을 앞세우고 노동 운동에 대한 이론이 약하다. 그렇지만 그들은 단일한 사상 아래 통일된 행동을 이끌어 내는 걸 자랑으로 삼고, 대중 운동 전 부문에 파고드는 폭넓은 활동을 전개하고, 학생 운동에서 양산되는 풍부한 인력을 '진보적 사회 진출'이라는 기치로 수년간 사무직 노동자로 배출하여 노동자 운동에서도 상당한 영향력을 확보한다. 제조업 노조 중심인 전노협에서는 계급적-전투적 분파가 압도적으로 우세하지만 사무직 노조까지 결합한 전노대에서는 민족주의-개량주의 분파가 더 우세한 이유가 여기에 있다.

민주 노조 전체로 보면 다수파인 민족주의-개량주의 분파가, 소수파인 계급적-전투적 분파가 전노협을 통해 민주 노조 운동을 대표하고 있는 현실을 바꾸려는 시도가, 전노대 건설과 전노협 위원장 경선이었다. 전노협에서의 열세를 확인한 민족주의-개량주의 분파는 사무직 노동자 운동에서의 주도권을 활용하여 민주 노조 운동에 대한 대표권을 장악하기 위해 민주노총 건설을 서두른다.

계급적-전투적 분파들은 자신들의 보루를 지키기 위해 민주금속연맹 건설에 매진한다. 전국조선업종노동조합협의회(조선노협)가 1994년 1월 30일에 출범하면서 민주금속연맹 건설이 첫걸음을 내딛는다. 조선노협에는 현대중공업, 현대미포조선, 한진중공업, 대우중공업, 코리아타코마, 한라중공업 등 6개 노조 3만 5천여 명이 가입하고 대선조선 등 5개 노조가 참관한다.

그 동안 소속 11개 업종연맹(협)의 대표자 회의만으로 운영되어 오던 전국업종노동조합회의(업종회의)는 활동 4년 만인 1994년 2월 25일에 중앙위원회를 구성하여 안정된 체계를 갖추고 새롭게 출발한다. 업종회의 의장에는 권영길이 재선되고 허영구 집행 위원장도 연임된다.

투쟁의 전면에 나서는 공공 부문 노동 조합들

1994년의 노동자 투쟁은 한국노총과 한국경영자총협회(경총)의 임금 합의에 대한 반대 서명으로 시작된다. 3월 22일 마감일까지 1153개 노조가 서명에 참여하고 그 뒤에도 참여가 계속된다. 하지만 한국노총과 경총은 지난해에 이어 3월 30일에 임금 5~8.7% 인상에 합의한다.

전노대는 한국노총 맹비 납부 거부 및 탈퇴 운동을 대대적으로 펼친다. 대우조선노조가 4월 7일에 임시 대의원 대회를 열어 한국노총을 공식 탈퇴하고 부산지하철 등이 그 뒤를 이어 줄줄이 탈퇴한다. 그리하여 37개 노조가 한국노총을 탈퇴하고 135개 노조가 맹비 납부를 거부한다. 5월 1일 노동절에는 전국 각지에서 5만여 명이 모여 한국노총 탈퇴와 민주노총 건설에 총력 매진할 것을 결의한다. 전해투 소속 해고자와 학생 등 63명이 5월 14일 오전 11시께 여의도의 한국노총 본부를 점거하고 "어용 노총 해체"와 "임금 합의 분쇄"를 외치며 7시간 동안 농성을 벌인다. 한국노총 간부들은 각목, 쇠파이프, 망치 등으로 농성자들을 때리고 45명을 경찰에 넘긴다. 이 가운데 8명이 업무 방해와 주거 침입 등의 혐의로 구속되고 41명이 즉결 심판에 넘겨진다. 자본가들의 무법적인 탄압도 여전하여 평택의 한라공조노조 이영구 수석 부위원장은 조직 폭력배에게 끌려가 목만 내놓고 파묻힌 채 노조를 탈퇴하라는 협박을 받는다.

서울지하철공사노조와 부산교통공단노조 등 두 노조가 가입하고 전국기관사협의회(전기협)가 참관하는 전국지하철노동조합협의회(전지협)가 3월 16일에 출범한다. 그 동안 정부의 임금 억제와 노동 통제 정책에 줄곧 희생양이 되어 왔던 전지협 소속 노동자들이 1994년 투쟁의 전면에 나선다. 전지협 산하 3개 노조는 6월 14~16일에 파업 찬반 투표를 실시하여 모두 90% 이상의 높은 찬성으로 파업을 결의한다. 전지협은 기자 회견을

민주노총 출범을 앞두고 전노대로 결집한 민주 노조 진영은 한국노총 탈퇴 투쟁을 시작하고, 1994년 5월에 전해투 소속의 해고자들은 한국노총 본부를 점거하여 "임금 합의 분쇄"와 "어용 노총 해체"를 외친다.

갖고 "변형 근로제 철폐, 실질 임금 보장, 해고자 원직 복직 등의 요구가 냉각 기간 만료일인 6월 23일까지 수용되지 않을 경우, 3개 노조가 총파업에 들어갈 것"이라고 선언한다. 전노대는 사회 개혁 투쟁의 하나로 6월 16~17일에 '우루과이라운드 비준 반대 노동자 총투표'를 실시한다. 6월 22일, 노동부는 서울지하철을 직권 중재에 회부하고 경찰은 다음날 전기협 14개 지부 농성장에 들어가 614명을 연행한다.

전기협은 즉각 파업에 돌입해 기독교회관에서 농성을 시작한다. 1989년에 기관사 파업이 있은 지 5년 만의 일이다. 서울지하철공사노동조합도 6월 24일 파업에 들어가 명동성당, 민주당, 고려대에서 농성을 시작하고 금호타이어도 파업에 들어가는 등 임금 투쟁이 확산된다. 철도청과 서울지하철공사는 6월 25일 아침까지 업무에 복귀하지 않으면 파면하겠다고 위협하고, 언론은 일제히 "시민의 발을 볼모로 잡는 집단 이기주의", "제2노총 설립에서 주도권을 잡을 목적으로 벌이는 극한 투쟁" 등으로 사태를 보도한다. 하지만 부산의 지하철이 6월 25일에 파업에 들어가 부산대에서 농성을 시작하는 등 파업은 더욱 확산된다. 정부는 부산지하철도 직권 중재에 회부한다. 경찰은 6월 26일에 서울지하철 경희대 농성장, 전기협 기독교회관 농성장, 부산지하철 동아대 농성장에 들어가 농성을 해산시킨다.

전기협은 조계사로 옮겨 지부장을 중심으로 농성을 계속한다. 한진중공업 노조가 6월 27일에 천연 액화 가스 운반선에 올라가 일방 중재 철폐를

한진중공업노동조합의 조합원들이 천연 액화 가스 운반선에서 농성에 들어간다. '일방적인 중재' 폐지가 1994년 6월에 이들이 요구하는 것이다.

요구하며 파업에 들어간다. 6월 28일에는 대우기전이 파업에 들어가는 등 20개 노조가 파업을 벌인다. 파업이 계속 확산되자 전노대 대표 권영길, 전노협 의장 양규헌, 부산양산지역노동조합총연합(부양노련) 의장 문영만에게 3자 개입 혐의로 사전 영장이 발부된다. 메리놀병원, 금호타이어, 대우기전 등의 사업장에 경찰이 투입되고, 이런 와중에 현대중공업이 전면 파업에 돌입한다. 서울지하철노조가 7월 1일에 "열차 안전 운행을 위해" 업무에 복귀하지만 지도부는 농성을 계속한다.

김일성 주석이 남북 정상 회담을 보름 앞두고 7월 8일에 사망한다. 국회에서는 조문단 파견과 조의 표명을 둘러싸고 '사상 논쟁'이 벌어지고, 서강대학교 총장이자 신부인 박홍은 청와대 오찬에서 "주사파의 배후에 북한의 사로청과 김정일이 있다"고 발언하여 논쟁을 더욱 확산시킨다. 분향소를 철거하겠다며 대학에 대한 압수 수색이 계속된다. 노조는 잠시 파업을 유보하면서 사태의 추이를 살핀다. 회사는 이런 정세를 이용하여 일방적인 굴복을 강요한다. 이 때문에 대우기전, 금호, 세신실업, 대아, 현대중공업, 안양금속, 풍강분회 등에서는 파업이 장기화된다. 62일 동안 농성을 벌여 온 전기협의 서선원 의장과 간부 6명, 서울지하철노조 이경수 사무국장, 전지협의 김명희 사무처장 등 8명이 9월 1일 조계사에 투입된 경찰에 의해 연행된다.

이후 노조 말살을 노린 대량 징계가 진행된다. 서울지하철노조는 고소나 고발 41명, 사전 구속 영장 발부 18명, 파면 21명, 해임 2명, 직위 해제 63명, 직권 면직 30명, 주의 및 경고 1772명, 서면 경고 784명, 감사실 출두 조사 203명 등 전 노조원의 1/3에 해당하는 숫자가 피해를 받는다. 여기에다 지하철공사가 노조 간부 40여 명에게 40억 원에 달하는 손해 배상을 청구해 조합비, 노조 간부의 퇴직금, 부동산 등이 가압류된다. 전기협은 파업 투쟁과 관련해 22명 구속, 6명 수배, 15명 파면, 311명 직위 해제, 22명 본청 징계 등의 탄압을 받는다.

한편 주체사상-민족해방파는 노동자들에게 자신들의 정치적 지향을 확산하는 활동을 대중적으로 펼친다. 8월 15일에 서울대에서 범민족 대회가 2만여 명이 참가한 가운데 열린다. 범민족 대회 노동자 추진 위원회는 개막제에 이은 통일 문화제가 끝난 뒤인 8월 15일 새벽 4시반부터 10시까지 노동자 통일 한마당이라는 행사를 개최한다. 인천 지역 통일 선봉대 '백두' 와 안산 지역 통일 선봉대 '한라' 등 각 지역에서 조직적으로 참가한 3천여 명의 노동자와 학생들은 이 날의 행사를 통해 "노동자들이 통일 투쟁에 나서야만 생존권도 확보할 수 있다" 는 것을 확인하고 "현장에는 민주 노조, 조국에는 평화 통일"이란 구호를 외치며 통일 운동의 선봉에 설 것을 다짐한다.

공공 부문 노조들은 전지협 연대 투쟁의 성과를 이어서 정부에 공동으로 대처하기 위한 연대 기구를 만든다. 서울지하철공사노동조합, 전국전문기술노동조합연맹(전문노련), 전교조, 의보, KBS노동조합, 전국공공기관노조협의회 등 공공 부문 120여 개 노조의 대표 3백여 명이 11월 4~5일에 공공부문노조대표자회의(공노대) 결성식과 수련회를 갖고 120여 개 노조, 18만여 명을 포괄하는 기구를 공식 출범시킨다. 공노대는 "더 이상 정부의 노동 통제 정책의 희생양이 될 수 없다" 는 것을 밝히고 임금 가이드 라인 철폐, 노동 3권 보장, 사회 개혁 투쟁 등을 사업 계획으로 세운다.

민주노총 건설도 한 걸음 앞으로 나아간다. 9월 30일에 발족된 민주노총건설추진위는 11월 13일에 경희대에서 전국 노동자 대회를 열고 "전노대가 발전적으로 해소되고 민주노총준비위가 발족되었음" 을 선포한다. 민주노총준비위는 업종 19만, 그룹 15만, 지역 7만 등 41만 명을 포괄한다.

'세계무역기구(WTO) 설립을 위한 마라케시 협정 비준 동의안' 과 'WTO의이행에관한특별법' 이 1994년 12월 16일의 국회 본회의에서 통과

1994년, 공공 부문의 노동자들은 전지협 연대 투쟁의 성과를 이어서 120여 개 노조가 참여하는 공노대를 결성한다.

된다. WTO 체제의 출범으로 무역 장벽이 무너지고 세계는 무한 경쟁의 시대에 돌입한다. 김영삼 정부는 '세계화'를 역설하고 자본가들은 세계 일류가 되어야 한다고 독려한다. 이형구 노동부 장관은 1995년 1월 5일에 열린 노·사·정 신년 인사회에서 '노사 대립은 무한 경쟁 시대의 걸림돌'이라며 화합과 협력에 바탕을 둔 노사 관계를 강조한다.

한국 최대 규모의 노조인 한국전기통신공사(한국통신)노조의 노조원과 가족 5만여 명이 4월 2일에 서울 보라매공원에서 '95 임단투 승리를 위한 한국통신 노동자 전진 대회'를 성대히 치른다. 유덕상 위원장은 "생활 임금을 쟁취하고 민족 통신을 사수해 인간다운 삶을 쟁취해야 한다"는 내용의 대회사를 한다.

여기서 잠깐 한국통신에서의 노조 민주화 과정을 살펴보자. 1988년에 한국통신에는 노조민주화추진위원회(노민추) 세력이 조직된다. 1991년에 위원장 선거를 앞두고 직선제 규약 개정을 주도하다가 9명이 해고되고 12명이 지방으로 전출된다. 그런데 이것이 오히려 노민추 활동이 지방으로 뻗어나가는 계기가 된다. 노민추는 위원장이 되는 게 목표였던 다른 두 후보에게 '직선제 규약 개정에 동의하는 후보에게 표를 몰아주겠다'는 정책 연합 전술을 구사한다. 이 제안이 받아들여져 그해 5월 29일의 2차 투표 전에 위원장 직선제가 중앙 대의원 대회에 상정되어 통과된다. 2년 뒤인 1993년 5월 30일, 노조가 출범한 지 30년 만에 처음으로 위원장 직접 선거가 치러진다. 예상을 뒤엎고 1차 투표에서 66%의 압도적인 지지로 노민추의 유덕상 후보가 당선된다. '미래를 내다본 타협'이 성공한 것이다.

다시 1995년으로 돌아가자.

민주노총(준비위)의 전국구속수배해고노동자특별위원회(전해투)는 4월 15일에 서울의 종묘공원에서 전국 해고자 대회를 갖고 원직 복직의 결의를 모으고 명동성당까지 행진한다. 전해투 소속 40여명의 해고자들은 4월 18일에 노동부 장관을 면담하기 위해 노동부 청사에 들어가다 전경과 경비대에게 폭행을 당하고 연행된다. 해고자 10명은 책임자 처벌 등을 요구하며 4월 24일부터 명동성당에서 무기한 단식 농성에 들어간다. 1993년에 결성된 전해투는 그해 4월 7일 1차 단식 투쟁을 시작으로 병역 특례 해고 노동자들의 목숨을 건 38일 간의 2차 삭발 단식 투쟁, 중앙으로 총집중한 그룹별 텐트 농성, 지역 순회 투쟁, 노동청 점거 농성, 한국노총 점거 투쟁 등을 벌이며 민주 노조 운동의 선봉에서 지속적으로 투쟁해 왔다.

현대자동차 해고자 양봉수(당시 31세)가 5월 12일에 공동소위원회연합회 출범식에 참석하기 위해 회사에 들어가려다 경비들이 강력히 제지하자 실랑이 끝에 격분하여 분신한다. 사고 소식이 알려지자 양봉수가 근무하던 승용 2공장이 5월 13일 새벽 4시부터 파업에 들어간다. 지역 노동자들이 정문 앞과 본관 앞 잔디밭에서 연일 항의 집회를 연다. 5월 17일에는 공장 전체가 파업에 들어간다.

한국전기통신공사가 5월 16일에 핵심 간부 64명에 대해 파면 및 중징계 조치하겠다고 발표한다. 그러자 노동 조합이 30년 어용의 굴레를 깨고 나온 열기와 공노대라는 뒷심을 바탕으로 즉각 투쟁에 들어가고, 1995년 임금 투쟁 전선이 한국통신을 중심으로 형성된다. 경인과 중부 지역의 5천여 한국통신노조 조합원들이 이날 오후 6시에 서울 본사에 모여 파면 철회를 요구하며 밤샘 농성에 들어간다. 5월 17일, 노조는 전국 지부별로 비상 총회를 개최하고 대책을 논의한다.

정부는 5월 19일에 전면 파업 중이던 현대자동차노조에 경찰을 투입해 분신대책위의 지도부를 구속한 데 이어 5월 21일과 22일 잇따라 한국통신노조의 간부들을 붙잡아 구속하고 민주노총(준), 현총련, 공노대, 마창노련 등 9개 조직을 지목해 3자 개입 등의 혐의로 수사를 벌인다. 김영삼 대통령은 한국통신노조의 활동을 '국가 전복 음모'라고 못 박는다. 검찰과 경찰은 한국통신노조가 단체 행동을 자제하겠다고 밝혔음에도 불구하고 사전 구속 영장을 발부받아 간부 검거에 나서고, 전해투의 민주당사 농성장에서 김재연 사무처장과 장영길 대표 등을 연행한다.

금속일반(추)과 조선노협에 소속된 15개 지역 120여 개 노조는 5월 20일 자정에 광주 조선공전 강당에서 '95 공동 임투 승리와 노동 운동 탄압 분쇄를 위한 전국 금속 노동자 결의 대회'를 열고 노동 운동 탄압 분쇄와 금속노조연맹 건설을 결의한다. 금속 노동자들의 첫 전국적 대중 집회였던 이 대회에는 전국에서 노동자 1천여 명과 학생 1500여 명이 참가한다. 다음날 민주노총(준)은 광주역에서 '현대자동차, 한국통신 노동 운동 탄압 분쇄 및 광주 학살 주범 기소 촉구 전국 노동자 결의 대회'를 연다. 학계와

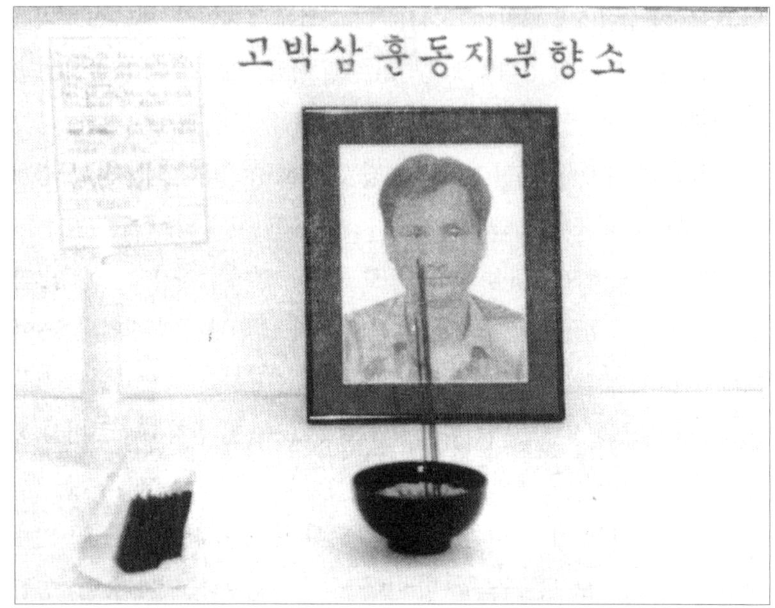

대우조선의 박삼훈은 6월 21일에 분신으로 신경영 전략에 항거했다.

법조계, 그리고 전국연합, 민중정치연합(민정련), 진정추 등의 단체들은 5월 24일에 '부당한 공권력반대와 노동인권보장을 위한 범국민대책위원회'를 결성하고 노동자들의 투쟁을 지원한다.

한국통신노조는 5월 25일에 각 지방 본부와 지부에서 보고 대회를 열고 26일과 27일에는 정시 출근 투쟁을 벌인다. 5월 27일, 중앙 지도부 7명은 조계사로 들어가 무기한 단식 농성을 시작한다. 전국 10개 지역, 2만여 명의 노동자들은 27일과 28일에 '노동 운동 탄압 분쇄와 95 임투 승리를 위한 결의 대회'를 전국 동시 다발로 열고 국민을 상대로 선전 활동을 펼친다. 6월 3일, 범국민대책위원회는 노동자, 시민, 학생 등 1만여 명이 참가한 '김영삼 대통령 망언 규탄 및 노동 인권 보장 촉구 국민대회'를 장충단 공원에서 연다. 경찰은 부천시흥지역민주노총(준)의 지도부 3명을 연행한다.

6월 19일을 지나면서 쟁의 행위를 결의한 노조를 중심으로 파업 돌입이 꼬리를 물어 6월 20일까지 파업에 들어간 노조는 완성차와 부품 업체 등 자동차 업종을 중심으로 20개에 이른다. 6월 21일, 대우조선의 박삼훈(당시 41세)이 자본의 신경영 전략에 항거해 분신한다. 6월 27일, 지방 선거에서 민자당이 참패한다. 6월 29일, 서울의 삼풍백화점이 무너져 천 명이 넘는 사람이 죽거나 다치는 참사가 발생한다. 노동자들의 투쟁은 수그러든다. 하지만 7월 들어서도 파업은 계속된다. 현대중공업과 기아자동차 등에서 협상이 타결됐으나, 대우조선, 한진중공업, 한라중공업, 울산 현대정공, 쌍용자동차, 효성중공업, 한국중공업 등 주요 사업장이 투쟁을 계속하고 있고, 국립대 7개 노조의 재파업이 장기화 조짐을 보인다. 의보 노조는 6월 28일부터 파업에 들어간다.

수배 중이던 유덕상 위원장이 6월 30일에 부산역 광장에서 열린 총력 투쟁 결의 대회에서 "패배를 인정하고 눈물로 투쟁의 깃발을 내린다." 이로써 1995년 임금 투쟁에서 집중적인 관심을 받았던 한국통신노조의 임단협 투쟁이 끝난다. 한국통신노조는 파업에 들어가지 못하고 "유연한 전술"을 구사했다.

심화된 민주 노조 운동의 위기와 '국민파 노동 운동'의 등장

민주 노조 운동의 선봉이었던 현대자동차와 대우조선에서 선진 활동가였던 양봉수와 박삼훈이 분신한 것은 민주파의 현장 장악력이 현저하게 떨어진 데 대한 위기 의식 때문이다. 대우조선에서는 1994년 7월 1일에 최은석 집행부가 결근 파업을 실시할 때 90% 이상의 노조원들이 이를 따르지 않고 출근하고, 1995년 6월에는 집행부가 상정한 쟁의 결의안이 대의원 대회에서 부결된다. 현대자동차에서는 이영복 집행부가 들어선 2년 동안 컨베이어 속도가 계속 빨라지는데도 이를 저지하지 못하고, 각 부서의 자발적인 투쟁이 노조로부터 외면당하고 보호받지 못한다. 현대중공업에서는 노조가 1995년 6월 16일에 잠정 합의안을 가지고 집회를 여는데, 1천 명 남짓밖에 안 모인다. 현장 조직의 회원 수와 활동력도 눈에 띠게 줄어든다. 대우조선의 노조민주화추진위원회 회원은 7백 명에서 150명으로 줄고, 현대중공업의 '전진하는 노동자회'도 4백50명에서 반으로 줄어든다. 1991년 말부터 거론되었던 '노동 운동의 위기'는 '현장 조직의 위기'로까지 심화된다. 상황의 위기, 활동의 위기가 주체의 위기로 심화된다.

민주 노조 운동을 이런 위기로 몰아넣은 것은 물론 자본가들의 집요한 공격이다. 자본가들은 '신경영 전략'을 도입하여 생산 현장에 대한 통제력을 강화하고 노조를 밑에서부터 장악해 들어온다. 작업 배치와 인사 고과 등의 권한을 위임받은 반장들은 노동 강도를 강화하는 등 반원들에 대한 통제력을 강화하고 집회 참석을 막는 등 노조 활동을 위축시킨다. 회사는 다물 교육, 가나안농군학교 견학, 해외 연수 등을 통해 협조적인 노사 관계로 기업 문화를 형성하고, '신인사 제도나 직제 개편으로 노동자들 간의 승진 경쟁을 유도하고, 경영 혁신이라는 미명 하에 생산성 향상을 닦달한다.

그렇지만 노동자들이 자본가들의 이데올로기에 포섭된 것은 아니다. 노동자들은 단지 1~2만원 더 올리기 위해 하는 파업에 지치고 민주파 현장 조직도 더 이상 자신들의 희망이 아니라는 실망스러운 상황에 낙담하고 있을 뿐이다. 그래도 대안이 없기 때문에 조합원들은 민주파 후보를 위원장으로 선택하기는 하지만, 노조 활동에 열의를 가지지 않는다. 조합원들은 1987년 이전의 상황으로 돌아간 노동 통제와 노동 강도에 기력을 소진하고 마음의 여유를 잃는다. 현장 활동가들도 조합원들의 외면과 회사의 탄압에 지쳐 간부 맡기를 꺼린다. 집행부는 민주파가 잡는데 대의원은 회사측이 장악하여 노조 활동이 번번이 발목 잡히는 상황이 발생한다.

이러한 위기에 대응하여 변화가 모색된다. 노조원들의 참여를 높이기 위해 5·1절이나 노조 창립 기념일의 행사에 가수들을 부르거나 경품을 내거는 등 '조합원들의 다양한 욕구'를 수렴하려 한다. '성과도 없는 파업'에 목 매달기보다는 '구체적인 정책'을 만들고 '유연한 전술'을 구사한다. 그러나 문화 행사는 하루의 여가를 즐기는 데 그치고, '구체적인 정책'과 '유연한 전술'도 힘이 있어야 성과를 얻음이 확인된다. 이렇게 몇 년이 지나 위기가 심각해지자, 조합원들은 투쟁하던 옛날이 그나마 더 낫다고 생각한다. 그러나 위기의 원인은 내부에도 있었으므로 그냥 옛날로 돌아갈 수는 없는 일이다.

이런 상황에서 등장한 것이 '국민과 함께하는 노동 운동'(국민파 노동 운동)이다.

현대자동차노조는 9월 19일에 임원 선거를 치른다. 민주파 연합 후보로 출마한 정갑득이 양봉수 열사의 분신 투쟁에 힘입어 압도적인 표 차이로 위원장에 당선된다. 정갑득은 연합 후보로 당선되었으면서도, "분배의 정의만 확실히 보장된다면 생산성 향상과 품질 향상에 노동 조합이 앞장설 용의가 있다"고 독단적으로 선언한다. 국민파 노동 운동의 본격적 등장이다. 주사파는 노동 운동에서 국민파 노동 운동으로 자신들의 노선을 전면화한다.

반면에 통일 운동에서는 주사파의 분열이 시작된다. 통일된 행동을 보여 왔던 주체사상-민족해방파도 북한의 실상을 알게 되면서 변화를 겪더니 급기야 통일 운동 방식을 둘러싸고 분열하기에 이른다. 범민족대회추진본부(범추본)와 민족 공동 행사 주최측은 8·15 행사를 따로 연다. 김일성 주석이 사망한 지 1년 만의 일이다. 민족 공동 행사 주최측은 한 단체의 행사인 범민족 대회는 적절하지 않고 통일 운동에 혼선을 주는 범추본은 해소해야 한다고 주장한다. 범추본은 민족 공동 행사가 해방 50주년을 맞는 민족 전체의 축제의 장이라면 범민족 대회는 반통일 세력과의 투쟁의 장으로 서로 대회의 위상이 다르다고 주장한다. 8·15 50주년민족공동행사 남측준비위원회 노동위원회는 민주노총(준) 주관으로 전국의 노동자 5천 명이 모인 가운데 '8·15 50주년, 민주노총 원년 노동자 통일 한마당' 을 연다.

통일된 모습을 보였던 주사파가 분열을 시작하고 있다면 그 동안 분열해 왔던 좌파의 주요 세력은 위기를 극복하기 위해 통합으로 나아간다. 민중정치연합(민정련) 내 사추위 등 주류 세력은 만 2년 동안 끝없는 당 성격 논쟁으로 지친, 시나브로 약세의 길을 걷던 진보정당추진위원회(진정추)와 통합한다. 사추위와 함께 민정련을 구성하던 세력 가운데 통합에 반대한 이들은 노정련과 노진추(계급해방그룹)로 독립한다. 민정련(대표 김철수)과 진정추(대표 노회찬)는 1995년 9월 24일에 통합대회를 열어 진보정치연합을 결성한다.

한편 위와 같은 진보 정치 운동과는 별도로 1995년 7월 15일에 한국노동이론정책연구소 창립 총회가 열린다. 이들은 '전문성, 현장성, 계급성' 의 확보를 기본 목표로 '노동 운동의 전 분야에 대한 조사 연구와 이론 정책 개발을 통해 노동 운동의 민주적·계급적 발전에 기여하겠다' 고 밝힌다.

10장

조합주의와 개량주의 세력의 주도권 장악
1995년

민주노총 건설 방식을 둘러싼 힘 겨루기

1995년 2월 9일의 민주노총(준) 2차 운영위에서는 민주노총 건설 시기를 둘러싸고 두 개의 안이 대립한다. 하나는 "지자체 선거 방침을 민주노총의 이름으로 공식 확정해야 지자체 선거에서 적극 실천할 수 있다"며 5월 1일에 건설하자는 안이고, 또 하나는 "민주노총을 건설하기 위해서는 조직별로 대중적 참가를 결의하는 최소한의 과정이 필요하니 상반기에 임단투와 사회 개혁 투쟁에 집중하고 조직의 내실을 다져가면서 그 성과를 모아 하반기(10월 초순)에 건설하자"는 안이다. 무기명 비밀 투표에서 10 대 5로 '5월 1일 건설안'이 운영위 안으로 결정된다.

경기, 대구, 마산·창원, 부산·양산 등 노운협의 영향력이 강한 지역들과 현총련과 대우그룹노동조합협의회(대노협) 등 노동 조합 연합체의 대표자들이 2월 15일의 대표자 회의에서 각 조직의 결의를 바탕으로 '5월 1일 건설 안'의 재검토를 촉구한다. 대표자들은 세 차례에 걸쳐 정회를 거듭하는 등 진통을 겪은 끝에 '5월 1일 건설 안'을 폐기하고 1995년 안에 민주노총을 힘있게 건설하되 한 달 동안 각급 조직의 책임 있는 토론을 거쳐

3월의 5차 대표자 회의에서 건설 방안을 확정하기로 합의한다.

전노협 건설 당시에는 전국 조직의 건설은 시기 상조라며 반대하던 민족주의 분파가 이제는 민주노총 건설을 서둘러 추진하고, 전노협 건설을 주도했던 세력은 아직 준비가 덜 되었다며 천천히 가자는 입장으로 바뀌었다. 전노협의 주요 세력이었던 사업장들은 금속연맹을 먼저 결성하고 민주노총에 참여하기로 했다. 10대 5로 확인된 주도 분파는 다수의 힘을 바탕으로 한 걸음 전진하며 자신들의 경향을 강화하려 하고, 소수파는 자신들의 힘을 추스릴 시간을 필요로 했다.

민주노총(준)은 5월 1일 전국에서 4만 명의 노동자가 참가한 가운데 '민주노총 원년 세계 노동절 대회'를 권역별로 열고, 제3자 개입 금지와 복수노조 금지 등 대표적인 문제 조항을 '악법 어기기 운동'으로 무력화시킬 것을 선언한다.

민주노총(준)은 10월 4일에 11차 대표자 회의를 열고 민주노총의 강령과 규약을 확정한다. 회의는 최대의 논란이 일었던 "지역 조직과 그룹 조직의 위상" 문제에 대해 "산업별 조직에 가입하지 않은 노조는 이 노조들이 산업별 조직에 가입할 때까지 지역 조직이나 그룹조직을 통해 민주노총에 가맹할 수 있도록 하는 부칙(경과 규정)을 두는" 것을 표결로 결정한다. 그러나 현총련 대표자들이 그룹 조직을 기본 가맹 단위로 인정하지 않으면 민주노총 가입을 유보할 수밖에 없는 게 내부 실정이라며 강하게 반대한다. 대표자 회의는 12차 회의에서, 산업별로 재편될 때까지 '지역 조직과 그룹 조직을 산업별로 재편될 때까지 가맹 단위로 인정'하는 '번안 동의안'을 만들어 통과시킨다. 가맹 단위의 문제는 곧 대회에 파견하는 대의원 수의 문제이다. 지역 조직과 관련해서는 "행정 구역 단위를 중심으로 한 광역 단위 지역 구성은 현재의 공단을 중심으로 한 편제보다 지자체 선거, 정부와 자본에 맞선 대응을 조직하기 쉽다"며 지역 본부를 광역 단위

1995년 5월 1일 '민주노총 원년 세계 노동절 대회'를 열고 '민주노총 건설'을 외치며 행진하는 노동자들.

로 하자는 안이 제출된다. 경기 남부와 대구 등지의 대표들이 "생활권이 다르고 지역이 너무 광범위해 일상적인 사업 결합이 어렵다"는 이유로 반대하지만 원안대로 통과된다.

금속산별노조 건설 경로와 관련하여서도 두 가지의 입장이 대립한다. 민주금속연맹추진위는 '조직은 크면 클수록 좋다' '철의 노동자는 하나'라는 기치를 내걸고 어차피 대(大)산별로 갈 거면 처음부터 하나의 조직으로 출발할 것, 민주 노조 운동이 지역을 근거로 발전해 왔으므로 지역 산별을 토대로 할 것, 업종은 특화된 별도의 분과 체계로 할 것 등을 주장한다. 이른바 '대산별' 주장이다. 반면 '소산별'의 자동차연맹추진위는 공동의 사업을 통해 산별로 모일 때 더 강력하고 내용 있는 조직이 될 수 있다며, 조합원들의 현실적 요구를 해결하기 위해 동질성이 강한 업종별·소산별로 우선 조직할 것, 지역은 지역 산별이 아닌 민주노총 지역 본부를 중심으로 제조업과 비제조업의 모든 노조가 결집해 공동 연대 투쟁과 지역의 공동 문제를 해결하기 위해 투쟁하는 단위가 되어야 할 것 등을 주장한다. 이들은 입장을 좁히지 못하고 각자의 길을 간다. 전국자동차산업노동조합총연맹(자동차연맹, 위원장 배범식)이 1995년 11월 4일에 출범하는데, 자동차연맹에는 기아자동차, 쌍용자동차, 아시아자동차, 대우자동차 등 완성차 노조와 만도기계, 현대자동차서비스 등의 주요 부품 제조, 판매, 정비 업체 등 총 31개 노조 6만 5천여 명의 노조원이 가입한다. 전국민주금속노동조합연맹(민주금속연맹, 위원장 단병호)에는 1996년 1월 21일에 출범할 때까지 12개 지역과 1개 업종 분과(조선)의 83개 노조, 5만 7621명이 가입 결의를 마친다.

민주노총 출범과 전노협 해산

11월 11일, 노동자 대회 전야제에는 개최 이래 최대 규모인 5만여 명이 참가한다. 다음날 열린 노동자 대회에는 7만여 명이 참가하여 민주노총의 출범에 거는 기대가 상당함을 보여 준다.

민주노총 창립 대의원 대회가 1995년 11월 11일에 연세대 강당에서 열린다. 866개 노동 조합과 41만여 명의 노조원을 대표한 366명의 대의원들이 초대 위원장으로 권영길, 수석 부위원장으로 양규헌, 사무 총장으로 권용목을 선출하고, 창립 선언문, 7개 항의 강령, 규약, 20개의 기본 과제 등을 확정한다. 위원장은 새로운 임단투 방법 모색과 사회 개혁 투쟁 본격화, 노동자 정치 세력화 등을 민주노총이 나아갈 방향으로 제시한다. 짧게는

1995년 11월에 민주 노조 운동의 숙원인 민주노총이 출범한다.

1987년부터, 길게는 1970년부터 바라던 이날의 대회는 뜨거운 열기 속에서 진행된다. 그런데 전노협 정신을 계승하겠다고 역설하는 부분에서는 대회장의 한 귀퉁이에서 터져 나온 박수 소리가 더 이상 확산되지 않고 사그라진다. 민주노총 창립 전국 노동자 대회 결의문은 "1987년 노동자 대투쟁 이후 민주 노조 운동의 성과를 한데 모아 그토록 염원하던 민주노총을 건설"했다고 밝히고 있지만, 전노협을 언급하지 않는다.

전노협 소속 조합원은 민주노총 노조원 41만 명 가운데 10분의 1에도 한참 모자란다. 그렇지만 전노협은 노동자의 관점에서 자본가와의 대립을 분명히 하고, 정부의 집요한 탄압에도 조직이 축소되는 걸 두려워하지 않고 맞서 싸우며, 민주 노조의 단결과 연대 투쟁을 선도했고, 이런 치열한 활동으로 민주노조 진영의 세를 확대했다. 또한 '평등 세상'으로의 지향을 분명히 하면서 '노동 해방'을 대중적 구호로 만들었다. 전노협이 민주노조 운동의 전국 중앙으로서 세워 놓은 계급적 이념과 전투적 작풍은 계량할 수 없는 성과이다.

12월 3일, 전노협은 연세대 대강당에서 대의원 대회를 열고 투표를 통해 해산한다. 자본과 정부의 탄압보다 더 무서운 생활고를 이겨 나가면서 무한한 헌신으로 전노협을 지켜 온 사람들의 눈에는 지난6년의 징그럽던 탄압과 시련과 고통이 주마등처럼 스치며 눈물이 흘러내린다. 전노협의 해소는 계급적-전투적 노동자 운동이 쇠락한 결과이기도 하지만 다른 한편으로는 계급적-전투적 분파들의 결집력을 더욱 떨어뜨려 이들의 위기를 심화시키는 원인이 된다. 민주노총으로 모아지기까지 민주 노조 운동의 또 다른 한 축이었던 업종회의도 12월 13일에 성균관대 유림 회관에서 중앙 위원회를 열어 해산을 결의한다.

민주노총 출범과 때를 맞추어 전태일 열사 25주기를 기념하는 영화 '아름다운 청년 전태일'이 상영된다.

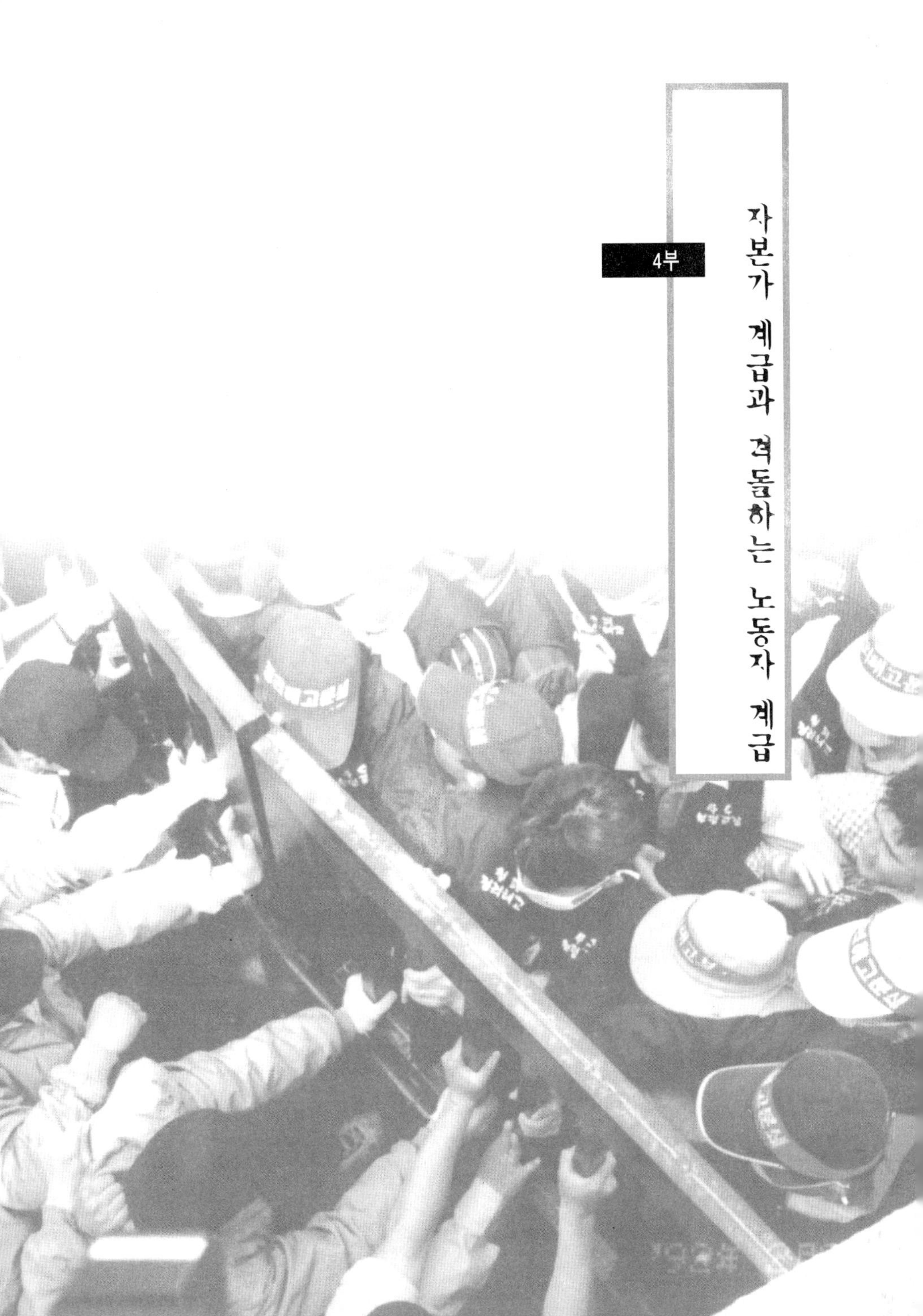

4부
자본가 계급과 격돌하는 노동자 계급

11장

벼랑 끝에서의 격돌, 노동법 개악 저지 투쟁
1996~1997년

침체하는 경제, 노동자를 압박하는 자본가와 정부

1995년은 '1인당 국민 소득 1만 달러' '1천억 달러 수출' 이라는 정부의 목표 달성과 함께 막을 내린다. 그러나 한편에서는 하루에 50개의 중소 기업이 부도나고 기업주들이 자살하는 사태가 속출하고 있었다. 경제 실상을 누구보다 잘 아는 자본가와 관료들은 사태에 대비하는데, 그 첫번째는 민주 노조 운동의 압박과 길들이기다.

노동부는 조직 대상 중복 등을 이유로 민주노총의 설립 신고서를 반려하는 한편, "1995년에는 협력과 참여의 동반자적 노사 관계가 가시화되었다"는 평가 자료를 배포한다. 한국노총과 경총은 12월 12일에 '노사 한마당'을 열고 "대립과 투쟁의 노사 관계를 일소하고 참여와 협력의 새로운 노사 관계를 다짐한다"는 선언문을 발표한다. 12월 20일, 정부는 정부 투자 기관의 정원을 현재 수준에서 동결하고 노조 전임자 수를 현재의 절반 이하 수준으로 줄이고 여름 휴가를 폐지한다는 조치를 내린다. 12월 21일에 대법원은 3년 전의 판결을 뒤집고 "파업 기간 중의 임금을 전혀 지급할 필요가 없다"는 판결을 내리고, 이틀 뒤인 12월 23일에는 "노조 전임자 인정 여부에 대한 문제는 노동 쟁의의 대상이 될 수 없다"고 판결한다.

민주 노조 운동의 1995년은 민주노총 출범이라는 희망과 함께 막을 내리는 듯했으나, 12월 15일에 대우정밀 병역 특례자였으나 해고된 조수원(29세)의 자살이 어두운 현실로 다시 데려온다. 조수원은 "병역 문제는 복직 합의와 아무런 관련이 없다"는 이유로 자신을 5년 동안 수배 생활로 내몬 제도에 대해 자기의 목숨으로 항거한 것이다. 전국전력산업노조 한일병원지부 김시자 위원장(36세)이 1996년 1월 12일에 전국전력산업노조 중앙 위원회에 참석했다가 노조 민주화 등을 요구하며 분신한다. 노조(위원장 최태일) 집행부가 1994년 임금 협상에서 직권으로 조인한 데다가, 1995년 말 단체 교섭에서 전임자 70명을 23명으로 줄이는 데 합의하고 이제는 민주파 간부까지 징계하려는 데 대한 분노의 항거였다.

한라중공업노조 인천 지부는 회사의 공장 매각 결정에 맞서 1월 29일에 파업에 들어가고 송관엽 지부장은 70미터 높이의 크레인에 올라가 농성을 벌인다. 2월 5일 새벽 5시, 철거반 300여 명이 용인 수지2지구 택지 개발 지역 세입자 농성장에 몰려와 주민들을 해산시키는 과정에서 15m 높이의 망루에 불을 질러, 138일째 임시 이주 단지 조성과 영구 임대 아파트 입주 보장을 요구하며 농성 중이던 주민 1명이 사망하고 3명이 중태에 빠진다. 3월 19일, 한라중공업 삼호조선소 2번 도크에서 무게 2백 톤짜리 포트블록이 무너지는 바람에 노동자 3명이 사망하고 2명이 중상을 입는다.

정부는 한국방송공사에 이어 문화방송에서도 '대통령 방송 만들기'에 앞장서 왔던 사장을 유임시키며 다가온 4·11 총선을 위해 방송을 이용하려 한다. 문화방송노조는 3월 14일에 강성구 사장 퇴진을 요구하며 본사와 19개 계열사 전체가 파업에 들어간다. 18개의 지방 문화방송노조가 3월 18일에 파업에 가세한다. 지방사 노조원 1200여 명이 회사별로 파업 출정식을 갖고 이 가운데 7백여 명은 서울로 올라가 연합 집회에 참가한다. 민주노총은 결의 대회를 열고 강 사장 퇴진과 방송 독립 보장을 촉구한다. 이에 공사는 관계자 18명을 업무 방해 혐의로 고소한다. 기독교방송노조는 전국 대의원 대회를 열어 문화방송에 경찰 병력이 투입될 경우 즉각 연대 파업에 돌입한다는 노조 집행부의 방침을 확인한다. 한국방송공사노조, 교육방송노조, 방송공사계열사노조 등은 4월 1일부터 3일까지 일제히 파업 찬반 투표에 들어간다. 결국 압력에 밀린 사장이 사퇴를 표명하고 문화방송노조는 23일 동안의 긴 파업을 끝내고 4월 6일에 일터로 돌아간다.

한국합섬에서 산업 재해로 사망하는 사건이 벌어진다. 노조는 태업으로 항의했고, 회사는 노조 간부 등 41명에 대해 고소, 징계, 손배 소송을 강행한다. 구미1공장 노조원 1천여 명이 4월 8일부터 파업에 들어간다. 파업이 장기화하고 1공장 노조원이 정상 조업 중인 2공장을 방문해 파업에 동참할 것을 호소하자, 경찰이 공장을 포위하고 폭력적으로 45명을 연행한다. 이에 항의하여 노조 부위원장 이진권과 회계 감사 서상준이 분신한다. 한국노총과 민주노총이 연대하여 노동 단체들과 함께 한국합섬투쟁대책위원회를 구성하고, 5월 8일과 11일에 구미와 서울에서 2천여 명이 참가하는 항의 집회와 거리 행진을 벌인다. 회사는 마침내 굴복하고 노동자들은 36일 동안 벌여 온 파업을 끝낸다.

여느 해와 달리 임금 인상보다는 해고자 복직, 작업 중지권 확보, 노동 시간 단축, 경영 참가 등을 주요 요구로 내세운 1996년의 임단협은 6월에 들어서야 본격화된다. 지난해 말부터 임단투 공동 준비, 공동 집회, 간부 결의 대회, 투쟁 일정 집중 등을 통해 착실히 힘을 다져 온 공공 부문 노조들이 투쟁을 선도한다. 5월 말에 30개였던 쟁의 사업장 수는 6월 초에 접어들면서 80개로 늘고 6월 중순에는 1백여 곳을 훨씬 넘어선다. 전해투와 공공부문해고노동자복직투쟁위가 함께 구성한 해고자복직공동투쟁위가 6월 10일에 명동성당 입구에서 천막을 치고 해고자 복직을 요구하면서 무기한 밤샘 농성에 들어간다. 민주노총은 6월 12일에 전국의 노조 대표자 1200여 명이 참가한 결의 대회를 열고 공공 부문의 냉각 기간이 끝나는 6월 20일을 전후해 파업을 집중하기로 결의한다. 민주노총 지도부도 6월 14일에 명동성당 농성장에 상황실을 차리고 정부를 상대로 교섭을 벌인다. 서울지하철노조와 한국통신노조가 6월 20일 새벽에 해고자 복직과 임금 가이드 라인 돌파 등의 성과를 얻으면서 큰 충돌 없이 투쟁을 마무리한다. 만도기계도 6월 21일에 협상이 타결되고 현대자동차와 효성중공업 등 협상 타결 사업장이 속속 늘어난다.

그러나 6월 29일에 한진중공업노동조합이 파업에 들어가면서 민주금속연맹 사업장을 중심으로 파업이 다시 확산된다. 과기노조는 6월 26일, 7월 2~3일에 이어 7월 12일부터 세번째 파업에 들어간다. 현총련 소속 7개 노조가 7월 20일 성실 교섭을 촉구하는 동시 파업을 벌인 데 이어, 7월 22일에는 캐피코, 현대강관, 대한알루미늄 등이 전면 파업에 들어가고 현대정공, 한국프랜지, 현대중공업 등이 부분 파업을 벌인다. 7월 26일 현재 대동공업, 배이산업, 계양전기, 부일산업, 경남제약 등이 직장 폐쇄에 맞서 장기 파업을 벌이고 있고, 한진중공업이 한 달 가까이 파업을 계속하고 있으며, 대림자동차, 대우캐리어, 한양공영, 한라중공업, 통일중공업 등이 파업 중이다. 8월 들어서도 7일에 대우캐리어노조가 파업에 들어가고 대림자동차 등에서 파업이 장기간 지속되면서 파업 열기는 계속된다. 현대중공업 노조는 9월 들어 조·직·반장들이 주도한 무쟁의 서명 운동에 70%의 노조원이 참여하고 대의원 209명 가운데 154명이 총회 소집을 요구하여 상당한 어려움을 겪는다.

1996년의 임단협 투쟁은 민주노총 출범으로 내부 활력이 높아져 쟁의 건수도 늘면서 활발히 전개되었다. 민주노총은 공공 부문 투쟁에 대한 지원과 지도를 통해 지도력을 높였고, 공동으로 제기한 12가지 요구 중에서

8가지의 관철률이 50%를 넘었다. 그러나 중앙과 연맹의 결합력은 아직 미약했다. '인사 징계위 노조 참가'와 '고용 조건 변동 시 노조와 합의' 등 노조가 관철한 내용은 '수세적 수준'에 머무르는 것이었다. 임단협 투쟁과 사회 개혁 투쟁이 서로 상승 작용을 일으키는 방향으로 결합하지도 못했다.

한편, 8월 13~15일에 제7차 범민족 대회가 연세대에서 열린다. 경찰은 헬기 12대로 최루액을 뿌리며 전경 52개 중대 6천여 명을 교내로 진입시켜 해산 작전을 벌인다. 대회 참가자들이 3일 동안 화염병과 쇠파이프로 격렬하게 저항하여 학생 4백여 명과 경찰 2백70명이 다친다.

처음 시도되는 사회적 타협, 뒤통수치는 자본가 정권

4월 24일, 김영삼 대통령은 "노조는 투쟁과 분배 우선의 노동 운동에서 벗어나 국민 경제의 발전과 함께 가는 합리적이고 생산적인 노동 운동을 해야 한다"는 '신노사 관계 구상'을 발표한다. 이에 따라 공익 위원 10명, 학계 10명, 노동계 5명, 재계 5명 등 총 30명으로 구성되는 노사관계개혁위원회(노개위)가 5월 9일에 출범한다.

'집단적 노사 관계법의 개정과 개별적 노사 관계법의 개악을 맞바꾸려하는 데 들러리로 서게 되는 것 아니냐'는 우려가 있었지만 민주노총은 '참여와 투쟁'을 병행하기로 한 방침에 따라 양경규 전문노련 위원장과 백순환 민주금속연맹 부위원장을 노개위에 참가시킨다. 백순환은 "무조건 투쟁만 일삼는 이기적인 단체라는 식으로 국민 속에 잘못 알려진 편협한 시각을 교정할 필요가 있다"며 노개위에 참여하는 이유를 밝힌다.

노개위 위원장 현승종 전(前)총리는 5월 10일에 사무실 현판식 직후 기

김영삼 정부는 '국제 경쟁력 강화'를 위해 노사의 합의와 협력이 필요하다면서 각종 노동법을 개악한다.

자 회견에서 "개혁위원회의 1차 목표는 노사 관계의 의식 개혁에 있지 법과 제도의 개정에 있는 것이 아니다"라고 발언하여 노개위의 한계를 처음부터 드러낸다. 7월 2일, 정부는 "올 가을 노동법 개정 때 정리 해고제, 근로자 파견제, 변형 시간 근로제 등의 도입을 추진하겠다"고 발표한다.

민주노총은 7월 19~20일의 전국 단위 노조 대표자 수련회에서 하반기 노동법 개정 총력 투쟁을 선언한다. 민주노총은 애초의 계획을 앞당겨 8월 8일에 노동법개정투쟁본부(투본) 체제로 전환하고, 노동법 개정 투쟁에 모든 조직 역량을 집중한다. 투본은 9월 3일에 노개위 소위의 공익 위원들이 마련한 '노동법 개정 요강 토의 자료'를 검토하기 위해 대표자 회의를 소집한다. 참석률이 그 어느 때보다 높았던 이 회의에서 '토의 자료'에 대한 반대 의견이 거세게 제기된다. 노개위에서 철수하고 토의 자료를 공개하자는 것이다. 그러나 "소위가 끝날 때까지 최선을 다하고 다수결로 밀어붙이려 할 때 철수하자"는 입장이 우세하여 소위 활동까지는 참여하는 것으로 결론이 난다.

전국경제인연합(전경련)의 41개 주요 재벌 기획조정실장들이 9월 6일에 모여 임금 총액 규모 동결 방침을 발표하고, 정리 해고 요건을 완화하고 복수 노조와 제3자 개입의 인정을 신중히 추진할 것을 정부에 요구한다.

10월 2일, 민주노총은 기자 회견을 열고 "전임자 임금 미지급, 파업 기간 중 무임금 원칙의 법제화 등 노조 활동을 근본적으로 무력화시키려는 자본의 의도가 명확해지고 정부 역시 이 같은 자본의 요구를 적극적으로 수용하는 태도를 보이는 현상황에서 노개위의 참여는 더 이상 의미가 없어 불참한다"고 선언한다.

10월 7일, 노개위요강소위는 민주노총 양경규 위원이 불참한 가운데 회의를 열고 '법외 단체의 노조 명칭 사용 금지 조항 유지, 노조 대표자의 협약 체결권 명시, 통신 사업의 직권 중재가 가능한 공익 사업장으로의 추가' 등 한국노총의 양해로 11개 조항의 개정에 추가로 합의한다. 이 조항들은 그 동안 민주노총이 강력히 반대해 온 것이었다. 민주노총 단위 노조 위원장들은 10월 7~9일에 전국 곳곳에서 농성을 벌인다. 10월 10일의 민주노총 임시 대의원 대회는 "노동법 개정 투쟁 과정에서 진전된 안이 제출될 경우에 이에 따른 방침은 위원장을 중심으로 대표자들에게 위임한다"고 결의한다. 민주노총의 반발이 거세어지자 노개위는 쟁점 법안에 대한 수정안을 민주노총에 비공식으로 제시한다. 민주노총 임원들과 산별 노조 대표자들은 긴 회의 끝에 "노동 조합의 자주적 단결권 관련 조항들이 조건 없이 수용될 경우, 노동 시간 단축과 병행된 변형 근로 시간제와 1989년 대법원 판례 수준의 정리 해고제 도입은 수용 가능하다"는 입장을 정리한다. 이 같은 입장을 양경규 위원이 10월 14일 오전에 열린 노개위 전체 회의에 참석해서 전달한다. 10월 15일의 신문은 일제히 '민주노총 정리 해고제 수용'이라는 기사를 내보낸다. 그러자 '현장이 무너지고 있는데 민주노총 합법화를 위해 정리 해고를 수용했다'는 식의 격렬한 항의 전화가 민주노총으로 빗발친다.

김영삼 대통령은 남은 쟁점들에 대해 11월 9일까지 노사가 대타협을 이루어 달라는 메시지를 노개위 전체 회의에 보낸다. 노개위는 민주노총이 협상에 복귀할 때까지 논의를 유보한다. 민주노총의 11월 1일 중앙위는 "10월 2일의 불참 선언 이후 노동법 개정 과정에서 주도성을 상실하고 법안이 개악되는 상황을 막지 못하면서 대외적 명분과 대내적 실리 모두를 잃어 왔다"며 찬성 50표, 반대 23표로 노개위 복귀를 결정한다.

11월 10일, 민주노총은 노동 관계법의 민주적 개정을 촉구하고 민주노총 출범 1주년을 기념하는 전국 노동자 대회를 10만에 육박하는 대회 사상 최대 규모의 인원이 모인 가운데 여의도에서 성대하고 힘 있게 치른다. 민주노총의 규모는 11월 현재, 창립 1년 만에 71개 노조, 7만여 명이 늘어난 929개 노조, 49만 6908명이다. 한편 노동 쟁의는 1991년 234건, 1993년 144건, 1995년 88건, 1996년 85건으로 감소 추세를 보이지만, 파업 등 쟁의 행위가 계속된 평균 일수는 각각 18.2일, 19.9일, 22.6일, 25.5일로 오히려 늘어난다.

12월 3일, 김영삼 정권은 개악된 노동 법안을 발표한다. 다음날 민주노총 사무총국은 총파업 투쟁을 위한 비상 체제로 들어간다. 민주노총 소속 사업장들은 일제히 총파업 찬반 투표에 들어가 모두 90%를 웃도는 찬성률로, 3백 개 노조, 25만여 명이 총파업을 결의하고 민주노총의 지침이 떨어지기를 기다린다. 민주노총은 12월 6일에 중앙위를 긴급 소집하여, 12일 자정까지 노동법 개악안의 통과 방침이 철회되지 않으면 12월 13일에 4시간 총파업을 벌이는 데 이어 12월 16일부터는 무기한 총파업에 들어가기로 결정하고, 조합원 1인당 1만 원의 구제 기금을 결의한다. 청와대가 민주노총 내 강경파 격리와 외부 세력 차단 등 노동법 개정안 강행 처리를 위한 방안을 극비리에 마련하고 추진해 왔다는 사실이 12월 9일의 신문을 통해 폭로된다. 하지만 민주노총 지도부는 12월 12일 밤 비상 대책 회의에서 격론 끝에, 현실적으로 회기 내 개정안 통과가 불가능하다고 판단해 국민 불편이 큰 파업을 자제하기로 하고 13일과 16일로 잡았던 단계적 파업 계획을 철회한다.

12월 26일 새벽 6시, 신한국당 국회 의원 154명은 노동관계법과 안기부법 등 11개의 법안을 단 7분 만에 통과시킨다. '날치기' 통과된 노동법은 교사와 공무원의 단결권 부정, 복수 노조 전면 유예, 노조 전임자 임금 지급 금지, 해고 노동자의 조합원 자격 부정, 쟁의 기간 대체 근로 허용, 제3자 개입 금지 존속, 사업장 내 쟁의 행위 금지, 공익 사업 직권 중재 지속, 쟁의 기간 임금 지급 금지, 정리 해고제 도입, 변형 근로 시간제 도입 등 노동자의 단결권과 단체 행동권을 제약하는 조항으로 가득했다. 안기부는 국가보안법상의 고무·찬양죄와 불고지죄에 대한 수사권까지 다시 갖게 된다.

노동법 개악 저지 총파업

1단계 총파업

12월 26일: 방송이 '날치기 통과' 사실을 속보로 전하자 민주노총에는 "총파업 지침은 어떻게 되느냐?"는 전화가 빗발친다. 오전 7시 30분, 권영길 위원장은 팩스와 통신으로 "즉각 전면적인 총파업에 돌입한다"는 긴급 지침을 내린다. 이에 따라 금속, 대학, 자동차, 전문, 화학, 현총련 등 6개 연맹 또는 협의회의 88개 조합의 14만여 명이 아침 8시부터 총파업에 들어간다. 이들은 각 사업장에서 출정식을 가진 뒤, 전국의 주요 도시들에서 지역별로 열린 김영삼 정권 규탄 집회에 참가한다.

12월 27일: 병원노련 8개 노조 1만 3천 명 등 40개 노조에서 4만여 명이 추가로 가세하면서 모두 163개 노조, 20만여 명이 파업에 참가한다. 민주노총은 전날에 이어 전국에서 지역별 집회를 연다. 서울 여의도 광장에는 3만여 명이 모여 집회를 열고, 부산에서는 시청 앞과 남포동까지 진출해 밤늦게까지 시위를 벌인다. 한국노총도 화학노련과 금속노련을 중심으로 486개 노조, 15만 4천 명이 낮 1시부터 파업에 들어간다. 이로써 복수 노조 시행 시기를 3년간 유보함으로써 한국노총을 민주노총과 분리하여 관리하려던 정부의 의도는 물거품이 된다. 정리 해고에 대한 노동자들의 위기감과 분노가 아무도 자신하지 못했던 즉각적인 총파업과 한국노총의 가세를 이끌어 낸 것이다.

12월 28일: 서울지하철노조가 파업에 가세하여 모두 171개 노조, 22만여 명이 파업을 벌인다. 한국노총에서는 동국제강과 한국화장품 등 60개 노조가 새로 가세한다. 지역별로 열린 규탄 집회는 집회 참가 인원 최고 기록을 갱신하고, 강원과 제주에서는 사상 첫 지역 노동자 집회가 열린다.

12월 29일: 부산지하철노조도 파업에 가세한다. 한국노총 계열은 절반 이상이 파업 대열에서 이탈한다. 민주노총은 서울 여의도 광장에서 노조원 2만여 명이 모여 '노동법 안기부법 날치기 통과 규탄 및 김영삼 정권 퇴진 결의 대회'를 연다. 현총련은 이날로 사흘 연이어 1만 5천여 명이 모여 대규모 집회를 연다.

12월 30일: 민주노총은 "연말연시 시민의 불편과 지하철 안전 사고를 우려해" 공공 부문 노조의 파업을 잠정 중단한다. 총파업 과정에서 대정부

1996년 12월 26일 새벽에 노동 관계 법률이 날치기로 통과된다. 전국의 노동자들은 파업에 들어가고, 김영삼 정권의 퇴진을 요구한다.

투쟁은 종교계와 시민 단체로까지 확대된다. 천주교와 개신교 성직자들이 날치기 통과에 항의하는 미사와 예배를 올린다. '민주화를 위한 교수협의회'(민교협) 회원 1백여 명이 서울 종로성당에서 '노동법·안기부법 개악 무효 선언 교수 대회'를 갖고 거리 행진을 벌인다. '민주사회를 위한 변호사모임'(민변) 회원 70여 명은 새해 첫날까지 노동관계법과 안기부법의 완전 무효화를 요구하는 시한부 농성에 들어간다. 개신교 4개 교단과 한국기독교교회협의회 목회자 1백여 명은 비상 시국 토론회를 연다. 실천불교승가회와 전국불교운동연합 등 30여 개의 불교 단체 대표자들도 긴급 회의를 열어 '반민주악법저지를 위한 불교비상시국회의'를 결성하고 '민주수호를 위한 시국 법회'를 열어 영가등을 든 채 탑골공원까지 거리 행진과 침묵 시위를 벌인다.

12월 31일: 김영삼 대통령은 "노동자들이 대통령의 거부권에 기대를 걸고 총파업을 벌이고 있으니 불씨를 없애야 한다"며 법안을 서둘러 공포한다.

2단계 총파업

1997년 1월 3일: 기아자동차노조, 쌍용자동차노조, 아시아자동차노조 등 자동차연맹을 중심으로 46개 노조, 9만여 명이 2단계 총파업에 들어간다. 민주노총은 1월 4일 명동성당에서 상복을 입고 만장과 상여를 앞세워 '민주주의 장례식'을 치른다. 한국노총이 1월 5일에 '노동법 안기부법 개악 철회와 민주 수호를 위한 범국민대책위원회'(범대위)에 가입한다.

1월 6일: 새해 첫 출근한 현대자동차노조 등 현총련 산하 13개 노조와 사무노련, 전문노련, 건설노련 등 모두 150개 노조, 19만여 명이 파업에 들어가면서 2단계 총파업이 본격화한다. 민주노총은 서울 종묘공원에서 1만 5천여 명이 모여 '날치기 노동법 안기부법 무효와 김영삼 정권 퇴진 결의대회'를 연다. 한국경영자총협회, 전경련, 대한상공회의소 등 경제 5단체 산하 총파업특별대책반은 2차 회의를 갖고 "파업을 주도한 노조 간부들을 고소, 고발하고 손해 배상을 청구하며, 대체 인력 투입과 직장 폐쇄 등의 초강경 조치도 불사하겠다"고 발표한다. 대한무역협회노조와 중소기업협동조합중앙회노조 등 경제 단체를 사업장으로 하는 노조들까지 파업에 들어간다.

1월 7일: 김영삼 대통령은 연두 기자 회견에서 사태와 관련한 입장을 밝힌다. "지난 43년간 단 한 번도 바꾸지 않은 노동법을 선진국형으로 바꾼 것이다. 선진국에는 노동 쟁의가 없다. 안기부법 개정은 민주주의를 지키기 위한 최소한의 조치다. 야당 총재들을 지금 만나서 얘기할 것이 있겠느냐?" 이 기자 회견은 총파업의 열기를 확산시킨다. 병원노련 산하 24개 병원 노조와 KBS, MBC, CBS, EBS 등 방송 4사 노조가 파업에 가세하여 모두 191개 노조, 21만 7천여 명이 파업을 벌인다. 예정되어 있던 주요 공공 부문 노조의 파업은 여론과 한국노총의 파업 일정을 고려하여 일단 유보한다. 현총련은 태화강 둔치에서 1만 5천여 명이 모여 해가 바뀐 뒤 첫 규탄 집회와 거리 행진을 벌인다.

　1월 8일: 김우석 내무부 장관, 안우만 법무부 장관, 진념 노동부 장관 등 3부 장관은 "불법 파업을 계속할 경우 법 질서 수호를 위해 단호한 조치를 취할 것"이라는 합동 담화문을 발표한다. 민주노총은 파업 대열을 추스르기 위해 1월 14일까지 사업장의 사정에 따라 파업 수위를 조절하기로 하고, 이날을 '국민과 함께하는 날'로 정하여 무료 건강 검진과 차량 정비 등의 대국민 봉사 활동을 벌인다. 전날의 방송 4사 동시 파업에 이어 영상사업단과 문화사업단 등 한국방송공사 계열사의 노조가 파업에 들어간다. 기독교방송은 프로그램 중간에 노동자들의 투쟁을 격려하는 멘트와 음악을 내보낸다. 한 농민은 한국방송공사노조에 '무공해 달걀' 1만 2천 개를 트럭에 실어 전하며 파업을 격려해 화제에 오른다. 충남 지역에선 한국노총과 민주노총이 아산역 광장에서 2500여 명이 모여 집회를 열고 신한국당 해체와 김영삼 퇴진을 주장한다. 전국 36개 대학의 법학 교수 62명은 명동성당에서 기자 회견을 갖고 "신한국당의 노동법 날치기 통과는 국회법을 명백히 위반한 것으로서 어떤 명분으로도 정당화될 수 없다"는 성명서를 발표한다. 경남도의회 김창현 의원(무소속)과 울산시의회 의원 10명은 기자 회견을 갖고 정부가 날치기 통과한 법률의 전면 재검토를 요구한다. 컴퓨터 통신 공간에서의 총파업을 지지하는 검은 리본 달기 운동은 90여 개 동호회와 '서태지와 아이들 팬클럽'까지 동참하는 등 날로 확산된다. 한편, 강남성모병원노조는 환자들의 잇단 항의로 파업을 계속하기 어렵다며 파업을 철회한다. 한국중공업노조도 회사나 공권력의 탄압이 있을 때까지 파업을 잠정 중단하기로 한다. 대검공안부는 현대중공업과 한국중공업 등 대형 사업장의 파업이 진정 기미를 보이고 있다며 노조 간부들에 대한 사전 구속 영장 청구를 유보하고 사태를 지켜본다.

1월 9일: 방송사, 병원, 사무노련 등이 전면 파업을 계속하지만 완급 조절 방침에 따라 현총련과 민주금속연맹 소속 80개 노조 10만여 명이 부분 조업에 참여한다. 현총련 이영희 의장은 "노조도 경제를 걱정하고 책임지고 있다는 모습을 보여 주고 싶었다"고 밝힌다. 총파업은 소강 상태에 들어간다. 대통령은 "불법 파업은 사회 질서를 파괴하고 경제를 더욱 어렵게 하기 때문에 법에 따라 단호히 대처해야 한다"고 밝힌다. 『조선 일보』는 사설을 통해 "정부는 책임감과 과단성을 발휘하여 적극적으로 대처해야 한다"며 정부의 강경 대응을 부추긴다. 서울지법은 "노동법 개정 무효화 투쟁은 개별 사업장 근로 조건을 대상으로 한 것이 아닌 만큼 쟁의 대상이 될 수 없다"고 판결한다. 검찰과 경찰은 민주노총, 금속노련, 자동차연맹, 병원노련 등의 사무실에 대해 수색을 실시하고 컴퓨터 디스켓, 책자, 자료집 등을 압수한다.

1월 10일: 196개 노조 20만 명이 파업을 계속한다. 검찰은 민주노총 지도부 20명에 대한 검거에 나선다. 천주교 서울대교구는 공권력 명동성당 투입을 반대하는 기자 회견을 연다. 현대자동차 울산 공장이 정상적인 회사 운영이 불가능하다며 오후 5시부터 무기한 휴업에 들어간다. 울산 지역 노동자와 가족 1만 5천여 명은 태화강 둔치에서 '노동자 시민 문화 한마당'을 열고 거리 행진을 벌인다. 울산과 대전에서는 최루탄을 발사하는 경찰과 시위대가 충돌해 30여 명이 중경상을 입는다. 현대자동차 노조원 정재성(33세)이 노동 악법 철폐를 외치며 분신하여 중태에 빠진다.

1월 11일: 방송 4사 노조와 병원노련 산하 33개 병원 노조 등 1백49개 노조, 14만 9천여 명이 전면 파업 또는 부분 파업을 계속한다. 기아자동차가 파업 15일만에 부분 조업에 들어가는 등 소강 상태가 이어진다. 명동성당에 대한 공권력 투입을 둘러싸고 긴장이 고조되고 있는 가운데 민중 진영 각계 원로들은 날치기 노동법 무효화와 재개정을 촉구하는 「1997인 시국 선언문」을 발표한다. 3만 명이 모인 '노동법·안기부법 날치기 통과 규탄 범국민 결의 대회'가 종묘공원에서 열린다. 시민들은 경찰에 야유를 퍼붓고 경찰의 필름을 압수하고 붙잡혀 가는 노동자를 구출하는 등 시위대를 적극 옹호한다. 국제자유노련, OECD노동조합자문위원회, 국제노동기구, 국제사면위원회 등은 특별 조사단을 파견하거나 한국 정부에 항의 서한을 전달한다. 정부와 여당은 공권력 투입을 유보하고 재개정을 위한 토론을 제의하면서 노조 지도자들과 막후 접촉을 시작한다. 민주노총은 정부가 대화 상대로 인정하자 고무된다.

1월 13일: 총파업 사태를 수습하기 위해 현장을 방문한 신한국당 이홍구 대표가 김수환 추기경을 만난 데 이어 민주노총 지도부와의 만남을 시도한다. 민주노총은 개정 백지화와 지도부에 대한 사법 처리 방침 철회가 선행돼야 한다며 거부한다. 전국 24개 대학의 법학 전공 교수 30여 명이 기자 회견을 열고, 이번 총파업은 불법 정치 파업이 아니라 헌법 질서 수호를 위한 저항권 행사의 하나라고 주장한다.

1월 14일: 한국노총이 2단계 총파업에 들어간다. 1단계에 참여하지 않았던 금융노련의 34개 은행 노조, 11만여 명과 택시노련의 630여 개 노조, 8만여 명이 파업에 들어가고, 한국노총의 주력인 화학노련과 금속노련의 참여도 크게 늘어나 1600여 개 노조, 42만여 명이 파업에 들어간다. 이는 1단계 파업의 3배 가까운 규모다. 그러나 철도, 체신, 전력 등 국가 기간 산업의 노조들은 여전히 총파업에 참가하지 않는다. 권영길 민주노총 위원장과 박인상 한국노총 위원장은 명동성당에서 "노동법과 안기부법의 무효화가 받아들여질 때까지 투쟁하고 빠른 시일 내에 공동 집회를 개최한다"
는 공동 결의문을 발표한다.

3단계 총파업

1월 15일: 민주노총 431개 노조, 37만 명이 3단계 전면 총파업에 들어가
고 한국노총 1500여 개 노조, 38만여 명이 전날에 이어 파업을 계속하면서
총파업의 열기는 절정에 다다른다. 민주노총과 한국노총은 전국 15개
시·도에서 20여만 명이 참가한 대규모 집회를 열어 노동법과 안기부법의
개악 철회 등을 요구한다. 이날의 대규모 집회는 '1991년 5월 민중 투쟁'
이후 최대 규모를 이루었고 일부 지역에서는 격렬한 시위가 벌어진다. 서
울 종묘공원 집회를 마친 민주노총 노조원 3만여 명은 경찰이 명동성당으
로 가는 행진을 막자 세운상가 앞 여덟 개 차선을 완전히 점거하고, 다연발
최루탄을 쏘며 공격적인 해산 작전에 나선 경찰에 맞서 돌을 던지며 밤 9
시까지 격렬한 시위를 벌인다. 시민 4천여 명이 차도로 나와 경찰 물러가
라며 시위대와 합류하자, 경찰은 인도에 서 있던 시민들에게까지 최루 가
스를 분사한다. 지역의 상인과 주민 3백여 명은 경찰을 향해 신문지와 종
이컵 등을 던지며 야유를 보낸다.

한국노총은 여의도 광장에서 3만여 명이 참가한 집회를 갖고 신한국당
사까지 가두 행진을 벌인다. 한국노총의 2단계 총파업 투쟁은 이날로 마무
리된다. 한국은행노조는 금융노련이 상급 단체인 한국노총의 지침을 어기
고 파업 불참 결정을 내렸다며 탈퇴를 선언한다.

미루어 왔던 공공연맹의 총파업 가담은 민주노총이 공언해 왔던 이날도
제대로 이루어지지 않는다. 지하철, 시내 버스, 택시 등 3대 대중 교통 부
문의 노조가 파업에 들어갔지만, 서울 2기 지하철을 운영하는 도시철도공
사노조는 아예 파업 계획을 철회하고, 부산지하철노조는 위원장의 파업

지시에도 불구하고 노조원들이 파업에 불참하여 정상 운행하고, 새벽에 파업에 들어갔던 전국 126개 버스 노조 1만 7천여 명은 3시간 만인 오전 7시 30분에 파업을 중단하고, 서울시내버스노조는 파업 참가 회사가 8개 업체로 시작해 1개로 줄어들다가 4시간 만에 파업을 철회한다. 현대중공업노조에서도 집행부가 파업 참가를 독려했지만 대부분 노조원들이 출근하면서 정상 조업이 이루어진다. 민주노총은 국민 생활 불편을 빌미로 공권력이 투입될 것을 우려해 공공 부문 파업을 무기한에서 시한부로 바꾸고 당분간 대국민 홍보에 주력하기로 한다. 민주노총은 서울대병원 등 지난 달 27일부터 파업을 계속해 온 전국 20여 개 병원에 한해 1월 16일부터 노조 간부들만 참여하는 부분 파업으로 전환하고, 서울과 부산의 지하철노조와 화물노련도 1월 17일부터 부분 파업으로 바꾸고, 한국통신은 1월 16일까지로 파업 기간을 한정하기로 한다.

이처럼 민주노총이 3단계 총파업 첫날부터 여론을 의식하며 한발 물러서는 반면에 야당인 국민회의와 자민련은 지금까지의 입장과는 완전히 다르게 총파업을 지지하며 정부에 대한 정치 공세를 편다. 이들은 반독재공동투쟁위라는 이름으로 "18일부터 날치기 안기부법 노동 관계법의 백지화를 요구하는 천만 인 서명 운동을 펼치고 20일부터는 주요 대도시에서 대규모 규탄 집회를 열겠다"고 밝히고, 6명의 의원으로 구성된 격려 방문단을 명동성당으로 보낸다.

정부는 이날 아침, 이수성 총리 주재로 긴급 관계 장관 회의를 열어 파업 사태를 빨리 마무리짓기 위해 모든 수단을 동원하기로 한다. 검찰도 최병국 대검 공안부장의 담화문을 통해 수출 손실과 국제사회주의노동자연맹 등 '불순 세력'의 총파업 개입 혐의를 부각시키면서 엄정하고 단호하게 검찰권을 행사하겠다는 강경한 입장을 밝힌다.

1월 16일: 이홍구 신한국당 대표는 "법률 재개정은 받아들일 수 없지만 국회에서 모든 문제를 논의할 수 있다"며 야당에게도 책임을 넘기고 "국민들의 이해를 위해 노조 대표들과 텔레비전 토론을 하자"고 제안한다. 창원지법 제1민사부는 현대정공(창원)이 노조를 상대로 낸 쟁의 행위 가처분 신청 사건에서 "파업이 합법인지 불법인지를 가리기에 앞서 노동법과 안기부법 국회 통과 절차의 위헌 여부가 이 사건 재판의 전제가 돼야 한다"며 직권으로 위헌제청 결정을 내린다. 이날도 17개 신문사 노조가 부분 파업을 벌이는 등 모두 260개 노조, 26만 9천 명이 파업에 참가한다.

1월 17일: 민주노총은 투쟁 수위와 요구 수준을 크게 낮춘다. 민주노총은 총파업을 매주 수요일에만 벌이고 나머지 평일에는 정상 조업하기로 하고, 정부가 개정 노동법의 시행을 유보한다고 선언하면 파업을 철회하겠다고 밝힌다. 민주노총은 매주 수요일과 토요일에 전국 주요 도시에서 대규모 집회를 열어 정부와 여당에 대한 압력을 계속해 나가기로 한다. 12개 병원을 포함해 170개 노조, 18만 1천여 명이 파업을 계속한다. 22개 병원과 지하철, 한국통신, 화물노련 등은 정상 근무에 들어간다. 신한은행 등 9개 은행 노조, 전국 1백여 개 상호신용금고 중 27개 단위 노조, 한국감정원노조 등이 한국노총 금융노련에서 탈퇴한다.

1월 20일 월요일: 총파업에 참가했던 대부분의 노조가 정상 조업에 들어간다. 그러나 광주의 대우캐리어노조는 회사가 파업에 참가한 노동자들을 무단 결근으로 처리하자 이에 맞서 계속 파업을 벌인다.

1월 21일: 김영삼 대통령은 영수 회담에서 통과 법률 재논의와 영장 집행 유예의 뜻을 밝힌다. 경찰은 오후 7시경 단병호 민주금속연맹 위원장을 검거했으나 검찰의 지시에 따라 2시간 만에 풀어 준다. 노동법 재개정으로 가닥이 잡히면서 민주노총과 정부의 대립이 일단 소강 국면으로 접어든다. 이와는 달리 각 사업장에서는 노사가 전면 충돌로 치닫는다. 단위 사업장에서의 국지전은 개악된 노동법을 이용하여 노조를 완전히 무력화시키려는 자본가들의 무차별 공격으로 인해 총파업이라는 전면전보다 더 힘겹게 진행된다. 자본가들은 손해 배상 청구, 무노동 무임금 적용, 상여금 삭감, 무단 결근 처리, 징계, 고소나 고발, 단협 개악, 노사 합의 사항 불이행, 노조 무시, 노조 탈퇴 강요, 구사대 폭력, 해고자 리스트 작성, 대기 발령, 대체 인력 투입, 소사장제 도입 등으로 노조를 공격한다.

1월 22일: '수요 파업' 첫날인 이날, 민주노총은 현총련 등을 중심으로 135개 노조, 14만여 명이 파업(대부분은 부분 파업)을 벌이고 전국 14개 도시에서 집회를 열어 단위 노조에 대한 탄압 중단과 노동법 및 안기부법의 무효화를 촉구한다. 서울 집회에는 영장 집행이 유보된 권영길 위원장 등 핵심 지도부가 처음으로 참석한다. 종전의 "김영삼 정권 퇴진, 신한국당 해체"의 구호는 "개악 노동법 전면 백지화, 즉각 재개정"으로 바뀐다. 재계는 총파업특별대책반중앙대책위원회 4차 회의를 열고 '무노동 무임금'을 철저히 적용하기로 한다. 이후 파업 참가자에 대한 '무노동 무임금' 적용과 파업 주동자와 신원 보증인에 대한 막대한 손해 배상 청구는 많은 사업장에서 노조를 탄압하는 효과적인 무기로 작용한다.

자금난을 겪어 오던 한보철강과 (주)한보가 1월 23일에 부도나면서 재벌 그룹의 대마불사(大馬不死)라는 신화가 무너지기 시작한다. 경기 침체에 파업과 한보 사태가 겹치면서 설을 앞두고 임금을 지급하지 못하는 업체가 크게 늘어난다. 총 1천2백억 원의 임금이 체불되어 1993년의 한양 부도 사태 이후 최대 규모를 기록한다.

1월 24일, 민주노총 지도부는 공개적인 장소에서 적극적이고 폭넓은 활동을 하기 위해 농성 장소를 명동성당에서 민주노총 사무실로 옮긴다. 사법 연수원 1년차인 27기생 180여 명이 노동법 등의 날치기 처리가 위헌의 소지가 있다며 총파업에 대한 지지 의견을 모으고 공청회 등을 위한 기금으로 3만 원씩을 모아 파문을 일으킨다.

1월 26일~2월 12일: 민주노총과 한국노총이 1월 26일에 전국 각 도시에서 공동 집회를 열고 15만 명이 참가한다. 1월 28일의 민주노총 중앙 위원회는 2월 18일의 4단계 총파업을 치밀하게 준비하기 위해 '수요 파업'을 유보하고 대신 '수요 규탄 집회'를 계속하면서 '토요 범국민 운동'으로 서명 운동에 나서기로 한다. 대부분의 사업장이 2월 7~9일 설 연휴로 쉰다. 여·야가 임시 국회를 소집해 노동법 재개정 논의에 들어가기로 한다. 2월 12일의 민주노총 중앙 위원회는, 중요한 것은 노조원들이 최대한 참여하는 강력한 총파업을 조직하는 일이라며 2월 18일로 예고했던 4단계 총파업을 당분간 유보한다.

2월 12~16일: 북한 최고인민회의 의장을 지낸 서열 21위의 황장엽 조선로동당 국제담당비서가 2월 12일에 중국 베이징의 한국 총영사관으로 찾아와 "북한 주민들이 굶주리고 있고 자신이 집대성한 주체 사상이 변질되었다"며 한국으로의 망명을 신청한다. 3일 뒤인 2월 15일에는 북한 김정일 비서의 동거녀였던 성혜림의 조카 이한영이 성남시에 있는 자신의 아파트 엘리베이터 앞에서 두 명의 괴한에게 총격을 받아 병원으로 옮겨졌으나 뇌사 상태에 빠진다. 신한국당 김철 대변인은 다음날 "남한에는 북한의 고정 간첩 5만 명이 암약하고 있다"는 황장엽의 발언을 근거로 "온 국민은 전시에 준하는 철저한 안보 정신으로 무장하고 모든 일상사에 안보 의식을 갖고 임해야 한다"면서 공안 분위기로 몰아간다.

2월 17~27일: 민주노총은 임시 국회가 개회되는 2월 17일에 노동법의 올바른 재개정을 요구하며 전국에서 단위 노조별로 철야 농성에 들어간다. 전교조는 2월 24일에 노동법 야당 단일안이 교원의 노동 기본권 보장 문제를 유보한 데 반발해, 여의도 광장에서 분회장 1천5백여 명이 모여 결의 대회를 열고 세 개의 야당 중앙당사에서 벌이고 있는 무기한 농성 항의 운동을 전국으로 확대하기로 한다. 2월 25일의 민주노총 중앙 위원회는 국회에서 논의 중인 노동법 재개정안의 수준이 기대에 미치지 못한다고 판단하고 2월 28일부터 4단계 총파업에 들어가기로 결정한다. 그러나 이틀 뒤인 2월 27일에 민주노총은 "28일 자정까지 여야가 올바른 노동법에 합의할 수 있다고 본다"며 예정됐던 총파업을 유보하고, 그 대신 28일 오후 1시부터 4시간 동안 공공 부문을 제외한 전 사업장에서 시한부 경고 파업에 들어가기로 한다.

4단계 총파업

2월 28일~3월 10일: 서울지하철, 서울대병원, 현대자동차, 만도기계, 과기노조 등 107개 노조, 13만여 명이 2월 28일에 4시간 부분 파업을 벌인다. 3월 4일의 민주노총 중앙 위원회는 국제적 기준에 맞는 민주적 노동법 개정이 이뤄지지 않을 경우에 3월 8일부터 총파업을 포함한 총력 투쟁에 나서기로 결정하고 총파업 돌입 여부는 위원장에게 위임한다. 3월 8일, 여야는 노동법 단일안을 마련한다. 3월 9일, 민주노총은 여야 합의안은 복수 노조를 즉각 허용한 것 이외에 날치기 처리된 것에서 크게 진전된 것이 없다고 입장을 밝히고, '노동법에 규정된 기준은 노동 조건의 최소 기준이므로 단체 협약이 법에 우선한다'는 법리와 '이 법을 이유로 근로 기준을 저하시킬 수 없다'는 근로기준법의 조항을 근거로 한국노총과 함께 대대적인 노동법 불복종 운동을 펼치기로 한다. 여야 3당의 합의로 상정한 노동 관계법은 3월 10일에 국회 본회의에서 통과된다. 이로써 '노동법 개악 저지 정치 총파업'이 막을 내린다.

노동 관계 법률 등의 날치기 통과에 항의한 '1996~1997년 총파업'은 지난 10년간의 노동법 개정 투쟁을 총결산하는 싸움이었다. 지난 10년 간의 노동법 개정 투쟁이 총파업을 가능하게 했던 것이다. 1987년 6월 항쟁에서 노동자들은 개인으로 시위에 참가했고 '넥타이 부대'는 노동자로 인식되지 않았다. 1991년 5월 투쟁에서 노동자들은 사업장별로 조직된 대오로 시위에 참가했지만 정치 투쟁의 주도권은 여전히 학생 운동에 있었다. 1996 ~1997년 노동법 개악 저지 투쟁에서 노동자들은 스스로 정치 투쟁의 전면에 나섰고 민중 운동의 선두에 서 있었다. 노동자의 힘은 그만큼 성장했고, 노동자들은 한국 사회에 중대한 정치적 영향력을 행사할 수 있는 조직력을 가졌다는 사실을 확인했다. 총파업을 주도한 민주노총은 영향력 있는 사회 세력으로 국민들에게 인식되었고, 이것은 노동자 정치 세력화의 기반과 진보 세력의 정치적 발판이 된다.

'1996~1997년 총파업'은 이전처럼 각 사업장의 쟁점을 가지고 투쟁 시기만 집중하던 방식과는 완전히 다르게 단일한 사안을 가지고 전국의 노동자들이 일시에 파업에 들어갔다는 점에서 진정한 '총파업'이었다. 민주노총은 그런 총파업을 훌륭하게 수행했고, 노동자들은 이 과정에서 성장했으며, 그런 만큼 단위 사업장 임단협 중심의 투쟁을 지양할 계기와 여건이 마련되었다. 민주노총은 총파업에서 한국노총을 훨씬 능가하는 주도력을 보이며 한국의 노조 운동을 대표하는 조직으로 완전히 부각되었고, 그 영향으로 22개 노조, 1만 2920명이 민주노총에 가입하는 성과를 얻었다.

물론 이러한 성과를 얻는 데는 그만큼의 투자가 필요했다. 민주노총은 75일 간의 대장정에 모두 528개 노조, 40만 3179명이 참가했으니, 하루 평균 168개 노조, 18만 9119명이 참가한 셈이다. 이 과정에서 총 30억여 원의 총파업 지지 성금을 걷었고 집회, 신문 광고, 선전물 제작, 변호사 선임, 치료비 등의 순수 파업 비용으로만 75억 원 이상을 썼다. 파업에 참가한 노조원들이 무노동 무임금과 무단 결근 처리로 받지 못한 최소 886억 원의 임금까지 합하면 총파업 비용은 1천억 원에 이른다.

그런데 총파업이 많은 성과를 남긴 것은 사실이지만, 막대한 역량과 비용을 투입했음에도 불구하고 목표를 완전히 얻는 데는 실패했다. 가장 쟁점이 되었던 정리 해고제와 변형 근로 시간제는 시행이 2년 간 유보되고 단서 조건이 붙긴 했지만, 자본가의 입장대로 관철되었다. 직권 중재가 그대로 온존하고, 무노동 무임금 규정이 신설되고, 쟁의 행위를 제한하는 조항들이 추가되어 단체 행동권이 무력화될 위기에 처했다. 교원과 공무원의 단결권이 철저히 외면되어 전교조 합법화는 또 미뤄졌다. 얻은 것이 있다면, 상급 단체의 복수 노조가 허용되어 민주노총이 합법화할 수 있게 되었다는 것이다. 얼마 안 있어 실제로 닥쳐온 정리 해고 사태와 또 다시 총력 투쟁으로 대응할 수밖에 없게 되는 이후의 상황을 생각해 보면, 총파업이 승리라고 볼 수만은 없다.

노개위 참가와 '수요 파업'으로의 전환 등의 유연한 투쟁 또한 '현장 상황을 정확히 읽은 훌륭한 전술 운용'이었다고만 평가할 수는 없다. 노개위 참가를 놓고 갈팡질팡했던 지도부에 대한 불신은 총파업이 성사됨으로써 잠시 잊혀졌을 뿐이다. 자본가와 정부의 선심에 기대를 걸기보다 대중의 역동성을 신뢰하면서 처음부터 일관되게 총파업을 조직했더라면 상황은 다르게 전개되었을 것이다.

자본가들의 구조 조정에 맞선 한국 노동자들의 총파업 투쟁은 전 세계의 이목을 집중시켰다. 세계 주요 노조들로부터 1천 통이 넘는 격려 편지가 도착했고 3천여 통의 지지 성명이 인터넷을 통해 민주노총 사이트로 쇄도했다. 그런데 그때의 총파업을 신자유주의에 반대하는 모범적인 투쟁으로 바라보는 그들의 시각과는 달리, 한국의 민주 노조 운동은 자신의 정체성을 이제야 본격적으로 시험받게 된다.

12장

패배의 연속, 정리 해고 저지 투쟁
1997~1999년

임금 인상보다 중요해진 단체 협약과 정치 세력화

별로 나아진 것이 없는 노동법이 국회를 통과하자 노동자들은 '총파업의 성과가 뭐냐'며 허탈해 한다. 자본가들은 해고, 징계, 임금 삭감 등으로 총파업에 대한 보복을 가하면서 개정된 노동법을 근거로 단체 협약을 개악하려 한다. 경제는 재벌 그룹들이 부도나기 시작하면서 급속히 침체하고, 실업자가 빠른 속도로 늘어난다. 민주노총은 3월 11일에 임금 인상 요구율을 예년보다 낮추고, 총파업 과정에서 발생한 불이익 조처의 철회 등의 '5대 사회 개혁'을 요구하면서 임단협 투쟁에서 노동법의 독소 조항을 무력화시키는 투쟁을 벌이기로 한다. 그러나 노조의 임단협 투쟁은 한보 사태 청문회, 김현철 비리에 대한 검찰 조사, 황장엽 입국 등 굵직한 뉴스거리가 쉬지 않고 쏟아져 나와 사회적 관심사에서 벗어난다. 민주노총의 1997년 세계 노동절 기념 대회에서 참가자와 경찰이 충돌해 서울에서 130명, 대구에서 171명이 연행된다.

이 즈음 방송과 신문의 보도를 통해 식량난에 처한 북한의 실태가 드러난다. 석탄 가루와 인육까지 먹었다는 믿기 어려운 이야기가 탈북자들의 증언을 통해 확인되자 북한 동포 돕기 운동이 대대적으로 벌어져 백만 명이 넘는 사람들이 백억 원이 넘는 성금을 낸다. 민주노총도 '북녘 동포 돕기 운동'에 나선다. 현대자동차노조(위원장 정갑득)는 "노동법 개정 투쟁에서 보여 준 단결된 힘이 민주주의를 지켰듯이 북을 돕는 데 힘을 모아 민족을 지키자"며 5천만여 원을 모아 성금으로 낸다.

6월에 접어들면서 임금 교섭이 본격화한다. 그러나 총파업 투쟁으로 임금 투쟁 방침이 예년보다 늦게 결정됨에 따라 준비가 부족하고 산별 연맹 중심으로 협상이 진행되어, 민주노총 중심의 전국적인 전선이 형성되지 않는다. 그리고 고용 안정을 보장받는 대신 임금 인상 폭을 회사에 위임하거나 무쟁의와 무교섭을 선언하는 노조가 늘어난다. 임금 동결에 합의한 노조가 지난해 같은 기간의 2.6배에 이르고, 인상률을 회사에 위임하는 등의 무교섭 타결은 6.2배나 늘어난다.

삼성이 기아자동차를 합병하려는 의도가 6월 초에 드러나고 7월 15일에 재계 서열 8위인 기아그룹이 대기업 부도 방지 협약 적용 대상으로 선정되면서, '기아 사태'가 초미의 관심사로 떠오른다. 9월 26일, 채권 은행장들이 기아자동차 매각 방침을 발표하자 기아자동차노조는 임시 대의원 대회를 열어 무기한 전면 파업을 결정한다. 그러나 9월 28일의 상임 집행 위원회에서 한시 파업으로 바꾸고 9월 29일부터 이틀 동안만 파업한다. 강경식 부총리는 10월 22일에 기아자동차와 아시아자동차의 법정 관리 신청 등 기아 사태 정상화 방안을 발표한다. 기아자동차와 아시아자동차의 노조는 즉각 파업을 결의하고 조업을 중단한다. 민주노총은 10월 24일에 서울 종묘공원에서 5천여 명이 모인 항의 집회를 연 데 이어, 10월 26일에는 중앙위원회 긴급 회의를 열어 기아의 법정 관리 방침이 철회되지 않으면 다음 달 9일에 총파업에 들어가기로 한다.

기아자동차가 10월 27일에 전면 파업에 들어가고 자동차연맹 30개 노조가 동조 파업에 들어간다. 10월 29일, 김선홍 기아그룹 회장이 안팎의 압력에 밀려 사퇴한다. 10월 31일, 민주노총과 자동차연맹은 기아자동차 소하리 공장에서 기자 회견을 열고 "정부는 기아 제3자 인수 포기와 국민주 방식에 의한 국민 기업화 방안을 공식적으로 밝히라"고 촉구한다. 정부는 기아와 부품업체에 자금을 지원하겠다고 발표한다. 민주노총은 정부의 발표를 긍정적으로 평가하고, 예정했던 완성차 6사의 파업을 유보한다. 이에 따라 지난달 27일부터 1단계 연대 파업에 들어갔던 자동차연맹 30개 노조가 조업에 복귀한다.

한국통신노조(위원장 김호선)가 고용 보장을 요구하며 10월 27일부터 중앙 본부에서 농성에 들어간다. 11월 4일, 경찰이 투입되자 노조는 명동 성당에서 항의 농성에 들어간다. 오리엔트화학노조가 노조 전임을 폐지하려는 회사의 단협안 철회를 요구하며 11월 7일에 파업에 들어간다. 한양대병원노조가 1990년에 해고된 전(前)노조 위원장의 복직 약속을 이행하라며 11월 15일부터 무기한 파업에 들어간다.

국회 재정경제위원회 법안심사소위가 금융 감독 기구를 통폐합하는 법안을 통과시키자, 한국은행노조는 다음날인 11월 14일에 총회를 열어 파업을 선언하고 30여 명이 단식 투쟁에 들어가면서 전 직원이 사직서를 쓴다. 한국은행, 증권감독원, 보험감독원 등 3개 감독 기관의 노조들과 사무연맹, 금융연맹이 11월 16일에 공동 궐기 대회를 연다. 한국은행노조는 노조원 수백 명을 동원해 국회 의사당, 신한국당 당사, 국민회의 당사 등에서 시위를 계속한다. 결국 개정안의 본회의 통과는 무산된다.

1997년 임단협 투쟁은 개정된 노동법을 단체 협약에 적용하는 문제가 최대 현안으로 떠올랐고, 따라서 임금보다는 단체 협약에 중심이 있었다. 단체 협약 개정을 두고 초기에는 노사가 팽팽하게 대립하는 양상을 보였다. 노조는 고용 보장 협약서를 체결하거나, 정리 해고 시 노조와 합의한다는 조항을 신설하거나, 해고자 복직을 성취하거나, 노조 전임자를 현상태로 유지하기로 하는 등의 소중한 성과를 거둔다. 정부와 자본가들은 연초의 총파업의 여세가 남아 있고, 대통령 선거가 눈앞에 있고, 노동법이 이미 자신들에게 유리하게 만들어진 만큼 성급하게 밀어붙이지는 않은 듯하다. 총파업에서 동력을 많이 소진한 탓에 고용 안정을 보장받는 대신에 임금 인상을 회사에 위임하거나 무쟁의와 무교섭을 선언하는 노조도 많았다. 한전, 도로공사, 석탄, 가스, 근로복지공단 등의 노동 조합은 전임자 축소에 합의했다. 임금은 평균적으로 기본급의 6.3% 인상에 그쳤고, 쟁의 노조는 전해에 비해 20~30% 감소했다.

산별연맹 중심으로 진행되고 민주노총이 엄호하면서 연맹별 공동 교섭이 활성화된 반면에 지역 본부로의 결집력은 현저하게 떨어진 단체 협상이었다. 민주금속연맹은 69개 노조로부터 교섭권을 위임받아 아남 4사 등 18개 노조에서 공동 교섭을 진행했다. 위임 교섭은 연맹이 단위 사업장의 교섭권까지 행사하고 현장 노조원을 직접 만남으로써 실질적 상급 조직으로 자리잡는 계기가 되었고, 단위 현장 노조원이 연맹을 자신들의 조직으로 인식하는 계기가 되었다. 위임 교섭 사업장의 임금 인상은 개별 교섭 사업장보다 높게 나타났다. 그러나 많은 회사와 대각선 교섭을 하다 보니 연맹의 모든 역량이 교섭에 매달릴 수밖에 없어 일상 사업의 집행에 어려움을 겪었고, 단위 사업장의 상황을 잘 파악하지 못해 교섭에서 곤란을 겪기도 했다. 또한 연맹 중심의 위임 교섭은 현장 투쟁보다 조정에 의존하는 경향을 강화시킨다는 우려를 낳았다. 민주노총이 1997년의 또 하나의 투쟁 방향으로 잡았던 사회 개혁 투쟁은 임단협 투쟁과 결합하지 못하고 겉돌았고, 단위 사업장의 사업으로 확산되어 조직되지도 못하는 한계를 보였다.

민주 노조 운동은 총파업의 성과를 이어서 최초로 전국 조직을 동원한

민주노총은 노동법 '날치기' 이후에 박차를 가한 정치 세력화 사업으로 건설국민승리21에 참여해서 권영길 대통령 후보를 지지하지만 "일어나라 코리아"를 내건 "국민 후보" 권영길은 1.2% 득표에 그친다.

정치 실천에 나선다. 9월 5일의 민주노총 임시 대의원 대회는 대통령 선거에 나설 '국민 후보'로 권영길 위원장을 승인하고, 조합원 1인당 1만원 이상의 모금 운동을 결의한다. 민주노총, 전국연합, 진보정치연합, '노동자민중의정치세력화진전을 위한 연대'(정치연대) 등이 참가한 국민승리21(가칭)준비위원회는 9월 7일에 발족식을 갖고 권영길 위원장을 후보로 추대한다. 민주노총은 11월 9일의 전국 노동자 대회에서 국민승리21의 대통령 후보인 권영길을 적극 지원하기로 결의하고 노동자정치실천단을 발족시킨다. 권영길 후보측은 "일어나라 코리아"를 내걸고 선거 운동에 나선다. 12월 18일의 대통령 선거에서 김대중이 당선되어 50년 만에 정권 교체가 이루어지고, 권영길 후보는 유효 투표수의 1.2%인 30만 6026표를 얻는다.

과거와는 달리 민주노총은 선거 참가를 조직 방침으로 결의하고 후보를 내부에서 추대하고 민중 진영의 선거 기구 결성에 주도적으로 참여하는 등 다수의 역량을 동원하여 선거에 적극 결합했다. 이것은 노동법 개악 저지 총파업으로 인해 노동자 정치 세력화에 대한 관심이 넓게 확산되어 있어 가능한 일이었고, 민주 노조 운동이 그만큼 정치적으로 성장했다는 징표이다. 민주노총과 건설국민승리21은 전국에서 지부 70여 개와 선거 연락 사무소 220개를 운영했고, 상근자 700명, 자원 봉사자 1500명, 정치실천단 2만 5000명을 조직했다. 민주노총 조합원들의 성금이 10억 원이 넘었고, 5천만 원이 넘는 시민들의 후원금과 7천 통이 넘는 자동 응답 전화(ARS) 후원금이 있었다.

건설국민승리21은 권영길이 민주노총 초대 위원장으로 총파업을 이끈 인물이기에 민주노총 노조원들은 당연히 권영길에게 표를 던질 것이라고 믿었다. 그래서 일반 대중에게 다가설 수 있는 이미지를 만들려고 애썼다. 그런데 '국민 후보' 권영길이 받은 1.2%는 1992년의 '민중 후보' 백기완이 얻은 1%와 큰 차이가 없었다. 권영길 후보는 민중 후보 운동을 일관되게 실천하는 일부 '좌파'를 제외한 민중 진영 전체의 지원을 받았다. 지난 대통령 선거에서 김대중을 지지했던 운동권 다수파인 전국연합, 수십만 명의 조직된 대중을 가지고 있는 민주노총과 다른 길을 가는 것을 두려워하는 좌파의 일부, 이들 모두가 권영길 후보의 선거 운동에 참여했다. 득표 결과는 참담한 것이었다.

부도난 국가 경제, 거리로 내몰리는 노동자들

1월부터 한보를 시작으로 삼미, 대농, 진로, 기아, 한라 등 30대 그룹 가운데 7개 그룹이 줄줄이 좌초하고, 70여 개 상장 기업이 관리 종목으로 전락하고, 부도 기업이 사상 최대 규모(상반기만 7223개)를 기록하면서 1997년에는 부도 도미노가 한국 경제를 강타한다. 11월 들어 외화 부족으로 환율이 폭등하고 주가가 급락하면서 자금 흐름이 경색되어 금융 시장이 마비 상태로 빠져든다. 급기야 11월 21일에 정부는 국제통화기금(IMF)에 200억 달러 규모의 유동성 조절 자금 지원을 요청한다. 12월 3일, 정부와 국제통화기금은 경제 성장률 3%, 물가 상승률 5%, 재정 긴축, 금융 구조 조정, 노동 시장 유연성 확보 등을 내용으로 하는 양해 각서에 합의한다.

시민 단체와 민중 운동 단체들은 경제 주권을 빼앗기고 경제 신탁 통치를 받는 것과 마찬가지인 굴욕적인 불평등 협정에 대해 재협상을 벌이자며 비판의 목소리를 높인다. 노동계는 근로자 파견법 조기 제정 등을 강행하면 총파업도 불사하겠다는 강경한 입장을 천명한다. 12월 2일, 재정경제원은 느닷없이 서울종금 등 9개 종합 금융 회사들에 영업 정지 명령을 내린다. 고려증권이 12월 5일에 증권사로서는 처음으로 영업 정지를 당한다. 금융업 종사자 49만 명 가운데 30%는 해고될 것이라는 말이 현실로 다가온다. 12월 10일, 민주노총 중앙 위원회는 "고용 안정, 재벌 해제, IMF 재협상"을 주요 요구로 내세우고 총파업을 포함한 총력 투쟁을 전개하기로 결의한다.

금융권의 부도로 '금융 대란'이 일어나, 연 30% 이상의 금리를 주고도 돈 구경하기가 힘들어진다. 6월에 850원대였던 원-달러 환율은 두 배 이상 치솟아 2천 원대를 오르락거린다. 주가 지수는 절반 이하로 뚝 떨어져 300대로 폭락한다. '아시아의 용'이라던 한국이 선진국 사교 클럽이라는 경제협력개발기구(OECD)에 가입한 지 1년도 못 돼 땅바닥으로 곤두박질쳐 지렁이 꼴이 된다. 빚을 내기까지 해서 주식에 투자했던 중산층은 '깡통 계좌'를 두드리며 울부짖고, 민중들은 치솟는 물가와 금리에 허리가 휘고,

노동자들은 거리로 내몰려 가정이 파탄나지만, 이런 와중에도 고리 대금 업으로 떼돈을 모으는 사람들이 생긴다.

이런 상황을 빗댄 자조 섞인 말들이 만들어져 유행한다. '명태'(명예 퇴직자), '황태'(황당하게 퇴직당한 사람), '동태'(한겨울에 퇴직당한 사람) 시리즈로 줄줄이 생겨나고, 처참하게 무너진 증권가의 직원들은 "농촌 총각 다음이 연변 총각이고 그 다음이 증권사 직원"이라며 자조한다. IMF라는 괴물은 I Am F(나는 낙제야), I Am Fool(나는 바보다), I Am Fired(나 해고됐어), I Am Fighting(나는 싸우고 있다) 등 다양한 모습으로 변신하고, 회사로서는 비용이 많이 드는 임원은 언제 해고될지 모르기에 승진 탈락을 반가워하는 상황이 벌어진다.

김대중 대통령 당선자는 12월 19일의 기자 회견에서 "민주주의와 경제가 함께 발전하는 시대를 열겠다"는 국정 운영의 포괄적인 상을 밝히고, 경제 개혁과 관련해서는 철저한 시장 경제, 대담한 시장 개방, 외국인 투자 적극 유치 등을 구체적인 방안으로 제시한다. 하지만 외환 위기는 날마다 아슬아슬한 고비를 넘기며, 모라토리엄(채무 지급 불능) 사태까지 올 수 있는 급박한 상황이 계속된다. 김대중 당선자는 미국 재무 차관, 주한미국 대사 등과 만나 협조를 부탁하면서, 정리 해고를 조속히 도입하고 국제통화기금 협약을 100% 준수할 것을 약속한다. 정리 해고 요건을 엄격히 하고 국제노동기구 수준으로 노동법을 개정하겠다던 대선 공약은 단 며칠 만에 휴지 조각이 된다.

1998년 1월 7~8일에 열린 민주노총 중앙위는 'IMF 체제' 하의 투쟁 기조와 방향을 놓고 정회를 거듭하는 등 난상 토론을 벌인 끝에 정리 해고 반대 투쟁을 펼쳐나가기로 결의한다. 금융 기관의 정리 해고 도입을 위한 임시 국회가 열리면 노·사·정 합의체에 불참하고 '총파업을 포함한 총력 투쟁'으로 맞설 것도 결정한다. 공익, 금속, 대학, 사무, 언론, 의보, 자동차,

1997년 IMF 사태는 대량 해고를 불러왔다. 처음으로 정리 해고의 된서리를 맞은 것은 금융 기관이었다. 사진은 노사정 위원회 앞에서 시위를 벌이는 은행 노동자들.

민철, 한통, 화학, 금융, 택시, 섬유, 현총련 등 대부분의 산별 연맹과 소속 노조들이 중앙 위원회, 대의원 대회, 중식 집회, 노조원 교육 등을 진행하고 1월 12일부터 철야 농성에 들어간다. 김대중 당선자측은 이번 임시 국회에서 법안을 처리하지 않겠다고 한발 물러선다. 1월 13일, 민주노총은 긴급 상집 회의를 열고 노사정 위원회에 참여하기로 결정하고 다음날 대표자 회의는 이를 추인한다.

　김대중 당선자가 참석한 가운데 노사정 위원회가 1월 15일에 발족 행사를 치르고 활동에 들어간다. 민주노총은 1월 17일에 울산, 서울, 대전 등 전국 각지에서 '정리 해고 도입 저지, 재벌 개혁, 경제 주권 수호'를 촉구하는 전국 동시 다발 집회를 연다. 노사정 위원회 간사인 국민회의 조성준 의원은 2월 1일에 "3일까지 노사정 위원회에서 합의가 이뤄지지 않으면 국민회의와 정부가 협의한 정리 해고와 근로자 파견 관련 법안을 임시 국회에 제출할 방침이다"라고 밝힌다. 2월 2일, 민주노총은 정리 해고와 근로자파견법을 강행 처리하려 한다며 한국노총과 함께 노사정 위원회 조건부 불참을 선언한다. 2월 5일 오전, 민주노총 투쟁본부 대표자 회의는 협상팀에 재량권을 부여하기로 결정한다.

2월 6일 새벽, 배석범 민주노총 위원장 직무 대행이 노사정 위원회 협약안에 잠정 합의한다. 현총련과 민주노총 울산 지역 본부는 각각 긴급히 대표자 회의를 열어 노동자와 서민에 대한 고통 전담일 뿐인 협상 결과를 받아들일 수 없다며 중앙 위원회와 임시 대의원 대회를 열 것을 민주노총에 요구한다. 만도기계노조는 노·사·정 합의에 반발해 이날 오후 전국 7개 지부가 노·사·정 협약안 반대와 고용 안정 보장 등을 내걸고 부분 파업을 벌인다. 한라중공업노조의 60여 명이 2월 8일 오후 10시부터 서울 민주노총 사무실에서 노·사·정 재협상과 민주노총 지도부 총사퇴를 요구하며 농성에 들어간다. 김영대 사무총장 등 간부들이 전교조 합법화 등의 성과를 설명하고 설득 작업을 벌였으나 밤샘 농성이 이어진다.

민주노총 대의원 272명이 2월 9일의 대의원 대회에 참석하여 13시간 동안 장시간 토론을 벌인다. 밤샘 농성을 했던 노조원들은 회의장 안에서 쇠파이프를 들고 서서 위압적인 항의 시위를 벌인다. 결국 노·사·정 합의안은 기립 표결에서 반대 184명(68%), 찬성 54명, 기권 34명으로 부결된다. 민주노총은 중앙의 상근 임원들이 책임을 지고 사퇴하고, 26일로 예정되어 있던 차기 지도부 선거도 무기한 연기하면서 비상대책위원회 체계로 전환한다. 위원장에는 단병호 민주금속연맹 위원장이 대의원들의 만장일치로 추대된다. 이어 진행된 토론에서, 정리 해고와 근로자 파견제 법제화 반대를 받아들이지 않으면 노사정 위원회에 불참하고 관련 법안이 국회 상임위에 상정되면 즉각적인 총파업에 돌입하기로 한다.

민주노총 비상대책위원회는 "노사정 위원회 협상단에 교섭권만을 위임

했을 뿐 체결권을 위임한 것은 아니다"며 2월 11일부터 이틀 동안 단위 노조별로 총파업을 결의한 뒤, 2월 13일 오후에 총파업에 들어가기로 한다. 2월 11일, 서울지하철노조가 "지하철공사는 노조 집행부에 대한 51억 원 손해 배상을 취하하고 지하철노조는 파업을 철회하라"는 서울시의회의 중재안을 수용하여 예정했던 파업을 철회한다. 비상대책위원회는 2월 12일 오전 10시부터 격론을 벌이다가 저녁 8시 40분께 단병호 위원장과 권영길 전(前)위원장 등 8인의 집행부에게 전권을 위임한다. '8인 집행부'는 2시간여 동안 논의한 끝에 "재벌 개혁을 촉구하고 정리 해고에 반대하는 우리의 입장은 변함이 없지만 노사가 공멸할 것이라는 국민의 우려와 걱정을 받아들여 파업을 철회한다"는 입장으로 정리한다. 2월 13일 정오에 "정리 해고 법안이 통과되면 정말 큰일입니다. 민주노총의 총파업 투쟁에 동참합시다!"라는 유서를 남기고 대우조선 노조원 최대림(41세)이 유조선 갑판 위에서 자신의 몸을 불사르며 투신한다. 민주노총은 이날 오후 중앙 위원회를 열어 오는 16일부터 '재벌 총수 퇴진 및 재산 반납 촉구 범국민 서명 운동'을 벌이기로 한다. 고용 조정 법안이 '실직자 노조원 인정' 등 애초 합의된 조항마저 수정 변질된 채 2월 16일 국회를 통과한다. 이날 오후 민주노총 비상대책위원회는 총파업 대신 위의 서명 운동과 '재벌 개혁과 정리해고법 철폐 촉구 집회'를 대규모로 열기로 한다.

한편, 전국금속산업노동조합연맹(금속산업연맹)이 2월 15일에 올림픽 체육관 역도 경기장에서 민주금속연맹, 자동차연맹, 현총련의 통합으로 1293명의 대의원이 참석한 가운데 창립 대의원 대회를 열고, 184개 노조 19만 742명을 포괄하는 최대 산별 연맹으로 닻을 올린다. 총파업 철회에 대한 책임에 직면해 있던 단병호 비상대책위원회 위원장이 위원장직을 고사했으나, "조직 내부에 상당한 혼란을 가져올 수 있다"는 이유로 위원장에 선출된다.

만도기계노조는 회사가 노조의 고용 안정 요구를 수용하겠다는 방침을 밝힘에 따라 2월 23일로 예정했던 파업을 철회한다. 동양엘리베이터노조는 회사가 임금을 체불하고도 임금 10% 삭감과 인원 20% 감축을 들고 나오자 3월 6일부터 파업에 들어가 3월 11일에는 전면 파업으로 확대한다. 보건 복지부가 전국의 지역의료보험조합 직원 1840명의 감원을 뼈대로 하는 직제 정원 조정안을 시행하려 하자, 의보노조 전국 지부들이 3월 13일부터 일제히 파업에 들어간다. 금속산업연맹은 동양엘리베이터의 파업을 정리 해고 투쟁의 전초전으로 규정하고 3월 14일에 서울 동양엘리베이터 본사 앞에서 이 회사 노조원 300여 명과 3시간 동안 연대 항의 집회를 연다. 노조가 없는 삼성중공업 노동자들이 고용 불안에 내몰리게 되자 비상대책위원회를 결성해, 고용 보장을 요구하며 3월 23일부터 2주 동안 파업 투쟁을 전개한다.

그러나 이런 투쟁들에도 불구하고 정리 해고가 법제화된 이후 산업 현장에서는 '희망 퇴직자'를 모집하거나, 대기 발령, 배치 전환, 임금 체불 등으로 스스로 사직하게 만들거나, 소사장제 계약직으로 전환하거나, 일괄 사표를 받고 선별 수리하거나, 합병 시 고용 승계를 거부하거나, 아예 불법으로 해고하거나 하는 등의 방법으로 해고가 걷잡을 수 없을 정도로 확대된다. 평소 하루 3~4건이던 부당 노동 행위 상담이 'IMF 체제' 이후 하루 평균 60~70건에 이를 정도가 된다.

벼랑 끝에서의 투쟁과 사회적 타협 사이를 오락가락하는 민주노총

1998년 3월 31일, 이갑용-고영주 후보가 민주노총 2기 임원 선거에서 정갑득-장운 후보를 근소한 차로 이겼으나 과반수를 못 넘겨서 신임 찬반 투표를 거쳐 당선된다. 강성으로 알려진 이갑용의 뜻밖의 당선은 민주노총 내에서 전투적 분파의 입지가 강화된 것을 반영하는 결과이자 전투적 분파의 실천이 시험대에 오르는 출발점이 된다.

당선 다음날, 이갑용 신임 위원장은 노·사·정 합의안은 민주노총 대의원 대회에서 부결됐으므로 무효라고 주장하고 "노사정 위원회를 구속력을 갖는 기구로 격상하고 대등한 관계에서의 재협상이 전제되지 않는 한, 참여하지 않겠다"고 밝히면서, 앞으로 고용 안정 확보와 부당 노동 행위 척결을 위해 총파업을 포함한 총력 투쟁을 펼쳐나가겠다고 선언한다.

대한중석노조가 4월 2일 파업에 들어간다. 기업을 매각하면서 약 1천6백억 원의 이익을 남겼으니 매각 대금의 20%를 종업원에게 지급하고 고용을 보장하라는 것이 요구였다. 울산의 송원산업에서는 임금 체불과 노조 탈퇴 압력에 이은 노조원 5명의 해고에 항의하며 노동 조합이 4월 2일부터 정문 앞에서 천막 농성을 벌인다. 세계일보노조가 4월 8일에 해고자 원직 복직 등을 요구하며 파업에 들어간다.

4월 9일, 이갑용 민주노총 위원장은 기자 회견을 통해 고용 불안과 실업 대란 등 현안을 논의하자며 김대중 대통령과의 면담을 요청한다. 고려산업개발노조가 감원과 소사장제로의 전환에 반대하며 파업에 들어갔고, 1년 이상 고용 승계를 요구하며 싸워 온 삼미특수강의 노동자들은 서울역 앞에서 노숙하며 여당 당사와 포항제철 본사 앞에서 매일 집회를 연다.

민주노총은 2기 지도부 구성 후 첫 정기 중앙 위원회를 4월 16일에 열어 상반기 투쟁 방침과 정치 방침을 확정하고 '일방적인 구조조정저지를 위한 공공부문공동투쟁위원회'(구조조정공투위)를 신설한다. 기아자동차가 법정 관리에 들어가자 매각될 경우의 감원을 우려하며 법정 관리인의 출근을 막고 파업에 들어간다. 회사가 고용한 경비업체 직원들이 노동 쟁의 현장에서 폭력을 휘두르는 사례가 곳곳에서 발생한다. 민주노총은 4월 18

1996년 부도 위기에 몰린 삼미그룹이 삼미특수강을 포항제철에 매각하면서 직장에서 쫓겨난 삼미특수강 노동자들은 4년이 넘는 기나긴 복직 투쟁을 시작한다. 전국을 자전거로 순회하면서 복직 투쟁을 정당성을 알리는 삼미특수강 노동자들.

일에 전국 13개 지역에서 '부당 행위 근절과 고용 안정 및 민중 생존권 사수 결의 대회'를 열고 도심 행진을 벌인다.

김대중 대통령은 경제 단체장들 및 한국노총 대표자들과 잇따라 만난 데 이어 4월 22일에는 이갑용과 단병호 등 민주노총 대표자들과 만나 노사정위원회 복귀를 당부한다. 민주노총 관계자들은 시국에 대한 인식에서 격차가 크다는 점을 확인한다. 민주노총은 이날 대표적인 불법 부당 노동 행위 사업장 38개를 뽑아 기업주를 서울지방검찰청에 고발하고 검찰청 앞에서 항의 집회를 연다. 전국민주택시노조연맹은 국민회의의 택시제도개선 정책기획단이 마련한 표준 월급제 방침이 연맹의 요구를 전혀 반영하지 않았다며, 4월 23일 새벽 4시부터 파업에 들어간, 서울 지역의 2천여 대를 포함해 전국 270개 사업장에서 1만여 대의 택시를 멈춰 세운다. 국내 최대 자동차 부품 회사인 만도기계의 전국 7개 사업장에서 4월 28일 13시부터 체불 임금 청산, 노동 시간 단축을 통한 고용 안정, 매각 협상 시 노조 참여를 요구하는 부분 파업이 시작된다.

5월 1일의 노동절 기념 대회에서 민주노총은 고용 안정, 실업 대책 마련, IMF와의 재협상 등을 촉구하면서 5월 말~6월 초('5말 6초') 총파업을 포함한 총력 투쟁을 벌일 것을 결의한다. 시위대의 도로 점거와 경찰의 최루탄 발사로 3시간 가까이 충돌이 벌어진다. 만도기계노조가 5월 7일에 다시 파업에 들어간다. 캄코노조는 회사가 일방적으로 실시한 희망 퇴직을 5월 7일부터 14일까지의 파업으로 철회시킨다.

정부는 공공 부문의 구조 조정 프로그램을 늦추면서 5월 말로 예정된 총파업을 약화시키려고 한다. 5월 13일의 국무 회의에서 정부 출연 연구 기관의 경영 혁신 방안이 논의되는데, 거기에는 연구 기관 간 유사·중복 기능을 통폐합해 나가고 1999년에는 구조 조정 차원에서 예산의 20% 수준을 일괄적으로 삭감하고 민영화를 추진한다는 계획이 담겨 있다. 그리하여 1998년의 "5·18 정신 계승" 집회는 "고용 안정"을 요구하는 자리이기도 했다.

실직자가 급증하면서 자살하는 사람이 하루 25명을 넘어선다. 신길수(43세) 동아엔지니어링노조 전위원장이 5월 27일 새벽에 집 근처 야산에서 임금 체불과 빚 독촉을 견디다 못해 자살한다. 5월 29일, 오후 2시 40분경 기아자동차 노조원인 송인도(37세)가 임금 체불에 항의해 소하리 공장에서 작업 중에 분신한다.

김대중 대통령의 미국 방문을 앞두고 민주노총은 2기 집행부 들어 처음으로 정부와 협상에 나선다. 5월 26일 오후부터 다음날 오전 11시까지 무려 19시간의 대화는, 합의는커녕 상대방의 '자세'에 대한 비난만 낳는다. 5월 27일 오후 1시부터 금속연맹과 공익노련을 중심으로 한 시한부 파업에 들어간다. 민주노총의 '5월 총력 투쟁'은 정리 해고에 대한 대중적 투쟁 전선을 복원한다.

6월 1일 밤에 산별 연맹 대표자들이 모여 정리 해고제와 파견 근로제에 대해 지녀 왔던 '철폐'의 입장을 '재논의'로 수정하는 것을 검토하기로 결정한다. 금속산업연맹은 6월 2일에 중앙 집행위와 중앙위를 잇달아 열어 노사정 위원회 참여 전제 조건을 위 두 제도의 "철폐"에서 "재논의"로 바꾸기로 결의한다.

2기 노사정 위원회가 6월 3일에 출범하지만, 이때 민주노총은 정리해고법와 근로자파견법의 제도적 보완을 정부가 수용하지 않았다며 불참한다.

6월 5일에 "정리 해고제와 파견 근로제를 그대로 유지하는 대신에 2기 노사정 위원회에서 남용 방지 방안을 논의하자"는 정부의 최종 수정안이 6월 5일의 민주노총 중앙 위원회에서 받아들여진다. 6월 10일의 임시 대의원 대회는 찬성 163명과 반대 28명으로 노사정 위원회 참여를 결정하고, 당일로 예정되었던 2차 총파업은 철회된다.

한편 민주노총과 건설국민승리21은 노조의 정치 활동이 허용된 이후 처음으로 치러진 6월 4일의 지방 선거에서 총 49명이 출마하여 22명이 구청장, 광역 의원, 기초 의원으로 당선되는 성과를 거둔다. 이러한 결과는 민주노총을 기반으로 하는 정치 활동을 가속화시킨다.

현대자동차노조는 6월 15일의 대의원 비상 간담회를 시작으로 운영 위원회, 현장 조직 대표자 간담회, 전·현직 노조 위원장 간담회를 연이어 열고 '희망 퇴직' 문제를 논의한다. 노조(위원장 김광식)는 6월 24일에 "강제로 모집하지 않는다는 조건에서 희망 퇴직을 실시한다"고 회사와 합의한다. 회사가 합의에도 불구하고 6월 30일 오전에 정리 해고 계획 신고서를 노동부에 접수하자 노조는 이날 오후 3시부터 이틀간 시한부 파업에 들어간다.

인천제철노조와 태경물산노조가 7월 1일에 파업에 들어간다. 부산교통

공단노조는 7월 3일 새벽에 '1인 승무제' 도입 방침에 반발해 파업에 들어가는데, 노조원 500여 명이 새벽에 동래역과 교대앞역 사이의 지상 구간 선로를 점거하고 농성을 벌이다가 경찰에 연행된다.

일반 기업의 퇴출과 노동자들의 파견 근로와 함께 신자유주의적 구조 조정의 또 하나의 문제, 곧 공기업 사유화(민영화)가 수면 위로 떠오른다. 진념 기획예산위원장은 7월 3일에 "1차 민영화 대상 가운데 포항제철, 한국중공업, 한국종합화학, 한국종합기술금융, 국정교과서 등 5개 공기업과 이들의 자회사 21개는 이달 중에 바로 매각 절차에 들어간다"는 내용의 등의 공기업 민영화 방안을 발표한다.

한국중공업노조는 즉시 비상 확대 간부 회의를 열어 정부의 일방적인 민영화 방침에 항의하면서 2시간 경고 파업에 들어가고, 7월 6일에 다시 4시간 파업을 벌인다. 금융연맹은 7월 5일에 서울역 광장에서 노조원 3천여 명이 모여 '강제 퇴출 원상 복구 촉구 및 고용 안정 쟁취 결의 대회'를 연다. 담배인삼공사노조도 이날 서울 종묘공원에서 노조원 3500여 명이 모여 '일방적 구조 조정 저지 결의 대회'를 연다.

현대자동차노조는 회사의 정리 해고 계획 신고에 항의하여 7월 6일에도 48시간 동안 시한부 파업을 벌인다. 노조원 1만여 명은 본관 앞 잔디밭에서 집회를 열고 간선 도로를 따라 7km가량 떨어진 화봉시장까지 거리 행진을 벌인다. 이 밖에도 한양공영이 IMF로 인한 건설 경기 침체를 이유로 인천공장을 폐쇄하기로 결정하자, 노조가 7월 6일부터 파업에 들어간다. 민주노총 대구 본부 소속의 태경물산, 대동은행, 대구리스, 성베드로병원 등 4개 노조가 7월 7일에 연대 파업에 들어간다. 보건의료노조 서울대병원지부가 7월 9일, 경희의료원지부가 7월 10일, 이화의료원지부가 7월 11일에 연쇄 파업에 들어가서, '고용 조정 시 노조와 협의' 등의 성과를 쟁취하며 각각 10시간, 7시간, 2시간 만에 협상을 타결한다.

민주노총과 한국노총은 7월 10일에 노사정 위원회 사무실에서 공동 기자 회견을 열어 "양 노총은 강제적 구조 조정과 정리 해고의 들러리로 전락하고 있는 노사정 위원회에 불참한다"고 선언한다. 7월 12일에는 공동으로 10만 명이 참가하는 전국 노동자 결의 대회를 개최한다. 민주노총 금속산업연맹은 7월 14일에 현대자동차 등 22개 노조, 5만 5천여 명이 파업을 시작하고 지역별 집회를 열어 고용 안정 보장을 촉구한다. 한국통신 등 공공 부문의 노조원 8천여 명도 이날 밤 서울대, 명동성당, 경북대 등 전국 5곳에서 밤샘 집회를 연다. 퇴출 기업으로 선정된 현대중기산업의 노동 조합은 현대건설로의 고용 승계를 요구하며 조계사 농성을 시작으로 장기 투쟁에 들어간다. 부산교통공단노조는 파업 12일째인 7월 14일 밤에 협상을 타결하고 파업을 철회한다. 한국통신노조가 1982년 노조 설립 이후 처음으로 파업에 들어가는 등 공공 부문과 금융 부문의 노조들이 7월 15일의 금속산업연맹의 파업에 가세해 16일까지 시한부 파업에 들어간다. 이날 68개 노조 15만여 명이 파업에 참가하고, 7월 16일에도 대동은행, 동남은행, 동화은행 등 3개 은행의 노조가 퇴출 방침에 항의해 파업을 벌이는 등 37개 노조, 7만 8천여 명이 파업에 참가한다.

7월 16일, 현대자동차는 애초 정리 해고 대상으로 잡았던 4830명 가운데 2678명을 오는 31일자로 정리 해고하고, 나머지 2152명 가운데 최근 '희망 퇴직'을 신청한 사람을 제외한 900명에 대해서는 2년 동안 무급 휴가를 보낸다는 통보서를 직원들에게 전달한다. 7월 20일에 노조는 조합원 6천 명이 모인 '결사 항전 결의 대회'를 열고 "단 한 명의 정리 해고도 있을 수 없다"는 각오를 다진다. 이헌구, 윤성근, 정갑득 등 세 명의 전직 노조 위원장이 83m 높이의 굴뚝에 올라가 농성을 시작하고, 김광식 위원장과 노조 간부 3백여 명은 밤샘 농성에 들어간다. 회사는 일방적으로 휴업 조치를 내린다. 국민회의 노무현 부총재가 현대자동차를 방문하여 중재에 나서지만, 회사는 그 다음날 1569명에 대해 퇴직금을 지급하고 해고를 단행한다.

7월 20일, 2995명의 정리 해고가 대우자동차노조에 통보되고 휴무 조치가 내려진다. 7월 21일에 '정리 해고 철회 및 교섭 촉구 대회'가 열린다. 8월 3일에는 2000년 7월까지 정리 해고를 하지 않기로 한 협상이 타결된다.

민주노총은 7월 22일 오후 8시부터 김원기 노사정 위원회 위원장, 박인상 한국노총 위원장 등과 협상을 벌여 10개 요구 사항 중 8개 항목에 대해 잠정적으로 합의한다. 민주노총은 노사정 위원회 참가와 총파업 유보를 결정한다. 명동성당에서 농성 중이던 한국통신 등의 노조원과 군자동 차량 기지에서 철야 대기 중이던 서울지하철노조원은 업무에 복귀한다. 공공부문특별위원회(공공특위)가 7월 29일 오전 10시부터 노사정 위원회 사무실에서 회의를 한다. 그런데 그 시각에 주택공사 48% 한국통신 16.2% 등 19개 공기업에서 21.3%인 3만 450명을 정리한다는 '공기업 2차 경영 혁신 방안'이 언론을 통해 일제히 보도된다.

7월 22일, 부산경찰청 보안수사대는 민주노총, 금속산업연맹, 울산연합 등에서 활동하고 있는 울산 지역 활동가 16명을 국가보안법 위반 혐의로 긴급 체포한다. 현대자동차의 파업에 찬물을 끼얹으려는 경찰청은 현직 민선 울산시 동구청장인 김창현도 연루된 것으로 발표된 이 '영남위원회 사건'과 함께 진보민중청년연합 간부 6명을 '노동자 계급 해방'을 내걸고 각종 시위에 참가한 혐의로 구속한다.

현대자동차의 정리 해고 수용, 후퇴하는 투쟁 전선

부인과 아이들까지 텐트에서 같이 먹고 자며 투쟁을 벌여 온 현대자동차

노조는 여름 휴가 기간 동안 그림 그리기, 글짓기, 낚시 대회, 문화 강좌, 부부 노래 자랑 등의 행사를 마련하며 투쟁 동력을 유지한다. 8월 4일에는 가족대책위 회장과 부회장에 대해서도 체포 영장이 발부되고, 8월 8일에는 검찰의 공안사범합동수사부 회의가 열려 공권력 투입을 결정한다.

8월 10일, 현대자동차 정문 앞에서 지역 연대 집회가 열린다. 현대자동차노조는 휴가가 끝난 이날부터 열린 교섭에서, 여유 인원이 발생하면 1천 5백 명까지는 6개월 간 순환 휴가를 보내고 이 기간 동안 회사와 노조가 임금의 각각 50%와 30%을 부담하자는 안을 제안한다. 3개월 만에 직영 인원 8194명이 희망 퇴직으로 이미 정리된 상황이었으나, 회사는 외자 유치를 위해 정리 해고는 반드시 해야 한다며 그 대상에 전·현직 노조 간부 3백여 명을 포함시킨다. 8월 12일에 협상은 결렬되고, 13일에 정몽규 회장이 나서서 조업을 시도하지만 노조원들의 저지로 무산된다. 노조가 개최한 이날 밤 촛불 집회에는 공권력 투입이 예고된 상황인데도 1만여 명이 참가한다. 민주노총과 금속산업연맹은 8월 14일에 '현대자동차 정리 해고 반대 전국 노동자 대회'를 사택 운동장에서 연다.

경찰은 서울에서 '8·15 통일 행사'가 끝나자 8월 17일에 1백 개 중대 1만 2천 명의 병력을 울산으로 집결시킨다. 현대자동차 노동자들은 차량과 고압 가스통 등으로 출입문마다 바리케이드를 치고 쇠파이프로 무장한다. 만도기계노조도 일방적으로 정리 해고 방침을 통보받자 이날 전국 7개 사업장에서 일제히 무기한 전면 파업에 들어간다. 8월 18일 새벽에 현대자동차 앞에서 진압 예행 연습이 실시된다. 울산에 민주노총과 금속산업연맹의 임시 상황실이 설치되고, 금속산업연맹은 8월 19일에 비상 단위 노조 대표자 회의를 열어 동맹 파업을 결의한다.

국민회의 노무현 부총재 등 중재단이 도착하여 20일부터 교섭이 재개되고, 민주노총은 태화강 둔치에서 4천여 노조원이 모여 '제2차 현대자동차

현대자동차노조의 정리 해고 반대 투쟁은 가족까지 가세하여 1998년 여름을 뜨겁게 달구었다. 그러나 김광식 위원장이 정몽규 회장과 정리 해고에 합의하면서 투쟁은 급속히 사그라들었다.

정리 해고 반대 전국 노동자 대회'를 연다.

현대 자동차의 김광식 노조 위원장과 정몽규 회장은 8월 24일 오전 7시 30분에 "고용 조정 대상 인원 1538명 중 277명을 정리 해고한다"는 합의문을 발표한다. 분개한 사수대 2백여 명은 노조 사무실의 유리창과 거울을 깨뜨리고, 죽음을 각오한다며 시위 때 사용했던 검은 관을 노조 사무실 앞에서 태우는 등 집행부를 격렬하게 성토한다. 한참 뒤인 9월 4일에 조합원 총회가 열렸으나 63.3%가 반대하여 잠정 합의안이 부결된다.

검찰은 노동부 장관의 각서도 무시하고 9월 16일에 자진 출두한 김광식 위원장 등 15명을 구속하고, 100여명에 이르는 피고소·피고발자를 체포하려고 한다. 회사도 약속을 어기고 90여명의 조합원에게 징계 위원회 출석을 통보하고, 합의 사항의 이행을 위한 실무 협상을 기약 없이 미룬다.

추상적인 합의 문구와 구두 약속을 믿고 파업을 철회한 결과는 그러했다. 강력한 투쟁 열기로 36일 간 지속했던 전면 파업은 이렇게 '패배'로 끝난다. 전체 자본가와 전체 노동자의 대리전으로 인식되었던 투쟁에서 힘을 집중하지 못했던 민주노총은 9월 24일의 성명에서 "현대차노조가 회사의 일방적인 정리 해고를 저지하는 데 성공했다"고 평가한다.

현대자동차의 정리 해고 수용은 둑이 무너지면서 노동자 전체가 정리 해고의 급물살에 휩쓸린다는 것을 의미한다. 대기업 노조들이 투쟁을 주도하며 전선을 넓히다가 갑자기 자기 사업장의 이익만 챙기고 후퇴하여 중소 기업의 노조들만 고생하던 행태가 정리 해고라는 벼랑 끝의 상황에서도 되풀이되었다. 그러나 대공장 노동 조합의 선봉으로서의 역할에 대한 기대는 일단 제쳐두도록 하자. 힘이 모자라서 어쩔 수 없이 일부가 아픔을 감수해야 한다면 위원장과 노조 간부들이 정리 해고 명단의 맨 앞에 자기 이름을 올려놓고 노조원들을 설득해야 하지 않는가.

정부는 현대자동차라는 큰 벽을 무사히 넘자 신속하게 다른 사업장을 정리해 나간다. 8월 30일, 충남 아산경찰서는 만도기계노조의 황성근 위원장 등 4명을 불법 파업을 주도한 혐의로 구속한다. 한국조폐공사노조가 9월 1일에 인건비 삭감 방침 철회를 요구하며 시한부 파업에 들어가자, 공사는 바로 대전 본사와 옥천 등 세 곳의 조폐창을 폐쇄한다. 9월 3일 아침 6시에는 18일째 파업을 벌이고 있는 만도기계 7개 사업장에 김대중 정부 출범 이후 처음으로 병력을 투입한다. 아산 공장에서 농성 중이던 노조원 9백여 명 가운데 일부는 건물 옥상으로 올라가 돌과 화염병을 던지며 저항한다. 익산 공장에서도 노조원과 가족 4백여 명이 포크레인으로 담장을 무너뜨리고 들어온 경찰에 맞서 공장 옥상으로 올라가 볼트와 너트, 쇳조각 따위를 던지며 저항한다. 경찰은 전국 7개 공장에서 모두 1847명을 연행한다.

사무직 노동자들도 정리 해고에 맞서 싸운다. 구조 조정에 직면해 있던 한국노총 소속의 9개 은행의 노조는 며칠 만에 50억 원이 넘는 파업 기금을 조성하고는, 9월 28일 오전에 집단적으로 4일 간의 월차 휴가원을 제출하고 은행별로 파업 출정식을 갖고 나서 전체 노조원의 절반에 가까운 2만여 명이 명동성당에 모여 다음날로 예정된 연대 파업을 대비한다. 은행측이 한발 물러서서 1997년 말 대비 32% 인원 감축과 평균 임금의 8~12개월치 퇴직자 특별 위로금 지급이 합의되면서, 노조는 파업을 철회한다. 대한보증보험과 한국보증보험에서도 인력 55.6% 감축, 통상 임금의 8개월치 퇴직 위로금 지급, 희망 퇴직자의 계약직 우선 고용 등이 합의된다.

사업장별 또는 연맹별, 부문별 요구와 투쟁은 11월 들어 하나로 모아진다. 11월 8일, 여의도에서 민주노총, 전국농민회총연맹, 빈민연대, 전교조, 참여연대 등 60개 단체가 공동으로 '생존권 사수 재벌 해체 IMF 반대 민중 대회'를 열고 '10대 요구'를 제시한다. 매년 11월에 열리던 노동자 대회가 민중 대회로 확대된다.

정부는 민중들의 요구에 직접 답하기보다는 운동을 주도하는 단체들을 달래는 방침들을 내놓는다. 11월 23일에 '교원의노동조합설립및운영등에관한법률 제정안'이 국무 회의에서 의결되어 전교조가 합법화된다. 국회 환경노동위는 민주노총의 합법화를 대비해 노사 협력 지원금 가운데 9500만 원을 민주노총 몫으로 배정한다.

정부는 그 동안 추진해 온 '빅딜', 즉 주력 기업 중심으로 재벌의 구조를 개편하기 위한 사업 교환의 실행에 박차를 가한다. 삼성자동차의 부산 신호 공장과 대구 상용차 공장의 노동자들이 실직을 우려하며 정부의 정책에 반대하고 파업에 들어간다. 지역 경제를 걱정한 부산시와 부산상공회의소 등이 청와대에 반대 호소문을 보내지만, 김대중 대통령은 12월 7일에 그룹 회장과 은행장들이 참석한 재계-정부-금융 기관 간담회를 열고 삼성자동차와 대우전자의 맞교환 등 5대 그룹 빅딜에 대해 합의를 이끌어 낸다.

민주노총은 그 다음날 국회 의사당 앞에서 '전국 단위 노조 대표자 비상 결의 대회'를 열고 "정권과 독점 재벌은 또 다시 일방적 구조 조정으로 기간 산업의 수만 명 노동자를 정리 해고시키려 하고 있다"면서 총력 투쟁을 결의한다. 이갑용 위원장은 국회 의사당 맞은편 건물 앞에 천막을 치고 단식 농성에 들어간다.

삼성자동차 부산 공장 노동자 2000여 명이 12월 9일에 상경해 삼성자동차 본사 앞에서 집회를 열고 고용 승계 보장을 촉구하고, 영업부 직원 600여 명도 12월 8일 오후부터 서울 성수 영업소에서 농성에 들어간다. 대우전자 직원 4000여 명은 대우 본사 앞에서 빅딜에 항의하는 집회를 연다. 대우전자의 노조와 비상대책위측은 12월 11일에 "회장이나 사장이 주인이 아니므로 이제부터는 임원들까지 모두 투쟁에 나서기로 했다"고 밝히고, 유럽 공장들의 현지인 노동자 대표 50여 명도 입국하여 청와대 방문 등 빅딜 철회 캠페인을 벌인다. 삼성자동차 부산 공장 직원들은 회사 주거래 은행인 한일은행의 경남 지역 32개소에 몰려가 통장 신규 개설, 입출금 반복, 현금 인출기 장악 등으로 항의의 뜻을 표한다. 삼성자동차 부산 공장 직원과 부산 시민 4천여 명이 12월 13일에 부산역 광장에서 '제3회 부산 시민 궐기 대회'를 연다.

조폐공사노조는 옥천의 조폐창 폐쇄에 반대하며 12월 12일에 다시 파업에 들어가 차량 1백여 대로 출입구를 봉쇄하여 기계 반출을 막는다. 일요신문·서울문화사노조가 12월 19일에 연봉제와 단협 개악에 맞서 파업에 들어간다. 청구성심병원이 12월 24일에 '즉시 해고 통지서'를 내밀면서 전현직 노조 간부와 노조원 10명을 해고한다.

민주노총 간부와 산별 노조 대표자 15명은 12월 24일부터 이갑용 위원

'빅딜'은 1998년 한국을 상징하는 유행어였다. 원래 빅딜은 주력 기업 중심으로 재벌 구조를 개편하기 위한 사업 교환을 의미했지만, 노동자들에게는 아무 대가도 없이 자신의 삶을 내주어야 하는 처참한 단어였다.

장이 20일째 단식 투쟁을 벌이고 있는 농성장 바로 옆에 비닐 천막을 치고 농성에 합류한다. 그러나 이것은 구조 조정 저지 투쟁 전선이 중앙 지도부만의 투쟁으로 축소되어 있음을 보여 줄 뿐이었다. 기획예산위원회는 12월 29일에 모두 42만 명이 고용되어 있는 7백5개의 공공 기관의 퇴직금 누진제를 폐지하는 방안을 국무 회의에 보고하고 관련 기관에 통보한다. 예산에서 공공 부문 인건비가 4.5% 삭감되어 공공 부문의 정리 해고도 눈앞의 현실로 다가온다.

12월 13일, 민주노총은 지도부의 단식 농성을 풀면서 기자 회견을 열어 "차기 대의원 대회에서 노사정 위원회 탈퇴를 결의하고 총력 투쟁을 벌일 것이다"라고 선언한다.

노동자들은 힘겨운 1998년을 보냈다. 국내 기업들의 86%가 정리 해고와 임금 삭감으로 구조 조정을 실행했다. 정리 해고에 필요한 요건과 절차도 무시되었다. 1998년의 정리 해고 구제 신청은 1997년의 65건에 비해 522건으로 8배, 부당 해고 및 부당 노동 행위 구제 신청은 1997년의 3281건에서 5800건으로 증가했다. 임금을 동결하거나 하향 조정한 업체는 전체의 84.5%로 조사되었다. 10명 이상 업체 근로자의 1998년 명목 임금 상승률은 –2.9%를 기록했는데, 조사를 시작한 1978년 이래 감소하기가 처음이었다. 1998년 4/4분기 고졸 취업자 가운데 월 수입이 70만원 미만인 사람은 전년 같은 기간에 비해 18.3%나 늘어난다. 대졸 취업자 가운데 그 비중은 30.8%였다. 1998년 한해 동안 검찰에 구속된 노동자는 219명인데, 이는 노동법 개악 저지 총파업이 있었던 1997년의 구속자 46명의 5배에 가까운 것이다.

구조 조정에 직면한 사업장들의 총력 집중 투쟁

　1999년 1월 7일, 27일째 파업 중인 조폐공사 옥천 조폐창에 경찰력이 투입된다. 경찰 6개 중대가 지게차와 견인차를 동원해, 출입구를 막고 있는 차량들을 끌어내고 농성 중인 노조원들을 연행한다. 강희복 사장은 이 틈을 이용해 기계를 반출한다. 수배를 받고 명동성당에서 농성을 벌여 오던 강재규 노조 부위원장과 노조원 6명은 1월 8일에 기획예산위원회에 들어가 농성을 벌이다 연행된다.

　지난해 12월에 기아자동차와 아시아자동차를 인수한 현대그룹은 1월 15일에 "기아자동차 과장급 이상 간부 사원 30%를 1월 말까지 희망 퇴직시킨다"는 감원 계획서를 서울지방법원으로부터 인가받고, 1월 18일에는 현대자동차, 현대정공, 현대차서비스를 통합하면서 중복 부서를 폐지하여 인력을 축소할 것이라고 밝힌다. 농협이 중앙회 직원 1만 7천여 명을 대상으로 명예 퇴직 신청 접수를 시작해 전체의 21%인 3545명로부터 신청서를 받는다. 노조 집행부 간부 10여 명은 강요에 의한 하급직만의 퇴직은 무효라며 회장실 앞에서 1월 18일부터 농성을 벌인다.

1999년에는 사업장 축소나 해고 이외에 연봉제 도입이 노동자들의 처지를 압박한다. 연봉제 도입은 노동 조합의 단체 협약권의 가장 중요한 내용인 임금 협상에 대한 도전이었다. '생산성을 높이기 위해서는 능력과 성과에 따라 임금을 차등 지급하는 연봉제 도입이 불가피하다' 는 기업의 논리와 '연봉제는 임금 하락과 고용 불안을 초래하며 평가 제도의 신뢰성이 검증되지 않았다' 는 노동자들의 논리가 부딪힌다. 일요신문·서울문화사노동조합은 35일 간의 파업 끝에 연봉제를 철회시키고 계약직의 노조 가입 인정 등에 대해 1월 22일에 회사와 합의한다.

1999년 1월 중 실제 실업률은 17.4%, 실업자 수는 368만 명으로 급속하게 늘어난다.

'빅딜' 로 문제가 되었던 LG반도체와 대우전자의 노동 조합은 일정한 기간 동안의 고용 보장과 위로금 수령으로 문제를 일단락 짓는다. 서울시 투자 기관들에도 인력 감축의 '권고안' 이 하달된다. 전경련은 2% 성장과 기업 구조 조정을 최우선으로 하는 정책 기조를 제출한다. 구조 조정 저지 투쟁에 앞장서 왔던 노조와 핵심 간부들에 대한 탄압도 광범위하게 진행되어, 한진중공업의 정상철 부위원장의 해고, 정상채 위원장과 8명의 노조 간부의 정직, 조폐공사노조의 간부와 노조원 8백여 명의 고소, 고발, 징계, 노조 재산에 대한 5억 원 가압류, '3년 간 무쟁의 선언' 이라는 강요가 이어진다.

1월 초에 '민주노총 혁신안에 대한 공청회' 와 '1999년 정세 전망과 민주노총 사업 방침 수립을 위한 정책 토론회' 가 연이어 열린다. 중장기 과제의 토론이 아닌 사업을 통한 이념과 노선의 정립, 상하 간 의사 소통, 실추된 대중 지도력의 복원, 위원장 직선제, 산별 노조 체계 강화, 조직 확대 등에 대해 토론을 벌였으나, 뾰족한 대답은 나오지 않는다.

2월 6일, 민주노총 금속산업연맹 정기 대의원 대회에서 2기 임원 선거가 벌어진다. 대의원 298명 가운데 275명이 참가한 1차 투표에서 문성현 후보 진영이 120표, 조돈희 후보 진영이 81표, 조준호 후보 진영이 72표를 얻는다. 결선 투표로 124표의 조돈희 후보진영을 20표 차이로 이긴 문성현-이홍우-전재환이 위원장-수석 부위원장-사무처장으로 당선된다. 1년 전 민주노총 선거에서 이갑용이 타협적인 지도부에 대한 반발표를 흡수해 당선된 것에 비하면, 연맹의 혁신을 내걸고 투쟁에 앞장서는 '현장파' 후보로 선거에 나선 조돈희가 위원장 출신도 아닌데다가 강성으로 분류되는 이갑용과 단병호의 한계가 지난 1년 동안 드러난 상황에서 상당한 지지를 얻었다는 것은 새로운 기운을 보여 주는 것이었다.

민주노총은 2월 24일 정기 대의원 대회에서 지난해의 활동을 평가하며 노사정 위원회 탈퇴를 만장일치로 결의하고 "3월 말 4월 초 구조 조정 사업장을 중심으로 중앙 집중 총력 투쟁을 벌인다"는 상반기 투쟁 일정과 사업 계획을 확정한다. 총연맹의 위원장-수석 부위원장-사무총장의 직선제는 출석 대의원 59%가 찬성했으나, 규약 개정 의결 정족수인 2/3에는 미치지 못해 부결된다.

김대중 대통령은 2월 25일의 취임 1주년 축하 만찬에서 "경제를 살리려면 구조 조정을 해야 하고 구조 조정을 하면 실업자가 발생하는 모순이 있으나 이를 피할 수는 없다"며 구조 조정을 강행하겠다는 의지를 밝힌다.

2월 26일, 자동차 완성 업체를 중심으로 한 금속산업연맹 소속 8개 노조, 3만 3천여 명이 정리 해고 중단과 노동 시간 단축을 요구하며 대정부 경고 파업을 벌인다. 현대자동차노조는 중앙비상대책위에서 파업을 철회했다가 임시 대의원 대회에서 사퇴 항의를 받는다. 지도부에 대해 영장이 발부된다. 금속산업연맹은 2월 27일에 종묘공원에서 4천여 명이 참석한 집회를 열어 일방적 구조 조정 중단과 노동 시간 단축 등을 주장하고, '재벌개혁 및 IMF대응을 위한 범국민운동본부'와 함께 서울역까지 거리 행진을 펼친다.

국민체육진흥공단, 영창악기, 삼성플라자 분당점 등에서도 임원 감축과 임금 삭감에 반대하여, 또는 노조 결성을 위해 파업에 들어간다.

한국경영자총협회는 3월 5일에 주요 기업의 인사·노무 담당 임원 회의를 열어 3개 팀 18명으로 구성된 현장 지원단을 구성해 노사 갈등이 클 것으로 예상되는 사업장 20여 곳에 파견하기로 한다. 경총은 "올 임금은 동결하고 구조 조정을 진행 중인 기업에 한해서는 임금을 삭감한다"는 1999년 임금 조정 기본 방향을 확정하고, 3월 8일에는 파견 근로 허용 업무의 범위를 확대할 것을 정부와 국회에 요구한다.

부도 위기에 처했던 기아자동차, 아시아자동차, 기아자동차판매, 아시아자동차판매 등에서 "2천년 말까지 전 조합원의 고용을 보장하고 소하리 공장을 폐쇄하지 않는 대신 노사 화합 선언을 한다"는 데 합의하고, 3월 17일에 조인식을 열어 '무분규 노사 화합'을 선언한다. 이에 대해 금속산업연맹은 기아자동차노조 고종환 위원장에게 징계를 내리기로 한다.

정부가 농협과 축협의 간부들의 비리를 들먹이며 농협중앙회·수협중앙회·축협중앙회·인삼협중앙회의 통합 여론을 형성한다. 농협중앙회와 축협중앙회가 각각 7천 명과 4천5백 명을 감원하겠다고 발표하면서 내부 개혁을 비껴가려고 하자, 축협중앙회노조는 3월 16일에 한국노총을 탈퇴하고 민주노총 사무금융연맹에 가입해 투쟁을 결의한다. 검찰의 공안대책협의회에 은행감독원까지 가세하여, 사전 감시와 여신 불이익으로 파업을 막으려 한다.

비정규직 노동자가 전체 임금 노동자 중에서 차지하는 비중이 1999년 3

월 말에 처음으로 50%를 넘어선다. 비정규직 노동자들의 노조 결성 시도가 본격화된다. 그러나 이들의 앞길은 1970년대와 같은 험난한 가시밭길이다. 한라중공업 하청 업체 노동자들이 3월 29일에 노조를 결성하지만, 회사측의 테러 위협에 부딪혀 한라중공업노조의 사무실로 피신한다. 괴한 70여 명이 3월 30일 새벽에 사무실에서 5명을 납치한다. 한라중공업은 하청노조 가입 노동자가 소속된 업체들에 대하여 3월 31일자로 계약을 해지하고 노동자들의 출입을 봉쇄한다.

한국통신노조(위원장 김호선)가 4월 18~19일에 2만 5303명(75.6%)의 찬성으로 파업을 결의한다. 서울지하철, 데이콤, 한국전력기술 등 공공연맹 17개 노조, 2만 1천여 명이 파업에 가세하면서 민주노총의 1999년 총력 투쟁이 시작된다. 민주노총은 서울역 광장에서 1만 2천여 명이 참가한 파업 집회를 열고 명동성당까지 거리 행진을 벌인다. 서울지하철의 노조원과 대학생 2500여 명은 서울대로 향하던 중 낙성대 입구에서 저지하는 경찰과 맞서 오후 7시 45분부터 30여 분 간 화염병과 쇠파이프로 무장하며 시위를 벌인다.

정부는 1999년의 최대 정책 목표인 공공 부문의 구조 조정을 위해 정면 대결을 벌인다. 검찰은 관계 기관 공안 대책 회의를 열고 석치순 서울지하철노조 위원장 등 총 63명에 대해 검거에 나선다. 서울시는 4월 21일 자정까지 업무에 복귀하지 않는 사람은 직권 면직하기로 한다. 대통령도 국무회의에서 엄정한 대처를 지시한다.

대우조선노조가 회사의 매각 방침에 맞서 4월 20일 오후부터 파업에 들어가는데, 이로 인해 금속산업연맹의 파업이 앞당겨진다. 민주노총 지도부가 4월 21일에 명동성당에서 농성을 시작하면서 파업 상황을 본격적으로 주도하기 시작한다. 과학기술노조와 연구전문노조 등이 파업에 가담하여 총 3만 4천여 명이 파업에 참가한다. 정부는 4월 22일에 노동 관계 장관

회의를 열어 민주노총과는 타협하지 않겠다며 사전 체포 영장이 발부된 66명을 모두 잡아들이기로 한다. 이갑용 민주노총 위원장은, 정부가 민주노총을 대화 상대로 인정하지 않은 데서 총파업이 비롯됐으며 민주노총은 구조 조정 자체를 반대하는 게 아니라 정리 해고 일변도로 진행되는 현재의 방식을 반대하는 것이라고 밝힌다. 노동부, 법무부, 재경부, 행자부의 4개 부처 장관은 4월 23일에 파업 참가자의 해고, 파업 주동자의 의법 처리, 파업으로 발생한 손해의 책임자 배상 등을 경고하는 합동 담화문을 발표한다. 민주노총은 "김대중 정권은 노동자 대량 학살 방침을 철회하라"고 촉구하면서 다음달로 예정된 금속산업연맹의 파업 일정을 오는 27일로 앞당기도록 지시한다.

4월 24일, 민주노총은 전국 주요 도시에서 '대정부 총력 투쟁 승리 결의 대회'를 개최한다. 4월 25일, 한국통신노조는 서울 용산역 광장에서 전국 지부에서 올라온 3천여 명이 총회를 열어 파업 돌입을 거듭 결의하고, 이 중 2천여 명은 경찰의 저지를 뚫고 고려대로 들어가 밤샘 농성을 벌인다. 이날 저녁 7시 20분께 서울지하철노조원 2천여 명이 농성 중인 서울대에 헬리콥터 2대와 물대포를 동원하며 경찰 2천5백 명이 진입하고, 학생들이 화염병 100여 개를 던지며 맞서 싸운다. 하지만 서울지하철노조 조합원들의 현장 복귀가 급증하고 한국통신노조도 이날 오전 전격적으로 파업 유보를 결정하자, 서울지하철노조 석치순 위원장은 이날 저녁 "모두가 잘 싸웠지만 힘이 부족했다"며 파업 철회를 공식 선언한다. 정부와 서울지하철공사는 예고했던 대로 상당한 수의 노동자들을 구속, 고소, 고발, 직위 해제, 직권 면직, 파면에 처하고 39억 3천만 원의 손해를 배상하라고 청구한다.

서울지하철노동조합의 파업은 끝났으나, 민주노총은 5월 총파업의 계속을 천명하고, 4월 28일에 서울에서 5천여 명이 모인 집회를 열고 본격적인

집권 2년째를 맞은 김대중 정부는 1999년 최대 정책 목표로 공공 부문 구조 조정을 내세웠다. 이에 맞서 공공연맹은 연대 파업을 벌였고, 그 핵심은 지하철 노조였다.

대정부 투쟁을 선언한다. 이날 금속산업연맹과 공공연맹 소속 노조원 5만여 명이 정리 해고 중단을 요구하며 하루 또는 2~4시간 동안 파업을 벌인다. 민주노총의 총투쟁이 벌어지고 있던 노동절 전야에 도심 곳곳에서 대학생들도 거리 투쟁을 벌인다. 4·30준비위원회는 4월 30일에 성균관대에서 교직원들의 봉쇄를 뚫고 문화제를 성사시키고, 명동의 신세계 백화점 앞에서 2천여 명이 참가한 청년 학생 투쟁 대회를 열어 노동 시간 단축과 김대중 반대를 외친다. 한총련 소속 4백여 명도 한총련 대의원 대회 성사를 촉구하며 동대문 등지에서 거리 투쟁을 벌인다.

5월 1일, 민주노총은 5만여 명이 모인 서울역 광장에서 제109주년 세계 노동절 기념 '총력 투쟁 승리를 위한 전국 노동자 대회'를 연다. 시민버스

노조, CBS노조, 데이콤노조, 강원산업노조, 삼환기업노조의 파업과 이에 대한 경찰력 투입, 직장 폐쇄, 농성장 해체 시도 등이 이어진다.

민주노총이 5월 12일부터 2차 대정부 투쟁에 들어간다. 금속산업연맹은 정리 해고 중단과 노동 시간 단축 등 민주노총 4대 요구와 연맹 7대 요구를 내걸고, 쌍용자동차, 한국중공업, 강원산업 소속 18개 노조, 2만여 명의 파업으로 총력 투쟁에 참여한다. 5월 13일에는 용산역에서 쌍용자동차노조원 2000여 명 등 130여 개 노조, 1만여 명으로 구성된 '정리해고철폐, 주 40시간쟁취를 위한 결사대' 출정식을 갖고 2박 3일 간 상경 노숙 투쟁을 시작한다. 집회 후의 거리 행진에는 한국중공업 노동자 1200여 명이 합류하여 원효대교를 메운 채 연좌 농성을 벌인다. 보건의료노조는 5월 12일부터 연쇄 파업을 벌여 보훈병원, 서울대병원, 이대병원 등에서 구조 조정을 철회시키는 성과를 거둔다. 전국생명보험노조의 조선, 두원, 동부, 한덕 등의 지부의 노조원 1500여 명이 5월 13일부터 이틀간 파업을 벌이고 금융감독위원회 앞에서 집회를 열어 생명 보험사 매각 계획을 철회하라고 촉구한다. 공공연맹은 5월 14일에 서울지하철노조 탄압 중단 등 3대 요구를 내걸고 의보노조와 과기노조 등 12개 노조, 1만 2천여 명이 파업에 들어간다. 노숙 투쟁 중인 결사대는 대학로 마로니에공원에서 '민주노총 2차 총력 투쟁 결의 대회'를 마치고 명동성당으로 거리 행진 중 종로 거리 곳곳에서 경찰과 맞붙어 치열하게 싸운다. 민주노총은 5월 15일 전국에서 동시다발로 '민중 생존권 쟁취, 사회 개혁, IMF 반대 1999년 1차 민중 대회'를 열어 고용 안정 보장을 촉구하는데, 결사대는 민중 대회 참가를 끝으로 상경 노숙 투쟁을 마무리한다. 2차 투쟁은 그 동안 민주노총의 핵심 사업장들이 참가하지 않은 상황에서 다른 사업장들이 연맹의 방침에 따라 앞장선 투쟁이었다는 특징을 보인다.

13장

민주 노조 운동을 넘어서는 투쟁들 1999~2001년

드러나는 자본가 정권의 실상, 뼈아프게 경험하는 자본주의의 폐해

진형구 대검찰청 공안부장은 승진이 내정된 이틀째인 6월 7일 오후에 기자들과 만나 취중에 "당시 정부 투자 기업체의 구조 조정이 필요한 시점인데 조폐공사에 분규 조짐이 있어 우리가 파업을 유도했다"고 자랑스레 떠벌린다. 민중 대회 이후의 노동자 투쟁은 노동자들을 의도적으로 궁지에 몰아넣은 권력과의 정면 충돌로 나아간다.

6월 10일, 민주노총 금속산업연맹이 협상이 결렬된 소속 사업장을 중심으로 15개 노조에서 2만여 명이 파업에 들어가고, 200여 개 사업장에서 검찰의 파업 유도 사태 진상 규명과 책임자 처벌을 요구하는 점심 집회를 연다. 6월 11일, 시민 단체들과 노동 단체들은 김태정 전(前)법무부 장관 등 3명을 고발하고 개입 의혹이 짙은 그 밖의 20여 개 기업에 대해 진상 조사를 요구한다. 민주노총 노조원 100여 명이 대검청사 앞에서 집회를 열고 공안대책협의회 해체와 공안 차원의 노동 정책 중단, 구속 노동자 석방, 수배 해제 등을 요구한다. 6월 11일에는 금속산업연맹에 속한 한국중공업, 쌍용중공업, 강원산업 등 10개 사업장에서 1만여 명이 계속 파업을 벌인다. 6월 14일, 민주노총은 서울 광화문빌딩 앞에서 검찰의 파업 공작 규탄 집회를 열고 이갑용 민주노총 위원장 등 집행부와 산하 연맹 지도부 28명이 명동성당에서 무기한 단식 농성에 들어간다. 금속산업연맹의 파업은 이날 대우자동차와 통일중공업이 가세해 10여 개 노조, 2만여 명의 파업으로 확대된다. 한국노총도 이날 국회 앞에서 '파업 공작 규탄과 구조 조정 원인 무효 선언 노동자 대회'를 열고 밤부터 집행부와 산별 연맹 간부 등이 농성에 들어간다.

북한 경비정의 북방 한계선 침범으로 남북 간의 긴장이 높아지고 국민의 이목이 서해안 교전으로 쏠리지만, 양대 노총의 투쟁은 계속된다.

진형구 취중 발언으로 시작된 진상 규명 요구와 그로 인한 노동자들의 구속과 수배 문제는 양대 노총의 위원장들과 대통령이 만나면서 가닥을 잡는다. 6월 30일, "모든 문제는 3기 노사정 위원회에서 머리를 맞대고 대화로 해결하자"고 합의된다. 민주노총은 지도부의 농성을 끝내고, 체포 영장이 발부된 간부 15명은 경찰에 자진 출두한다. 대통령의 약속과는 달리 문성현 금속산업연맹 위원장은 "조사받는 동안 반성의 빛을 전혀 보이지 않았다"며 구속된다.

'IMF 사태' 이후 노동 강도가 세졌는데도 기업의 어려워진 상황을 감안하여 까다로워진 판정으로 산업 재해 노동자 수는 줄어든 것으로 나타난다. 1999년 상반기 산업 재해자 2만 4518명과 그로 인한 사망자수 1082명이라는 수치는 그 전해 같은 기간에 비해 각각 3.24%, 6.48%가 줄은 것이다. 실직에 대한 우려와 경쟁을 유발하는 제도의 도입으로 업무상 스트레스에 의한 발병도 늘어나, 뇌 질환과 심장 질환을 앓는 노동자의 수가 지난해에 비해 74.7% 늘어난다. 산재 판정을 받아도 근로복지공단은 보험 급여를 줄이려 한다. 8월까지 대우중공업 국민차 사업부의 이상관(27세)을 비롯하여 11명의 노동자가 좌절과 고통을 견디다 못해 치료 중에 자살한다.

어려워진 것은 '사회 초년생'도 마찬가지다. 1998년 2월에 대학을 졸업했으나 취업이 안 된 신규 실업자의 51.3%가 단 한 차례의 취업 제의도 받지 못했다. 1998년 상반기 신규 취업자의 92%가 임시직이나 일용직이다. 정규 대학 졸업자가 전문대에 다시 입학하기도 한다.

취업 희망 직종에서 수십 년 간 1위를 유지했던 '대기업 사원'은 '창업'에게 자리를 내준다. 창업 열풍, 벤처 기업 창업 열풍이 분다. 정부의 지원과 일확 천금을 꿈꾸며 몰려드는 투자가들로 인해 벤처 기업의 주가가 치솟지만, 거품이 빠지는 데는 그리 긴 시간이 걸리지 않는다. 서울 시내 주요 간선 도로에 나와 있는 노점 수는 'IMF 사태' 1년 만에 3천여 개나 늘어난다.

부도를 냈거나 청산 절차를 밟고 있는 기업을 노동자들이 퇴직금과 밀린 임금으로 인수해 살리려는 경우도 있다. 그리하여 민주노총이 '노동자 기업 인수'를 지원하는 기관을 만들기에 이른다.

가장의 실직, 생활 규모의 축소, 채무나 연대 보증으로 인한 재산 탕진, 이혼, 가족 파괴, 노숙 등이 1998년부터 대규모로 시작된 한국 사회의 특징적 현상이다. 해직을 면한 사람들도 불투명한 미래에 대한 불안과 해고된 동료들에 대한 죄책감으로 '공황병'이라 이름 붙여진 정신 질환을 앓게 된다.

일용직, 임시직, 계약직, 파견 근무, 시간제, 도급제, 소사장제, 하청 등의 노동자는 계속 늘어난다. 여성과 장애인은 감축 대상의 1순위가 되며, 특히 외국인 노동자는 법의 보호를 받지 못한다.

이런 탓에 'IMF 사태' 이후로 노동자들 내부의 소득 격차도 커진다. 2000년 2분기 중 도시 근로자 가구 상위 10%의 월 평균 소득 607만 8400원은 하위 10%의 67만 6400원의 9배이다.

'IMF 사태' 이후 정부는 위기 극복을 위한 주요 과제로 재벌 개혁을 추진하지만, 결과는 소유주의 계열사 지배력과 선단식 경영 형태의 강화로 끝난다. 구조 조정이 진행된 일년 사이에 30대 재벌의 출자 총액은 17조 7천억 원에서 29조 9천억 원으로 68.9% 증가하고, 내부 지분율은 44.5%에서 50.5%로 늘어난다. 특히 5대 재벌의 경우에는 그 수치가 각각 94.3%, 53.5%이다. 부채 총액도 30대 기업 집단이 357조원에서 367조원으로, 5대 재벌은 221조 원에서 234조 원으로 오히려 늘어난다.

경영이 어려워진 대기업을 국민이 낸 돈으로 살리려는 정책이 있었지만, 매각에 처한 기업에 고용되어 있던 노동자들에게 일자리는 보장되지 않는다. 1999년 내내 '고용 승계'가 파업의 요구 사항으로 등장한다.

전라남도 영암에 있는 한라중공업 플랜트 사업부 120명의 노동자들이 고용 승계 없는 매각 결정에 반대하면서 8월 10일에 파업에 들어간다. 8월 11일에 집회를 열지만 매우 적은 수가 참가하자 회사는 "전 사업부를 대상으로 희망 퇴직을 실시하고 생산직과 관리직도 대대적으로 감원하겠다"고 밝힌다. 회사에 협조적이던 직·반장들조차 분노와 배신감으로 노조원들에게 배포하려던 희망 퇴직서를 찢어 버린다. 8월 18일, 전 공장 전면 파업이 시작된다. 목포역까지의 가두 진출, 주거래 은행을 찾아 간 상경 투쟁 등이 이어진다. 파업 열기가 한창인 9월 6일의 대의원 선거에서 90% 이상이 민주파로 선출된다. 그리고 9월 8일 새벽, 모든 출입문을 봉쇄하고 곳곳에 텐트를 설치하면서 공장을 점거한다. 노조는 9월 10일에 투쟁 불참자 600여 명을 제명하고 100여 명을 징계한다. 노조는 체계가 정비되자, 외부 인사를 불러 투쟁 사례, 정세, 운동 이론 등의 교육을 진행한다. 10월 2일에 가족대책위가 결성되어 방송사와 경찰서 등을 찾아가 항의한다. 결국 노조는 10월 26일 밤에 10시간 동안의 협상 끝에 현대중공업의 위탁 경영 기간 동안 정리 해고를 하지 않고 단체 협약을 현대중공업이 승계한다는 약속을 받아 낸다.

검찰의 파업 유도와 고용 승계로 노동자들의 투쟁이 한창인 한편, 민주노총은 통일 염원 남북 노동자 축구 대회의 예선전을 치른다. 6월 14일부터 민주노총 15개 지역 본부별로 209개 팀이 참가한 남쪽 대표 선발전을 치러 정부로부터 허가받아 평양으로 향할 축구단을 구성한다. 이들은 8월 10일에 북한에 들어가 평양 만수대 언덕의 김일성 묘소에 참배하고, 만경대, 쑥섬 혁명 사적지, 인민 대학습장 등을 돌아보고, 만수대 창작사의 노동자들과 축구 경기를 하고 8월 14일 오후에 판문점을 통해 돌아온다. 현장의 투쟁 열기를 외면한 처사라는 비판과 남북 노동자들의 역사적 만남이라는 긍정적 평가가 엇갈리게 된다.

8월 21일, 주체사상파의 시작을 알린 『강철 서신』의 저자 김영환과 『말』 기자였던 조유식 등이 국가보안법 위반 혐의로 구속된다. 이들은 남파 공작원에게 포섭되어 반잠수정을 타고 북한으로 가 공작원 교육도 받고 김일성 주석을 만난 것으로 알려진다. 방북 축구단에 대해 보수 언론들이 '친북 행동'을 문제 삼고 있을 때 보도된 이 사건으로 통일 운동은 잠시 주춤한다.

자본의 '신자유주의'에 반대하는 투쟁과 비정규직 노동자들의 처절한 투쟁

민주노총이 창립된 지 4년 만인 1999년에 합법화된다. 전태일 열사 분신 이후 투쟁하다 산화한 열사들, 민주 노조 운동에 앞장서다 구속된 투사들, 끊임없이 이어지는 투쟁에 참여한 무수한 노동자 대중들이 민주노총을 있게 했다. 단병호 민주노총 위원장은 이날 "민주노총은 앞으로 60만 조합원뿐 아니라 1200만 노동자의 책임 있는 대변자가 되도록 노력하겠다"고 밝힌다.

민주노총과 전농 등 51개 단체는 "민중의 11대 요구 사항"을 제시하고 11월 14일에 이어 12월 10일에 민중 대회를 열어 신자유주의에 반대하는 뜻을 밝힌다. 전농 소속 농민들이 미리 준비해 온 인분을 경찰들에게 뿌리고 일부 시위대가 쇠파이프를 휘두르는 등 3시간 동안 격렬한 시위가 벌어진다.

법률의 사각 지대에서 고통받던 영세 사업장과 비정규직의 노동자들이 'IMF 사태'를 거치며 노동 조건이 악화되자 노동 조합을 조직한다. 환경미화원노조, 서울지역상용직노조, 자동차운전전문학원노조, 세종문화회관노조, 기중기노조, 건설일용노조, 한라사내하청노조, 볼보건설기계코리아하청노조, 한성·유성·태둔산 등 6개 골프장의 노조, 인천빙과류판매 등의 청과노조, 수성교통 등 7개의 마을 버스 노조, 광양의 4개 택시 사업장의 지역 노조, 서울·대구·성남·용인 등의 영세 사무 전문직 지역 노조, 재능교육교사노조, 전국애니메이션노조 등 2백 곳 이상에서 노조가 만들어진다.

학습지 『재능 교육』의 가정 방문 교사들의 노동 조합이 1999년 11월 7일에 9명의 발기인으로 설립되자 회사는 닷새 후에 모두 해고한다. 11월 29일, 노조는 위탁 계약서 폐지, 노조 인정, 해고자 원직 복직 등을 내걸고 파업에 들어간다. 노조가 32일 동안 전국 379개 지국에 흩어져 있는 교사들을 방문해 노조를 홍보하고 가입을 독려하여 한 달 사이에 노조원이 3500명으로 늘어난다. 회사는 2000년 1월 10일에 150만원의 관리 예치금 제도를 삭제하기로 하는 등 노조의 요구를 받아들인다.

한국항공우주산업노조가 2000년 1월 26일에 비정규직의 정규직 전환, 노동 시간 단축, 고용 안정 보장 등을 요구하며 파업에 들어간다. 파업 중에 돌아온 설 연휴와 관련하여 회사가 정규직에게만 떡값을 지급하자 노조원들이 자발적으로 비정규직 노동자들의 귀향비를 마련해 준다.

민주노총이 창립 4년 만인 1999년 11월 23일에 합법화된다. 신고 필증을 받은 단병호 위원장은 "60만 조합원뿐 아니라 1200만 노동자의 책임 있는 대변자가 되도록 노력하겠다"고 말한다.

한국노총 부산항운노조에 가입해 있던 신선대와 우암터미널의 노조원과 비노조원 460여 명이 1999년 12월 9일에 민주노총 전국운송하역노조에 가입한다. 노동부는 항운노조가 있으므로 새로운 노조에 가입할 수 없다는 해석을 내리고, 전국운송하역노조는 2000년 1월 26일에 파업에 들어가겠다고 예고한다. '노무 공급권'을 위협받은 항운노조와의 물리적 충돌도 발생하지만, 고속 도로에서의 저속 운행 시위 등으로 여론을 확산시킨 전국운송하역노조는 법원으로부터 "신선대와 우암 지부는 합법적 노조이며 회사는 교섭에 응해야 한다"는 판결을 얻는다. 회사가 응하지 않자 2월 25일부터 파업이 시작되었고, 항운노조와 또 물리적 충돌이 생겨 경성대학교로 장소를 옮겨 농성을 벌인다. 부산 지역의 시민 단체들까지 가세하여 공동대책위를 만들고 또 조합원 총회를 열어 현장으로 복귀하지만, 5명이 해고되고 14명이 정직된다. 방송사의 운전직 노동자들, 한국통신의 계약직 노동자들도 노동 조합을 결성한다.

2000년 4월 13일에 국회 의원 총선거가 열린다. 정권 교체 이후의 첫 총선에서 소수당인 여당이 어느 정도의 의석을 차지할 것인지에 국민의 관심이 쏠린다. 한편, 민중 운동 진영에서는 진보 정당이, 게다가 두 개로 나뉘어진 진보 정당이 국민들로부터 어느 정도의 표를 얻게 될지에 관심이 모아진다. 1998년 11월 29일에 창당한 청년진보당은 서울의 모든 지역구에 출마하는 과감한 선거 전술을 펼친다. 당선과는 거리가 먼 현실을 감안하여 집중적인 정치 선전을 편다는, 각자의 지역구에 연연해하지 않는 계획이었다. 또한 청년진보당은 정리 해고 반대 투쟁의 중심으로 떠오르고 있던 대우자동차의 투쟁을 지원하기 위해 인천 부평(을) 선거구에도 벤힉스노조 위원장 백인성을 후보로 내세운다.

백인성 후보 진영은 후보 등록 하루 전인 3월 27일부터 대우자동차 정문 바로 앞에 천막을 치고 '대우자동차해외매각저지와 완전고용쟁취를 위한 총파업투쟁선거운동본부'(총파업선본)를 차린다. 회사의 관리직 직원들과 수 차례 육박전을 벌이고서 치게 된 이 '천막 선본'은 선거법에 의해 보호되어 노동자의 투쟁을 지지하는 현수막을 내건다. 또 '노동자여, 총파업으로 단결하라!'는 구호가 커다랗게 찍힌 후보 공보 벽보가 거리 곳곳에 나붙고, 노동자의 입장에서 현사회의 문제를 설명한 선전물이 법정 홍보물로 집집마다 배달된다. 선거 기간 동안 집회 허가 없이 유세가 허용된 점을 이용하여, 삼성의 해고자 등이 집회를 연다. 1999년 11월에 노동자 대회에 맞추어 출범한 한국노동자운동연대(한국노련)는 총파업선본에 결합하여 연대 투쟁을 실천한다.

민주노총의 지원이 약속된 민주노동당(2000년 1월 30일 창당)은 노동자

밀집 지역을 중심으로 전국 21개 지역구에 후보를 낸다. 최고의 관심은 한국 최대 규모 사업장인 현대자동차가 위치한 울산 북구 선거구로 쏠렸다. 3월 10일에 열린 울산 북구 당원 대회에서 세종 공업의 노조 위원장인 최용규가 후보로 결정된다. 현대자동차노조 2대 위원장과 울산시 의원을 지낸 이상범은 현대자동차노동조합 자체의 대회에서 후보로 결정되었지만 울산연합의 조직적인 참여로 이변이 일어난 것이다. '종파주의', '패권주의' 등의 비난을 받은 최용규 후보는 개표 완료 직전까지도 당선이 확실시 되다가 500여 표 차이로 낙선한다.

2000년의 노동절은 노동 시간 단축과 고용 안정을 주요 요구로 하는 총파업 출정식으로 치러진다. 4월 29일, 서울역 광장에서 1만 5천여 명이 참가하여 '노동절 110돌 기념 및 총파업 투쟁 결의 대회'를 연다. 총파업을 결의하는 마당에 5월 1일이 아닌 연휴 직전의 토요일에 대회를 연 것에 대해 비판이 일기도 한다. 창원, 구미, 제주 등 5개 지역은 5월 1일에 지역별로 노동절을 기념한다. 4·30청년학생준비위원회 소속 대학생 400여 명은 고려대에서 노동절 기념 집회를 열고 정문 밖 진출을 시도하다 이를 저지하는 경찰에 맞서는 과정에서 화염병이 등장하는데, 화염병 시위는 1999년 4월 서울지하철노조의 파업 이후 처음이다.

민주노총의 본격적인 투쟁이 5월 말에 시작된다. 5월 31일에 주 5일 근무제 실시 등을 요구하며 138개 노조 7만여 명이 파업에 들어가고, 전국 11개 지역에서 동시 집회가 열린다. 6월 1일에는 106개 노조 4만 3천여 명이 파업을 벌이고 공공연맹, 금속산업연맹, 사무금융연맹 등이 연맹별 집회를 여는데, 6월 8일에는 49개 노조의 1만여 명만이 파업에 참여한다. 민주노총의 '6월 집중 파업'은 6월 10일에 종묘공원에서 5천여 명이 참가한 2차 민중 대회를 치르고 끝난다. 민주노총은 정부로부터 '주당 40시간 노동제'를 2000년 안에 법제화하겠다는 입장을 끌어내고, 보건의료산업노조를

2000년 노동자 투쟁의 중심 구호는 '노동 시간 단축'이었다. 민주노총은 6월 집중 파업으로 정부로부터 '주당 40시간 노동제'를 법제화하겠다는 의견을 끌어낸다.

중심으로 비정규직의 정규직화에 대한 합의를 얻어 내고, 대한항공의 승무원노조가 합법화되는 등의 성과를 얻는다. 그러나 상징적인 대형 사업장이 파업에 참여하지 않고 파업 마무리 시점을 변경하는 등 긴장감은 떨어진 투쟁이었다.

현대자동차 부품 협력 업체인 울산의 한일이화, 세종공업, 한국TRW, 대덕사, 태성공업 등의 5개 노조가 주 5일 40시간 근무와 완전한 고용 안정 등을 공동 요구안으로 내걸고 교섭을 벌였으나 결렬되어 6월 15일에 파업에 들어간다.

롯데호텔을 비롯한 호텔의 노동 조합들이 비정규 직원의 정규직 전환을 요구하며 파업을 벌이는데, 파업을 진압하는 경찰이 객실에 있던 양주를 마시고 임신한 여성을 폭행하는 일이 발생한다. 롯데호텔의 여성 노조원 270명은 회사와 임직원 16명을 상대로 상습적 성 희롱에 대해 17억 6000만

원의 배상 소송을 낸다. 롯데호텔은 성 희롱 문제로 여론이 악화되자 파업 74일 만인 8월 21일에 '입사 3년이 지난 비정규직 노동자의 정규직 자동 전환'과 '직권 중재 조항 삭제' 등의 노조의 요구를 상당 부분 수용한다.

사회보험노동조합은 지역 의보와 직장 의보의 국민건강보험공단으로의 통합에 반대하여 서울 의료 보험 회관에서 농성을 벌이다 경찰에 진압된다. 사회보험노조는 7월 27일부터 3일 동안 조합원 7400여 명의 97%인 7200명이 상경 투쟁에 나서 서울 거리를 빨간 조끼로 뒤덮는다. 국민건강보험공단이 8월 29일에 한국노총 소속인 직장의보의 노조원 500여 명을 지역 의보 업무에 투입하며 갈등을 부추기자 사회보험노조는 84일 간의 파업을 마무리하고 9월 20일에 업무에 복귀한다. 밤샘 농성, 정시 출퇴근, 당직 거부, 투쟁복 착용 등의 투쟁을 지속적으로 벌이던 사회보험노조는 10월 9~10일에 파업을 단행하고 아시아-유럽정상회의(아셈) 기간에 집 중 상경 투쟁을 벌인다. 노조는 결국 11월 2일에 회사와의 합의를 이끌어 낸다.

투쟁 경험이 매우 적은 롯데호텔의 노동자들이나 전국에 흩어져 있는 조 건에서 단체 행동의 경험이 적은 사회 보험의 노동자들은 매우 조직적이 고 끈질긴 투쟁으로 성과를 얻은 예이다.

2000년 10월은 아셈 개최의 반대와 신자유주의 반대가 민중 운동권의 주요 구호였다.

김대중 정권 퇴진 투쟁으로 다시 한 번 반격에 나서는 노동자들

11월 3일, 삼성상용차 등 18개 기업의 청산, 11개 기업의 법정 관리, 20 개 기업의 매각, 3개 기업의 합병 등 모두 52개 부실 기업을 정리한다는 '2

차 구조 조정 계획'이 발표된다.

데이콤노조의 구조 조정 반대 파업(11월 8일)에 이어 민주노총도 11월 12일에 전국 노동자 대회를 열어, "정경 유착과 부정 부패가 나라 경제를 망쳤는데도 정부는 모든 책임을 노동자에게 떠넘긴다"며 구조 조정 중단과 노동 시간 단축을 촉구하고 12월부터의 전면적인 대정부 투쟁에 돌입을 경고한다.

건설연맹과 전국전력산업노조도 정부의 구조 조정에 반대함을 분명히 했고, 12월 5일에는 서울역 광장에서 민주노총과 한국노총이 공동으로 대회를 열어 "정부가 공기업 민영화를 포함한 일방적 구조 조정과 주 5일 근무제 등 4대 제도 개선을 실행하지 않는다면 두 노총 연대 총파업 등 공동 투쟁을 강화해 나가겠다"고 밝힌다. 이와 함께 민주노총 전국 12개 지역본부는 전국에서 같은 내용을 촉구하는 집회와 시위를 벌인다.

이랜드노동조합이 비정규직의 정규직 전환을 요구하며 싸운 데 이어, 한국통신에서는 해고된 계약직 노동자들의 투쟁이 시작된다. 한국통신이 2001년 1월 1일자로 계약직 업무를 도급으로 전환하기로 하고 계약직 7천여 명에게 계약 해지를 통보하자, 한국통신계약직노조가 12월 13일에 텐트를 치고 농성에 들어간다. 한국통신노조 또한 12월 18일에 한국통신의 분할 해외 매각 반대와 강제적인 정리 해고에 반대하며 파업에 들어가지만, 참여가 적고 회사로부터 조합 간부들이 업무 방해 혐의로 고소된다.

구조 조정의 바람은 금융 노동자들에게 분다. 국민은행장과 주택은행장이 12월 21일 오전에 두 은행의 합병을 선언하자, 두 은행의 노조원 1만여 명이 12월 21일 밤부터 경기도 고양시 국민은행 연수원에서 농성에 들어간다. 두 노조의 상급 단체인 한국노총이 "금융 산업 총파업"과 "현정부 퇴진 운동"으로 반발하려 했으나, 정부 주도의 은행 구조 조정의 문제점을 부각시킨 외에는 별 성과를 남기지 못한 채 농성은 해산되고 연대 파업에 들어갔던 은행원들은 업무에 복귀하게 된다.

2000년은 정부의 '4대 부문 구조 조정 추진'에 대한 노동자들의 반발로 인해 대규모 사업장의 분규가 많았고 양상도 격렬해진 것으로 나타난다. 246건의 분규 건수는 지난해에 비해 26.8%가 늘어난 것이고, 참가 인원 18만여 명은 2배가 된 것이며, 분규로 인한 근로 손실 일수 185만 312일은 37.2% 증가한 것이다.

2001년의 첫 민주노총 정기 대의원 대회에서 제3기 임원이 선출된다. 1차 투표에서 강승규-이석행이 332표, 단병호-이홍우가 245표, 유덕상-윤성근이 202표를 얻는다. 결선 투표에서는 단병호-이홍우가 강승규-이석행을 앞섰으나, 과반수에 모자라 신임 투표까지 가서 찬성 363표 반대 264표로 당선이 확정된다.

1차 투표는 유덕상으로 대표된 '현장파'가 선전하고 단병호로 대표된 '중앙파'가 쇠퇴했다는 사실을 보여 준다. 2차 투표는 강승규로 대표된 '국민파'가 내부 혼란이 있었음에도 막상 선거에서는 과거의 관행대로 하나로 뭉쳤다는 것, 그러나 1998년의 2기 임원 선거에서의 정갑득처럼 여전히 조합원들의 '전투적 성향'에 미치지 못하고 있다는 것을 보여 준다. '국민파'는 조직력으로 민주노총의 지도권을 장악하는 데 거의 도달했으나, 자본에게 너무도 당해 온 탓에 투쟁에 내몰린 노동자들이 단병호를 지지한 것으로 보아야 할 것이다. 다수의 반대파를 아우르고 가야 하는 단병호 집행부의 앞날도 평탄치 않음은 분명하다.

대우자동차가 '생산직 2794명 정리 해고 계획서'를 노동부에 제출한다. 대우자동차노조는 다음날인 1월 17일에 4시간 경고 파업을 벌이고 500여 명이 정부 청사 앞에서 항의 집회를 열면서 대응을 시작한다. 1월 20일의 설 귀향 대국민 선전전, 1월 31일부터의 3일 간 파상 파업, 2월 8일부터의 간부들 천막 농성이 이어진다. '노동자생존권쟁취 · 구조조정분쇄 · 해외

대우자동차 정리 해고로 시작된 2001년은 김대중 정부 출범 이후 노동자들의 투쟁이 가장 격렬한 해였다. 민주노총은 전노협 이후 10년 만에 처음으로 '정권 퇴진 투쟁'을 사업 계획으로 결의하고 대정부 투쟁에 나섰다.

매각저지 대우자동차공동투쟁본부'(대우차공투본)에 참가한 청년진보당, 한국노동자운동연대, 전국학생회협의회(전학협)의 52명의 '체포결사대'가 2월 9일에 김우중의 집에 들어가 "김우중 구속! 도피 재산 환수! 구조 조정 중단!"을 요구하며 기업 부실과 정리 해고에 대한 자본가들의 책임을 묻는다. 노조는 희망 퇴직에 따른 위로금 10개월분 중 5개월분을 부담하겠다는 양보안을 제시하였으나 회사는 1751명의 가정으로 정리 해고를 통보한다. 다음날인 2월 17일에 전면 파업과 함께 대우차가족투쟁대책위원회가 만들어진다. 이후의 사태의 분수령이 될 2월 19일 월요일, 파업 노조원들은 공장을 에워싸고 있는 경찰들을 뚫기 위해 소방 호스와 쇠파이프를 동원했고, 경찰은 사태의 장기화와 연대 투쟁의 가능성을 일찌감치 차단하기 위해 이날 저녁 바로 해산 작전을 펼친다. 결사대의 저항으로 시간을 번 지도부들은 무사히 탈출했고, 미처 빠져 나오지 못한 김일섭 위원장은 허위 정보를 흘려 놓고 경계가 느슨해진 틈을 이용해 새벽에 극적으로 공장을 탈출한다.

민주노총과 공투본은 다음날 부평역에서 공권력 침탈에 항의하는 집회를 열고 공장까지 거리 행진을 벌인다. 행진 중간에 화염병과 쇠파이프가 등장하여 시위대가 경찰을 밀어붙이고 미처 후퇴하지 못한 '닭장차' 2대를 불태운다. 1987년이나 1991년과 같은 정세에서나 있었던 일이 일어나자 시위대의 기세는 급격하게 고양된다. 공방을 벌이다 경찰에 밀린 시위대는 산곡동성당으로 들어갔고, 노조 집행부가 모여들면서 성당은 야전 사령부의 회의 장소가 된다. 2월 21일, 위협을 느낀 경찰이 신고되어 있던 집회마저 불허하자 시위대는 전날의 기세를 이어 경인 고속 도로 톨게이트에서 기습 시위를 성사시키기도 한다.

민주노총 금속산업연맹 소속인 한국중공업, 통일중공업, 영창악기, 대우정밀, 쌍용자동차 등 54개 사업장의 3만여 명 노동자가 2월 28일에 대우자동차노동조합의 투쟁을 지지하는 4시간 연대 파업을 벌이고, 전국 10여 개 도시에서 집회와 시위를 벌인다. 3월 1일에는 3대개혁입법국민연대의 주최로 수십 개의 시민 단체까지 참가하는 집회가 서울역에서 열려 대우차 노동자들과의 연대 투쟁이 점점 더 확산된다. 'MBC스페셜'이라는 프로그램이 3월 2일에 대우자동차 정리 해고 문제를 다루었는데, 1751명의 정리 해고자 명단의 자막이 마지막 장면을 장식한 그 프로그램이 끝나자 하루 만에 451건의 소감 글이 방송국 인터넷 사이트에 오르고 재방송 요청도 쇄도한다.

대우자동차노조가 자체 투쟁력이 미약함에도 연대와 지지의 행동을 확산시킨 것은 공세적 투쟁의 의지와 그 전환의 성공 때문이다. 출근 저지 투쟁, 노조 사무실 진격 투쟁, 부평역 플랫폼 집회와 선로 점거 투쟁, '공장 탈환을 위한 투쟁 결의 대회', 한국통신계약직노조와의 연대 투쟁, 민주노총의 '신자유주의 구조 조정 김대중 정권 퇴진 결의 대회'와 동국대 앞 화염병 시위, 인하대에서의 금속산업연맹 집회와 가두 투쟁, 종묘공원 민중 대회와 연세대 앞 화염병 시위, 4시간 동안의 몸싸움 끝의 17명 노조 사무실 진입으로 대우자동차 노동자들은 싸움을 이어간다.

민주노총은 전노협 이후 10년 만에 처음으로 '정권 퇴진 투쟁'을 사업 계획으로 결의하고 대정부 투쟁의 전면에 나선다. 민주노총 중앙위(3월 15 ~16일)는 신자유주의 저지와 김대중 정권 퇴진'을 상반기 투쟁 목표로 잡고 5월 31일부터 총력 투쟁을 벌이기로 한다. 3월 17일, 전국 9개 시 · 도 중심가에서 1만여 명이 참가한 민주노총의 '신자유주의 구조 조정 김대중 정권 퇴진 결의 대회'가 열린다. 이날 서울에서는 성조기가 불타고 화염병 시위가 벌어지고, 부산에서는 '김대중 상여'가 불타고 밤 9시 30분까지 4 차선 도로가 시위대에게 점거되고, 광주에서는 지방 노동청 사무실이 계란 세례를 받는다.

해가 바뀌어도 고용을 보장받지 못한 한국통신계약직노조 소속 200여 명이 3월 29일 새벽 3시경 서울 화곡 전화국 목동 분국을 점거하여 농성을 벌인다. 한국통신은 파업이 107일째 진행 중인데도 교섭에 단 한 차례도 응하지 않았다. 경찰이 진입하자 지하 주차장과 옥상에서 돌, 집기, 화염병 등을 던지며 2시간 동안 격렬하게 저항하던 조합원들은 모두 연행된다.

3월 31일, 서울 종묘공원에서 1만 5천여 명이 참가한 민중 대회가 열린다. '집회는 짧게, 투쟁은 길게'라는 기치 아래 대회는 40여 분 만에 끝나고, 참가자들은 종로2가와 광화문 등지로 진출하여 기습 시위를 벌이다 연세대 앞으로 옮겨서는 화염병을 던지며 격렬하게 투쟁한다.

이처럼 민주노총이 정권 퇴진 투쟁의 전면에 나서고 투쟁 또한 공세적인 양상을 띠며 확산되어 가자, 정부는 '신종 화염병 시험 폭발'을 연출하여 방송하는 등 강경 탄압을 준비한다. 마침내 4월 10일, 대우자동차 노동자 500여 명이 노조 사무실 진입 방해에 항의하며 거리에 드러눕자 경찰이 갑자기 달려들어 곤봉으로 후려치고 방패로 내리찍고 군화 발로 짓이기는 등 무자비한 폭력을 행사한다. 코뼈, 갈비뼈, 팔, 다리가 부러지고 머리가 찢기고, 퉁퉁 부어 안 떠지는 두 눈에서 피눈물이 흘러내리고, 부러진 갈비뼈에 찔려 폐에 구멍이 나고, 뇌에 충격을 받아 사지를 떨면서 경련을 일으키는 등의 중상자들이 속출한다. 군부 독재 시절을 떠올리게 하는 폭력 장면은 인터넷에 동영상으로 올라와 급속히 퍼져 김대중 정권을 곤경에 빠뜨린다. 4월 14일, 민주노총은 두 달 만에 집회 허가를 얻어 '정리 해고 분쇄! 살인적 폭력 만행, 김대중 정권 퇴진 결의 대회'를 부평역에서 연다. 4천여 명이 모인 이날, 노동자들은 기세를 몰아 공장까지 나아가 철문을 제끼고 노조 사무실로 들어간다. 민주노총은 4월 19일과 4월 21일에도 '김대중 정권

2001년 4월 10일 대우자동차 노동자들을 무차별 구타하는 경찰. 군부 독재 시절을 떠올리게 하는 폭력 장면은 인터넷을 통해 널리 알려져 오히려 투쟁을 확산시키는 계기가 된다.

퇴진 결의 대회'를 잇달아 연다.

광주의 캐리어 하청 노동자 7명이 2월 18일에 캐리어사내하청노조(위원장 이경석)를 결성하고 이틀 뒤에 사내 식당에서 결성 보고 대회를 열어 단 몇 시간 만에 350명이 조합에 가입한다. 캐리어사내하청노조는 4월 12~13일에 투표를 통해 449명의 조합원 중 420명 투표에 378명 찬성으로 파업을 결정한다. 4월 16~19일의 부분 파업을 거쳐 4월 20일에 350여 명이 전면 파업에 들어간다. 공장 점거, 교육, 규찰 등의 조직된 행동을 보인 노동 조합은 하청 노조의 힘만으로 공장 가동이 완전히 중단되는 사건을 만든다. 사내 하청 6개 업체가 직장 폐쇄 조치를 내리자, 조합원 60여 명은 핵심 작업이 진행되는 F1 조립 라인을 점거한다. 민주노총 소속인 캐리어노조의 이현석 위원장은 4월 26일에 확대 간부 회의에서 하청 노조의 공장 진입을 막겠다고 선언하고, 회사는 사내 방송을 통해 "회사 정상화에 노조가 함께하기로 하였다"고 발표한다. 캐리어의 사장 토머스는 "전국에 있는 자본가들이 나 보고 있기 때문에 하청 노조의 요구를 들어줄 수 없다"고 말한다. 가족들까지 동원한 협박과 회유로 점거 농성자는 7명으로 줄어든다. 이경석 위원장은 4월 28일에 교섭을 촉구하고, 캐리어노조의 정규직 김대희는 같은 노동자로서 투쟁과 고통을 함께하겠다며 점거 농성에 합류한다. 농성에 합류하게 된 조합원 한승륙은 구사대에게 붙잡혀 구타를 당하고 경찰에 넘겨지는데, 전경들도 쇠파이프로 머리를 내리치는 등의 폭행을 가해 조사 도중에 발작과 호흡 곤란을 일으킨다. 박병규 금속산업연맹 광주전남지역 본부장, 윤영민 민주노총 광주전남지역 본부장, 오종쇄 금속산업연맹 부위원장 등이 4월 30일 오후 6시에 사내하청노조 교섭단으로 들어가 교섭을 벌였으나, 5월 1일 새벽 3시 30분에 교섭이 결렬된다. 이 날 아침에 회사는 '캐리어 본사 이전 검토'와 '캐리어 사태 장기화'라는 기사가 실린 『무등 일보』와 『광주 타임즈』를 준비하고 있다가 현장에 대량으로 살포한다. 구사대와 용역 깡패들은 공장 밖으로 나가고 있는 박병규 본부장에게 파업을 배후 조종했다며 폭력을 행사하고, 10시께는 소화기, 경찰 진압봉, 최루 가스 분사기, 공포탄 등으로 무장하고 지게차를 몰아 바리케이드를 밀치며 들어가 폭행하고 농성단을 해산한다. 병원으로 실려 가야 했던 체포 영장 발부자 4명은 5월 2일 새벽에 병원에서 경찰서로 연행되어 바로 구속된다. 캐리어는 새로운 하청 업체를 투입해 조업을 재개한다.

민주노총은 5월 1일에 서울 등 전국 8개 도시에서 모두 4만여 명이 모인 '세계 노동절 기념 대회'를 열고 대우자동차노조와 캐리어사내하청노조에 대한 폭력 탄압을 규탄하고, 구조 조정 중단, 정리 해고 철폐, 비정규직 차별 철폐, 공공 의료 및 공교육 확대 등을 촉구한다. 한국노총도 서울역 광장에서 3500여 명이 모여 집회를 열고 대정부 투쟁을 선포한다. 금속산업연맹 지역 본부도 5월 4일과 5월 15일에 캐리어 정문 앞에서 규탄 집회를 연다.

하지만 캐리어사내하청노조에 대한 탄압은 계속된다. 용역 깡패 50여 명은 5월 17일 아침에 홍보물을 나눠 주던 조합원과 지역 활동가들에게 쇠파이프와 삽자루를 휘두른다. 위원장 직무 대행인 송영진 사무국장과 박홍용 조직부장은 눈덩이와 귀가 찢어지는 상처를 입고 공장 안으로 끌려 들어 갔다가 캐리어노조 사무실로 피신했지만 경찰에 연행된다. 5·18 광주 항쟁 기간을 맞이하여 전국에서 모인 '망월동 순례단' 1300여 명이 캐리어 정문 앞에서 열린 민주노총 주최 '캐리어하청노조 탄압 규탄, 비정규직 철폐를 위한 결의 대회'에 참가해 공장 진입 투쟁을 벌인다.

5월 21일, 광주노동청은 파견근로보호등에관한법률 제6조 3항에 따라 2년 초과 근무자를 채용할 것을 캐리어에 지시하고, 하청 업체에게는 불법 파견 근로를 중지하고 5월 28일까지 이행하여 보고토록 한다. 그러자 기존

2001년 5월, 캐리어사내하청노조 조합원들의 투쟁은 제조업 최초로 투쟁을 통해 100명 이상을 정규직화하는 성과를 남겨 비정규직 노동자들에게 희망을 심어 주었다.

하청 업체 모두가 5월 28일자로 폐업하고, 남아 있던 비조합원 188명도 모두 해고한다. 7월 4일 정오, 캐리어 하청 노동자 4명이 광주 민중 항쟁의 중심지였던 도청 앞 분수대에 올라가 "비정규직 철폐, 부당 노동 행위 사용주 캐리어 처벌, 구속 노동자 석방, 노동 탄압 중지"라고 쓴 플래카드를 들고 기습 시위를 벌인다. 7월 13일, 캐리어 이재훈 관리 이사와 (주)청우 이석철 대표가 1998년에 제정된 이후 처음으로 파견근로자보호에관한법률을 위반한 혐의로 전남지방검찰청에 구속된다. 7월 15일, MBC 뉴스데스크 '카메라 출동' 코너를 통해 600여 명에 달하는 캐리어 하청 노동자들의 블랙 리스트가 폭로된다. 7월 18일, 캐리어 부사장이 광주지방노동청을 방문하여 2년 이상 근무자 74명을 정규직으로 채용하겠다고 밝힌다. 그리하여 처음으로 제조업에서 하청 노동자가 투쟁을 통해 정규직으로 된다.

캐리어사내하청노조의 투쟁은 무엇보다 제조업 최초로 투쟁을 통해 100

명 이상을 정규직화하는 성과를 남김으로써 비정규직 노동자들에게 희망을 심어 준 투쟁이다. 물론 아직은 절반의 성공이다. 2년이 되지 않은 사람들은 공장으로 돌아가기 위해 아직도 회사 앞 천막에서 투쟁하고 있기 때문이다.

효성(울산 공장)에서는 조합원보다 비정규직이 더 많아진 상황에서 배치 전환과 하도급화를 반대하고 신규 채용을 요구하는 투쟁이 벌어진다. 여러 차례의 '영남 노동자 대회' 까지 개최하게 만든 이 투쟁으로 울산 지역에서 연대 투쟁과 가두 투쟁이 시작된다.

금속산업연맹, 공공연맹, 화학섬유연맹 등에 속한 전국 120개 사업장 3만여 명이 6월 12일부터 연대 파업에 들어간다. 대한항공조종사노조와 아시아나항공노조가 첫 동시 파업에 들어가고 울산에서는 태광노조, 고합노조, 경기화학노조 등이 연대 파업에 들어간다. 민주노총은 전국 14곳에서 집회를 열고 주5일 근무제 실시와 모성보호법·사립학교법·언론개혁법 등 민생 개혁 법안의 국회 통과 등을 정부에 촉구하며 거리 행진을 벌인다.

보수 언론은 '전국의 논밭이 혹심한 가뭄으로 타들어 가고 있는데 억대 연봉을 받는 조종사들이 웬 파업이냐' 고 비난한다. 전국농민회총연맹은 6월 13일에 '가뭄을 핑계로 노동자 파업을 왜곡하지 말라' 는 성명을 낸다.

대검공안부는 6월 15일에 단병호 민주노총 위원장의 형 집행 정지를 취소하고 경찰에 긴급 체포를 지시한다. 검찰과 경찰은 연대 파업을 주도한 민주노총 지도부에 대해 일제 검거에 나선다. 민주노총은 정부가 올 하반기 구조 조정을 밀어붙이기 위한 사전 작업으로 민주노총의 무력화를 기도하고 있다고 비난한다.

6월 16일의 '제2차 민중 대회' 의 행진 도중에 김대중 대통령을 상징하는 허수아비를 놓고 몸싸움을 벌이던 가운데 동대문경찰서장이 바닥에 넘어져 병원으로 옮겨진다. 경찰서장을 쓰러뜨린 혐의로 박하순 민주노총 대외협력국장에게 구속 영장이 발부되고, 도심 시위 제한과 집단 행동 피해자의 손해 배상 소송에 대한 지원 등 반정부 운동에 대한 다방면의 압박이 가해진다. 6월 18일, 단병호 위원장 등 민주 노조 운동 지도부 59명에 대한 검거령. 6월 19일, 노숙 농성을 벌여 온 전국건설운송노조 레미콘 노동자들에 대한 폭력적 연행. 6월 20일에 김대중 정권 퇴진 결의 대회가 열리고, 6월 22일에는 민주노총 비상 중앙 위원회가 7월 중의 파업을 결정한다. 그리고 6월 29일, 민주노총은 "정부가 민주노총을 무너뜨리려 한다면 조직의 명운을 건 투쟁을 벌일 수밖에 없다"고 밝힌다.

민주노총 소속 노동 조합들의 파업과 시민 단체들까지 가세하여 정부 정책을 비판하는 '시국 선언 대회'가 잇따르자, 정부는 7월 28일에 김승훈 신부를 통해 구속 또는 수배 중인 간부들에 대해 관대한 조치를 취할 뜻이 있음을 민주 노총에 전한다. 8월 2일의 민주노총 긴급 중앙위는 정부의 제안을 받아들이기로 하고, 명동성당에서 35일 동안 농성을 벌여 온 단병호 위원장이 "150여 명에 이르는 구속·수배자 문제를 푸는 데 도움이 된다면 모든 책임을 지고 이를 감수할 수 있다"며 경찰에 출두한다. 이로써 김대중 정권 퇴진을 전면에 내건 상반기 투쟁이 일단락된다.

민주노총은 산하 조직별로 상반기 평가에 들어간다. '국민파'를 중심으로 정권 퇴진 투쟁이 과도했다는 비판이 제기된다. 현장의 요구에 기반한 투쟁이 아니어서 조직하기 어려웠으며, 목표에 걸맞은 투쟁 계획이 없었으며, 정권 퇴진이 부각되면서 비정규직 조직화나 구조 조정 저지 등 현실적인 문제에 적절히 대응하지 못했으며, 민주노총이 고립되었다는 것이다. 한편, 집권 이후 3년 동안 초국적 자본의 요구에 따라 대량 해고와 민주노총 탄압으로 일관한 김대중 정권에 대해 퇴진을 요구하는 것은 자연스러웠다는 것이 '현장파'를 중심으로 한 평가이다. 전 민중적 항쟁이 어렵다는 걸 누구나 알고 있는 상황에서 구체적인 투쟁 계획을 주문하는 것은 사리에 맞지 않으며, 정권 퇴진을 내거는 바람에 민주노총이 고립됐다는 진단도 근거가 부족하다는 것이 '국민파'에 대한 이들의 대답이다.

전환기에 선 민주 노조 운동, 도약의 발판 위에 선 근본주의 노동자 운동

전태일의 분신으로 시작된 민주 노조 운동은 경공업 여성 노동자 중심의 민주 노조 건설과 사수 투쟁의 1970년대를 거쳐 1991년까지 계급적-전투적 노동자 운동으로 성장하며 발전해 왔다. 그러나 집행부가 관료화되고 조합주의와 개량주의가 득세하면서 그 기세가 꺾여 1993년경부터는 양적으로는 확대되지만 질적으로는 퇴보하는 추세를 보여 왔다. 그리고 한국 경제가 급속하게 추락하는 1996년 이후부터는 벼랑 끝에서의 투쟁과 사회적 타협 사이에서 오락가락하면서 민주 노조 운동은 그 한계를 드러내고 있다.

민주노총은 산별 노조 건설과 노동자 정치 세력화를 추진하며 민주 노조 운동의 위기를 돌파하려 해 왔다.

그런데 산별 노조 건설은 속도가 더디고 '단일 노조'로서의 힘을 발휘하지 못하고 있다. 법과 제도도 문제이지만, 대기업 노조의 이기주의와 오래된 기업별 노조의 관행이 산별 노조의 힘을 제약하고 있다. 비정규직 노동자들은 극히 일부만 조직되어 있다. 산별 노조인 현재의 금속노조는 중소 기업의 노동자만을 포괄하고 있을 뿐이다. 민주노총은 계급적 단결의 구심이 되고 있지 못하다.

또한 민주노총의 노동자 정치 세력화는 왜곡되어 있다. 민주노총은 두 개의 진보 정당 가운데 사회당(2001년 8월 26일 이전에는 청년진보당)을 제외하고 민주노동당만을 공식적으로 지지함으로써 민주노총 노조원들의 정치적 선택권을 빼앗고 있다.

256

　민주노총의 현상태에 비판적인 '현장파'는 현장 권력의 강화를 통해 민주 노조 운동과 민주노총의 계급적-전투적 혁신을 꾀하고 있지만, 소수 반대파의 처지를 벗어나지 못하고 있다. '현장파'는 정리 해고에 반대하는 노동자들의 투쟁이 전국적으로 격렬하게 펼쳐지는 상황에서 어느 정도의 지지를 회복했지만, 투쟁으로 내몰리고 있는 노동자의 '현실'을 대변하고 있을 뿐 '미래'의 희망으로 다가서고 있지 못하고 있다. '현장파'의 전국적 연대 기구격인 전국현장조직대표자회의에 대표자를 파견하는 현대자동차의 현장 조직 민주노동자투쟁위원회(민투위)는 노조 집행부를 장악하고 있으면서도 2001년 7월 5일 총파업에서 이탈하여 '현장파'의 위신을 크게 추락시켰다. 민투위 의장으로 출마하여 당선된 이상욱 현대자동차노조 위원장은 통합 임단투를 핑계로 임기 연장을 꾀하다가 실패하고, 이후 10월에 치러진 위원장 선거에 임해 '현장파'의 정신을 훼손시켰다고 비판을 받았다. 1차 투표에서 떨어진 현대자동차 민투위는 명분과 실리를 모두 잃었다.

　노동자들의 투쟁의 규모는 1996~1997년의 노동법 개악 저지 총파업 이후 계속 축소되어 왔다. 그러나 이전에 민주 노조 운동의 주력이었던 사업장들, 이른바 '핵심 사업장들'이 관성적인 투쟁으로 쇠퇴하고 있는 반면에, 비정규직 노동자들이 규모는 작지만 완강하고 끈질긴 투쟁을 전개하면서 노동자 운동에 활력을 불어넣고 있다. 이미 1999년에 전체 노동자의 50%를 넘어선 비정규직 노동자들이 지닌 폭발력은 아직 그 전부가 확인되지 않은 상태이다.

　대규모 공공 기업에서의 노조 민주화 역시 또 다른 폭발을 예고하고 있다. 철도노조는 대법원이 '3중 간선제'는 위헌이라고 판결함에 따라 5월 19~21일에 처음으로 직접 선거를 치렀다. 이 선거에서 "민영화와 인력 감축을 투쟁으로 돌파하겠다"고 약속한 김재길 후보가 당선되어 전국철도노동조합에 54년 만에 '민주 집행부'가 들어섰다. 전국전력산업노동조합에서 분리한 한국발전산업노조의 위원장 선거에서 민주노총 가입을 공약으로 내건 이호동이 당선되어 7월 19일에 발전노조에도 최초로 '민주파 집행부'가 들어섰다. 전국공무원직장협의회총연합(전공련)은 3월 24일에 첫 대의원 대회를 열어 차봉천 위원장과 임진규 수석 부위원장을 선출했다. 전공련은 창원(6월 9일)과 부산(7월 28일)에서 7000여명이 참가하는 대규모 결의 대회를 열고, 공무원노조 허용을 정부에 강력하게 촉구하면서 안 되면 법외 노조를 출범시키자고 결의했다. 공무원노조는 전교조보다 더 힘든 과정을 겪겠지만, 그 규모로 보아 상당한 위력을 발휘할 것으로 예상된다.

민주 노조 운동에서 다시 살아나고 있는 계급적-전투적인 기운은 또 한 번 꺾이고 타협적-개량적인 운동으로 귀착될 것인가, 아니면 자본주의의 폐해가 적나라하게 드러나면서 노동자의 투쟁이 첨예하게 전개되는 상황을 계기로 한 단계 높은 수준의 운동으로 발전할 것인가? 30년의 역사를 가진 민주 노조 운동은 지금 전환기에 있다.

이미 수년 전부터 민주 노조 운동의 '한계'가 이야기되어 왔다. 새로운 길을 찾지 못할 뿐이다. 자본주의에 반대하는 노동자 운동이 민주 노조 운동 속에서 싹트고 있다. 무엇보다 노동자 대중이 자본주의의 폐해를 직접 뼈저리게 경험하고 있고 이런 현상이 전 세계적인 차원에서 진행되고 있다는 사실을 잘 알고 있다. 책 속의 논리가 아니라 현실의 실상을 근거로 들어 자본주의의 본질을 설명할 수 있게 되었다는 것은 근본주의 노동자 운동에 아주 유리한 상황이다.

1998년 4월의 민주노총 위원장 선거, 1999년 2월의 금속산업연맹 선거, 2001년 1월의 민주노총 위원장 선거에서 보이듯 '국민파'는 아직 전투적 경향보다 다수파가 아니다.

이런 상황은 '현장파'에게 유리하게 작용했다. 조돈희는 대공장 노동 조합의 위원장 출신이 아니면서도 금속산업연맹 위원장 선거에서 2위가 되었다. 유덕상은 2001년 1월의 민주노총 선거에서 단병호와 표를 겨룰 수 있을 정도가 되었다. '현장파'는 투쟁할 수밖에 없는 노동자의 '현실'을 기반으로 민주노총에서 확실하게 입지를 확보했다. 그러나 '현장파'가 '현장'만 강조하는 한, 미래는 불투명하다.

'중앙파'는 '현장파'와 '국민파'의 사이에서 균형을 유지하면서 권력을 유지하려 할 것이다. 경향으로만 유지되던 '중앙파'는 최근에 세가 축소되는 위기를 겪으면서 조직화를 시도하고 있다. '중앙파'는 계속 강력한 도전을 받겠지만 민주노총 중앙에서 능숙한 정치력을 발휘하여 어려움을 타개해 나갈 것이다.

이 균형을 깨고 민주 노조 운동에 새로운 질서를 만드는 것은 근본주의 노동자 운동, 곧 자본주의에 근본적으로 반대하는 노동자 운동이 얼마나 성장하는가에 달려 있다. 근본주의 노동자 운동의 실력과 세력은 아직 미약하다. 그러나 상황은 근본주의 운동에 유리하게 조성되어 가고 있고 진보 정당 운동, 학생 운동 등 주요 부문의 대중 운동에서 근본주의 운동이 세를 형성해 가고 있다. 근본주의 흐름이 확대되고 다른 흐름들은 축소되는 방향으로 세력이 재편되어 갈 것이다. 노동자 운동에서 근본주의자들이 '계획으로서의 전술'을 펼칠 수 있을 만큼의 세를 형성하게 된다면, 세력 재편의 속도는 더 빨라질 것이다. 미래는 근본주의 노동자 운동을 하는 우리에게 있다. 우리가 희망이다.

후 기

이 책은 전노협의 기관지『전국 노동자 신문』과 민주노총의 기관지『노동과 세계』를 기초 자료로 하고, 신문 기사와 그 동안 발간된 노동자 운동을 다룬 책들에서 필요한 부분을 발췌해서 보충한 것이다. 노동자들의 투쟁을 충실하게 기록한 사람들의 노력에 대해 동지적 애정과 고마움을 전한다. 독자들이 편하게 읽을 수 있도록, 인용의 출처를 밝히는 주석을 달지는 않았다.

나는 현장 노동자들이 감성으로 공감할 수 있게끔 쓰려고 노력했다. 그래서 현장 노동자들의 감성과 분노, 사고 방식과 행동 양태에 많은 지면을 할애했다. 어떤 부분은 수필처럼 써 내려 가서 독자들로 하여금 자신을 되돌아볼 수 있게 했고, 어떤 장면에서는 현장 상황을 타전하는 기사체로 글을 써서 생동감을 주었는데, 전체적으로는 다수의 주인공이 등장하는 역사소설처럼 읽히도록 글을 구성하고자 했다. 물론 의도가 그랬다는 것일 뿐, 그렇게 되었다고 만족하지는 않는다. 감성으로 공감할 수 있는 글을 쓰기에는 나의 경험과 문필력이 턱없이 부족하다는 것을 절감했다. 어쨌든 이 글의 어떤 부분에서는 '그 사람'이 바로 자신이고 '그 상황'이 바로 자신이 겪었거나 처해 있는 상황이라고 느끼면서, 때로는 분개하고 때로는 가슴 찡한 감동을 얻을 수 있었으면 좋겠다. 그리하여 이 세상의 노동자들의 문제를 바로 자신의 문제로 생각하고 그 문제의 해결에 함께하겠다고 결단하는 노동자가 한 사람이라도 생긴다면, 그것은 나의 노력에 대한 최고의 보상이다.

나는 '목적 의식적인 운동'과 노동자 운동이 어떻게 결합했는지, 그 관계가 어떻게 발전해 왔는지, 그 관계의 변화가 한국의 노동 조합 운동, 곧 민주 노조 운동에 어떤 영향을 미쳐 왔는지를 밝히고자 했다. 1부에서 다룬 1970년대는 민주 노조 운동에 학생 운동 출신의 활동가들이 개별적으로 참가했던 시기, 하지만 민주 노조 운동만이 부각되는 시기로 드러난다. 2부에서 다룬 1980~1991년은 광주 항쟁 이후 좌익화된 운동권이 민주 노조 운동에 조직적인 영향력을 행사하면서 민주 노조 운동이 계급 운동으로 발전해 가는 과정을 그렸다. 3부에서 다룬 1992~1995년은 '비합법 정파'들이 급격하게 쇠락하고 민주 노조 운동에 관료주의와 개량주의가 확산되면서 민주 노조가 양적으로는 확대되지만 질적으로는 퇴조함을 밝혔다. 4부에서 다룬 1996~2001년은 어려워진 경제 사정을 계기로 노동자 계급과 자본가 계급이 격돌하면서 민주 노조 운동의 한계가 명확하게 드러나는 위기를 맞지만 근본주의 노동자 운동이 세를 형성하는 기회이기도 한 전환기로 평가했다.

민주 노조 운동의 30년 역사가 위와 같이 흘러 왔다고 말하는 것만을 목적으로 한다면, 그 시기를 특징짓는 몇 가지 사례만 서술하면 되었을 것이다. 그러면 분량도 훨씬 적고 사태를 명쾌하게 단정 짓는 글이 되었을 것이고 읽기도 훨씬 수월했을 것이다. 그러나 민주 노조 운동의 맥락을 정리하는 것과 더불어 노동자 운동에 대한 근본 관점을 정립하고 전술·정책을 수립할 수 있는 감각과 실력도 갖추는 것이 필요하다고 생각하여, 있었던 운동이라면 간단한 사실만이라도 가능하면 빼놓지 않고 서술하고 싶었다. 물론 여러 이유로, 여기에는 서술하지 못한 투쟁 사례들이 많다. 그 동지들이 그 한 번의 투쟁을 조직하기 위해 기울인 힘과 노력을 생각해 보면 기록해

두고 싶었지만 그렇게 하지 못해 아쉽고 미안한 마음이다.

이 책을 쓰다 보니 짧게라도 평화로운 시기가 있었을까 싶을 정도로 민주 노조 운동의 역사가 끊임없는 투쟁의 역사였음을 새삼 확인하게 되었다. 그 헤아릴 수도 없는 수많은 투쟁에서 지도부를 믿고 헌신적으로 투쟁했던 수많은 무명의 투사들이 있었기에 이런 책을 쓸 수 있음은 분명하다.

나는 1970년 전태일부터 현재의 민주노총까지의 과거의 일을 서술하는 것이지만 현장감을 살리기 위해 현재형으로 서술했다. 과거형으로 서술된 부분은 평가와 관련된 것으로 읽으면 된다.

관행적으로 쓰이고는 있지만 바로잡아야 한다고 생각되는 단어는 바꾸어 썼다. 남발되고 있는 ‘총파업’이라는 표현은 엄밀하게 평가해서 ‘연대 파업’이나 ‘시기 집중 파업’ 등으로 규정했다. ‘노동 운동’은 부문 운동을 지칭하는 경우에만 썼고 전체적으로는 ‘노동자 운동’으로 바꾸었다. 학생이 하는 운동이 학생 운동이고 농민이 하는 운동이 농민 운동이라면 노동자가 하는 운동은 노동자 운동이라고 하는 것이 맞다. 학생의 운동이 학업 운동이 아니라 학생 운동이고, 농민의 운동이 농사 운동이 아니라 농민 운동이듯이, 노동자의 운동은 노동 운동이 아니라 노동자 운동이다. 그리고 민주노총을 중심으로 서술했기 때문에 노동 조합의 상급 단체가 한국노총인 경우에만 따로 밝혔다.

일제 시대와 해방 정국에서의 노동자 운동은 당이 주도한 노동자 운동이었다는 점에서 현재의 ‘민주 노조 운동’과는 질이 다르고 배울 것도 많다. 그렇지만 그 운동은 오래 전에 단절되었고 지금은 민주 노조 운동이 주류를 형성하고 있다. 현실에서 힘으로 존재하는 민주 노조 운동을 파헤치는 것이 더 시급하다는 생각과 부족한 시간 때문에, 그 이전의 운동은 미처 다루지 못했다. 누군가의 정리를 기대한다.

민주 노조 운동의 전환기에 이 책이 유의미한 역할을 하게 되기를 바라며 이 책을 출판하는 데 도움을 주신 모든 분들께 진심으로 감사드린다.

이 모든 분들에게 보답하는 최선의 길은 근본주의 노동자 운동의 진전에 최선을 다하는 것이라 생각한다. 세상을 뒤엎는 그날까지 나의 모든 것을 걸고 투쟁할 것이다. 동지들이여, 인간의 질서가 자본의 질서에 승리하는 그날까지 투쟁이다!

2002년 3월
울산에서 저자가

단체 목록

ㄱ

가톨릭노동청년회(JOC)

건설국민승리21

건설노련

건설연맹

경기남부노련(경기남부지역노동조합연합의 약칭)

경기남부지역노동조합연합(약칭 경기남부노련 또는 경기노련)

경기노련(경기남부지역노동조합연합의 약칭)

경남노동자협의회

경실련(경제정의실천연합의 약칭)

경인지역노동운동탄압저지투쟁위원회

경제정의실천연합(약칭 경실련)

경총(한국경영자총협회의 약칭 경총)

공공부문노동조합대표자회의(약칭 공노대)

공공부문특별위원회(약칭 공공특위)

공공특위(공공부문특별위원회의 약칭)

공공연맹(전국공공운수사회서비스연맹의 약칭)

공노대(공공부문노동조합대표자회의의 약칭)

공대협(노동조합탄압저지전국노동자공동대책협의회의 약칭)

과기노조(전국과학기술노동조합의 약칭)

과학적사회주의연맹

구로지역노조민주화추진위원회

구조조정공투위(일방적인 구조조정저지를 위한 공공부문공동투쟁위원회의 약칭)

국민회의(새정치국민회의의 약칭)

국제노동기구(ILO)

국제사회주의노동자연맹

국제자유노련

국제통화기금(IMF)

금속노련(전국금속노동조합연맹의 약칭)

금속산업연맹(전국금속산업노동조합연맹의 약칭)

금속일반(추)(전국금속일반노동조합협의회추진위원회의 약칭)
금융연맹
금융노련(전국금융산업노동조합의 약칭)
기독교노동자총연맹

ㄴ

노동계급그룹(약칭 LC)
남노련(서울남부지역노동자연맹의 약칭)
남한사회주의노동자동맹(약칭 사노맹)
노개위(노사관계개혁위원회의 약칭)
노동법개정 및 임금인상 투쟁본부
노동법안기부법개악철회와 민주수호를 위한 범국민대책위원회(약칭 범대위)
노동운동탄압저지투쟁위원회
노동자민중의 정치세력화진전을 위한 연대(약칭 정치연대)
노동자생존권쟁취·구조조정 반대·해외매각저지대우자동차공동투쟁본부(대우차공
　　투본)
노동자연대투쟁연합
노동자정당건설추진위원회(약칭 노진추)
노동자정치실천단
노동자해방투쟁동맹
노동조합탄압저지전국노동자공동대책협의회(약칭 공대협)
노민추(노조민주화추진위원회의 약칭)
노복(한국노동자복지협의회의 약칭)
노사관계개혁위원회(약칭 노개위)
노사정위원회
노운협(전국노동운동단체협의회의 약칭)
노조민주화추진위원회(약칭 노민추)
노진추(노동자정당건설추진위원회의 약칭)

ㄷ

대공장특별위원회
대기업노동조합연대회의(약칭 연대회의)

대우자동차해외매각저지와 완전고용쟁취를 위한 총파업투쟁선거운동본부(약칭 총파
    업선본)
대우차공투본(노동자생존권쟁취구조조정반대·해외매각저지대우자동차공동투쟁본부
    의 약칭)
도시산업선교회

□

마산창원노동조합총연합(약칭 마창노련)
마창노련(마산창원노동조합총연합의 약칭)
민교협(민주화를 위한 전국교수협의회의 약칭)
민변(민주사회를 위한 변호사모임의 약칭)
민정련(민중정치연합의 약칭)
민정추(민중정당추진위원회의 약칭)
민주금속연맹(전국민주금속노동조합연맹의 약칭)
민주노동당
민주노동자투쟁위원회(약칭 민투위)
민주노조쟁취평조합원위원회
민주노총건설추진위
민주노총준비위
민주노총(전국민주노동조합총연맹의 약칭)
민주노총비상대책위원회
민주노총전국해고자복직투쟁특별위원회(약칭 전해투)
민주사회를 위한 변호사모임(약칭 민변)
민주주의민족통일전국연합(약칭 전국연합)
민주출판언론노동조합협의회
민주통일민중운동연합
민주헌법쟁취국민운동본부
민주화를 위한 전국교수협의회(약칭 민교협)
민주화운동청년연합(약칭 민청련)
민주화투쟁학생연합
민중당
민중연대
민중정당추진위원회(약칭 민정추)

민중정치연구소
민중정치연합(약칭 민정련)
민중회의
민청련(민주화운동청년연합의 약칭)
민추위(서울대학교민주화추진위원회의 약칭)
민투위(민주노동자투쟁위원회의 약칭)

ㅂ

범대위(노동법안기부법개악철회와 민주수호를 위한 범국민대책위원회의 약칭)
병원노련(전국병원노동조합연맹의 약칭)
보건의료노조(전국보건의료산업노동조합의 약칭)
부산노동자연합
부산양산지역노동조합총연합(약칭 부양노련)
부양노련(부산양산지역노동조합총연합의 약칭)
빈민연대

ㅅ

사노맹(남한사회주의노동자동맹의 약칭)
사무금융연맹(전국사무금융노동조합연맹의 약칭)
사무노련(전국사무노동조합연맹의 약칭)
사민청(사회민주주의청년연맹의 약칭)
사추위(사회당추진위원회의 약칭)
사회당
사회당추진위원회(약칭 사취위)
사회민주주의청년연맹(약칭 사민청)
3대개혁입법국민연대
삼민그룹
상설연합추진위원회
새마을평화교실
새정치국민회의(약칭 국민회의)
생활임금쟁취위원회
서노련(서울노동운동연합의 약칭)

서노협(서울지역노동조합협의회의 약칭)
서민련(서울민중연합의 약칭)
서울남부지역노동자연맹(약칭 남노련)
서울노동운동연합(약칭 서노련)
서울대학교민주화추진위원회(약칭 민추위)
서울민중연합(약칭 서민련)
서울지역노동조합협의회(약칭 서노협)
성남생존권확보투쟁위원회
시민수습위원회
CA(제헌의회그룹의 약칭)
신민당
신한국당
실천불교승가회

ㅇ

안양노동상담소
안양지역노동3권쟁취위원회
야학연합회
업종별노동조합연합(약칭 업종협)
업종협(업종별노동조합연합의 약칭)
LC(노동계급그룹의 약칭)
연구전문기술노동조합협의회(약칭 연전노협)
연대회의(대기업노동조합연대회의의 약칭)
연전노협(연구전문기술노동조합협의회의 약칭)
영남위원회
영등포도시산업선교회
인노련(인천지역노동자연맹의 약칭)
인노협(인천지역노동조합협의회의 약칭)
인민노련(인천지역민주노동자연맹의 약칭)
인민혁명당재건위원회
인천도시산업선교회
인천지역노동자연맹(약칭 인노련)
인천지역노동자복지협의회

인천지역노동조합협의회(약칭 인노협)
인천지역민주노동자연맹(약칭 인민노련)
일방적인 구조조정저지를 위한 공공부문공동투쟁위원회(약칭 구조조정공투위)

ㅈ

자동차연맹(전국자동차산업노동조합총연맹의 약칭)
자유금융노련
전경련(전국경제인연합회의 약칭)
전공련(전국공무원직장협의회총연합의 약칭)
전교조(전국교직원노동조합의 약칭)
전국경제인연합회(약칭 전경련)
전국공공기관노조협의회
전국공공운수사회서비스연맹(약칭 공공연맹)
전국공무원직장협의회총연합(약칭 전공련)
전국과학기술노동조합(약칭 과기노조)
전국광산노동조합연맹
전국교직원노동조합(약칭 전교조)
전국구속수배해고노동자원상회복투쟁위원회(약칭 전해투)
전국금속노동조합연맹(약칭 금속노련)
전국금속산업노동조합연맹(약칭 금속산업연맹)
전국금속일반노동조합협의회추진위원회(약칭 금속일반(추))
전국금융산업노동조합(약칭 금융노련)
전국기관사협의회(약칭 전기협)
전국노동단체연합(약칭 전국노련)
전국노동단체연합준비위원회(약칭 전국노련준비위)
전국노동법개정 및 임금인상투쟁본부(약칭 전국투본)
전국노동운동단체협의회(약칭 노운협)
전국노동조합대표자회의(약칭 전노대)
전국노동조합협의회(약칭 전노협)
전국노조·단체대표자회의
전국노련(전국노동단체연합의 약칭)
전국노련준비위(전국노동단체연합준비위원회의 약칭)
전국농민회총연맹(약칭 전농)

전국대학생협의회(약칭 전대협)
전국민족민주운동연합(약칭 전민련)
전국민주금속노동조합연맹(약칭 민주금속연맹)
전국민주노동자연맹(약칭 전민노련)
전국민주노동조합총연맹(약칭 민주노총)
전국민주청년학생총연맹
전국민주학생연맹(약칭 전민학련)
전국병원노동조합연맹(약칭 병노련)
전국보건의료산업노동조합(약칭 보건의료노조)
전국불교운동연합
전국사무금융노동조합연맹(약칭 사무노련)
전국연합(민주주의민족통일전국연합의 약칭)
전국자동차산업노동조합총연맹(약칭 자동차연맹)
전국전력산업노동조합
전국전문기술노동조합연맹(약칭 전문노련)
전국조선업종노동조합협의회(약칭 조선노협)
전국지하철노동조합협의회(약칭 전지협)
전국철도노동조합
전국투본(전국노동법개정 및 임금인상투쟁본부의 약칭)
전국학생총연합
전국학생회협의회(약칭 전학협)
전국회의(지역업종별노동조합전국회의의 약칭)
전기협(전국기관사협의회의 약칭)
전노대(전국노동조합대표자회의 약칭)
전노협(전국노동조합협의회의 약칭)
전농(전국농민회총연맹의 약칭)
전대협(전국대학생협의회의 약칭)
전라북도노동조합연합회(약칭 전북노련)
전문노련(전국전문기술노동조합연맹의 약칭)
전민노련(전국민주노동자연맹의 약칭)
전민련(전국민족민주운동연합의 약칭)
전민학련(전국민주학생연맹의 약칭)
전북노련(전라북도노동조합연합회의 약칭)
전지협(전국지하철노동조합협의회의 약칭)

전평(조선노동조합전국평의회의 약칭)
전학협(전국학생회협의회의 약칭)
전해투(전국구속수배해고노동자원상회복투쟁위원회의 약칭 또는 민주노총전국해고자
　　복직투쟁특별위원회의 약칭)
정치연대(노동자민중의 정치세력화진전을 위한 연대의 약칭)
제헌의회그룹(약칭 CA)
조선노동조합전국평의회(약칭 전평)
조선노동총동맹
조선노협(전국조선업종노동조합협의회의 약칭)
지노협(지역별노동조합연합의 약칭)
지역별노동조합연합(약칭 지노협)
지역업종별노동조합전국회의(약칭 전국회의)
진보민중정치연합
진보정당추진위원회(약칭 진정추)
진보정치연합
진정추(진보정당추진위원회의 약칭)

ㅊ

참여연대
천주교정의구현사제단
청계피복노동조합
청년진보당
총파업선본(대우자동차해외매각저지와 완전고용쟁취를 위한 총파업투쟁선거운동본부
　　의 약칭)

ㅋ

캐리어사내하청노동조합

ㅌ

택시노련

ㅍ

파월기술자미지불임금청산투쟁위원회

포항협력업체노동조합연합

ㅎ

한국경영자총협회(약칭 경총)

한국교회사회선교협의회

한국기독노동자총연맹

한국노동당

한국노동연구소

한국노동이론연구소

한국노동자복지협의회(약칭 노복)

한국노동자운동연대(약칭 한국노련)

한국노동정책이론연구소

한국노동조합총연맹(약칭 한국노총)

한국노련(한국노동자운동연대의 약칭)

한국노총(한국노동조합총연맹의 약칭)

한국모방노조정상화투쟁위원회

한국사회주의노동당창당준비위원회(약칭 한사노동창당준비위)

한사노동창당준비위(한국사회주의노동당창당준비위원회의 약칭)

현대그룹노동조합총연합(약칭 현총련)

현대해고자복직실천협의회

현중노조개편대책위원회

현총련(현대그룹노동조합총연합의 약칭)

화물운송노조협

화물노련

화학노련

화학섬유연맹

환경운동연합(약칭 환경련)

환경련(환경운동연합의 약칭)

흥사단아카데미

안 승 천

1960년 1월에 태어나 현재까지 20년이 넘도록 공장 생활을 했다. 초등학교를 졸업하고는, 인쇄소 보조공과 신문 배달부 생활을 하고 직업 훈련원을 거쳐 대한조선공사(현 한진중공업)에서 일하다가 몇 해 동안 사우디아라비아의 조선소에서 근무했다. 공장 생활을 하면서 고입 검정 고시와 대입 검정 고시에 합격하여 29살의 나이에 부산대학교 철학과에 입학하지만, 두 해만 다니고 울산의 노동자로 돌아갔다. 우영산업, 효성금속, 현대자동차 사내 하청 업체, 현대중공업 외주 업체 등에서 노동자로 살아 왔다. 1999년에 울산노동자운동연대의 대표를 맡았고, 1999년부터 현재까지 한국노동자운동연대의 의장을 맡고 있다. 2002년 현재 사회당 부대표이기도 하다.

전태일에서 민주노총까지

한국 노동자 운동, 투쟁의 기록

지은이 ㅣ 안승천
초판 1쇄 발행일 2002년 3월 20일
초판 2쇄 발행일 2002년 7월 10일
발행처 박종철출판사
　　　　 서울시 관악구 신림5동 1445-2 (151-891)
　　　　 874-1470(영업)/ 878-7906(편집)
등록번호 제12-406 (1990. 7. 12.)

값 12,000원

ISBN 89-85022-30-X 03900